LA SUCCESSION
LE CAMUS

PAR

CHAMPFLEURY

NOUVELLE ÉDITION

PARIS
MICHEL LÉVY FRÈRES, LIBRAIRES ÉDITEURS
RUE VIVIENNE, 2 BIS, ET BOULEVARD DES ITALIENS, 15
A LA LIBRAIRIE NOUVELLE
—
1864
Tous droits réservés

LA SUCCESSION

LE CAMUS

OUVRAGES

DE

CHAMPFLEURY

PARUS DANS LA COLLECTION MICHEL LÉVY

Les Amoureux de Sainte-Périne.................... 1 vol.
Aventures de mademoiselle Mariette................ 1 —
Les bourgeois de Molinchart........................ 1 —
Chien-Caillou..................................... 1 —
Les Excentriques.................................. 1 —
Monsieur de Boisdhyver............................ 1 —
Les premiers beaux jours.......................... 1 —
Le réalisme....................................... 1 —
Les sensations de Josquin......................... 1 —
La succession Le Camus............................ 1 —
Les souffrances du professeur Delteil............. 1 —
Souvenirs des Funambules.......................... 1 —
L'usurier Blaisot................................. 1 —

IMPRIMERIE DE L. TOINON ET Cⁱᵉ, A SAINT-GERMAIN.

A LA MÉMOIRE

DE CURRER BELL

CHAMPFLEURY

LA
SUCCESSION LE CAMUS

I

LE SALON JAUNE

Ainsi qu'il arrive souvent en province, la petite ville d'Origny est traversée par une longue rue qui accapare à elle seule la vie, le mouvement, le commerce; chaque maison est une boutique, chacune des boutiques contient une moyenne de trois personnes, qui s'agitent, se remuent, se montrent derrière le vitrage ou sur le pas de la porte, et donnent aux rares étrangers arrivés par les messageries l'idée d'un chef-lieu peu développé, offrant de maigres ressources. Derrière cette grande rue sont groupées des maisons entièrement mornes, dont les rideaux, toujours tirés avec une exactitude scrupuleuse, semblent appartenir à des habitations abandonnées; car les volets fermés des étages supérieurs indiquent plutôt des propriétés à vendre que des maisons habitées. Dans ces bâtiments logent pourtant les bourgeois d'Origny, les rentiers retirés des affaires, les grandes familles. Ces étages fermés à l'air, au soleil, au mouvement de la rue, ne témoignent-ils pas du demembrement des grandes familles en province ? Jadis grands-pères et grand'mères, pères et mères, fils et filles, gendres et brus habitaient tous ensemble ces grandes maisons ; l'existence entière y était attachée. Les enfants y naissaient, s'y mariaient, les remplissaient d'autres enfants; la famille s'y perpétuait et des circonstances extraordinaires pouvaient seulement faire passer la maison en d'autres mains. L'hospitalité était largement pratiquée; jusqu'aux petits-cousins, qui forment le nombreux bataillon de toute famille, y descendaient, certains d'être reçus à bras ouverts, et de trouver, avec un franc accueil, bon lit, bonne table et bon vin. Aujourd'hui les mœurs modernes ont rendu solitaires ces vieilles maisons qui représentaient la tradition de la famille. Celles qui restent encore debout, vides et tristes, n'existeront plus dans cinquante ans. Une famille se disperse comme ces plantes qui poussent tout à coup sur des murs, semées par le vent. La chaîne est rompue, les maillons cassés, et rien ne saurait les ressouder; c'est ce qui donne à certains quartiers de petites villes du Nord un aspect humide, froid et claustral, qui fait frissonner le voyageur. Comment peut-on vivre ici ? se demande-t-il en arpentant d'un coup d'œil les rues grises, bordées de hautes maisons noires dont il ne sort aucun bruit. Les gros marteaux eux-mêmes sont condamnés par deux crampons de fer à une suprême immobilité; enchaînés aux bras, comme des criminels, ils dorment sur les portes. Dans l'assoupissement de ces gros marteaux curieusement ouvragés, tout l'historique de ces anciennes familles peut se reconstruire; la sonnette plus modeste, cachée dans un coin, pourrait dire avec sa voix criarde toutes les pieuses pratiques de l'hospitalité oubliées depuis l'enchaînement du vénérable marteau.

    La ville d'Origny contenait cependant, il y a une trentaine d'années, quelques-uns de ces marteaux dont la gravité sonore n'est pas sans quelque rapport avec les coups frappés religieusement par le régisseur avant le lever du rideau pour la tragédie. Dans une de ces rues, tranquilles comme les rues souterraines que les archéologues retrouvent de temps en temps en Italie, on remarquait la maison de madame veuve Le Camus, qui tient d'un côté à la maison d'un notaire, et de l'autre à celle du président Brochon. Il est important, avec l'exactitude historique qu'on demande aujourd'hui à tout narrateur, de donner un dénombrement positif des habitants de la rue Chastellux, qui prend son nom du célèbre général Chastellux, natif d'Origny, mort glorieusement à la retraite de Moscou. La rue Chastellux est parallèle à la Grande-Rue, et se distingue de celle-ci par l'absence de commerce. Y demeurent, avec ou sans famille, un vieil abbé, bibliothécaire de la ville à 300 francs d'appointements; le payeur; un marchand drapier, qui ne vend pas l'étoffe de deux habits par an; la famille Bonde, composée de Bonde le père, de madame Bonde, de Gilberte Bonde, âgée de dix-sept ans, et de Casimir Bonde. Les Bonde, parents de madame Le Camus, font vis-à-vis à la maison de la veuve, et passent une partie de la journée à épier les entrants et les sortants. Un tonnelier, qui vend de la moutarde, fait l'angle de la rue Chastellux et de la rue des Prés; à l'autre bout on trouve l'établissement des sœurs de la Providence, où ont passé presque toutes les jeunes filles d'Origny; mais les enfants reviennent des classes par les remparts, ou par la Grande-Rue, préférant le grand air et le spectacle des boutiques à la monotonie de la rue Chastellux. Cette rue se vante à juste titre de donner asile aux rhumatismes de M. le chevalier de Grandpré, à l'éloquence de l'avocat Sénégra, à la fortune du banquier Crimotel, à la goutte de M. Cretté-Torchon; les demoiselles Précharmant, qui ne sortent que pour aller aux offices, demeurent au premier étage d'une de ces maisons tranquilles où le seul bruit, le soir, vient d'une flûte mélancolique qui joue doucement de vieux airs contemporains de la rue.

La rue Chastellux contient donc une quarantaine d'habitants; mais les maisons communiquent aux remparts par une porte de derrière, et il semble qu'un mot d'ordre ait été donné aux habitants de ne pas sortir de chez eux par la façade de devant. Tout le service se fait par la porte de derrière : les bonnes sortent par là, les propriétaires vont respirer l'air sur les remparts. De six à sept heures et demie du soir, on est certain de les rencontrer accoudés sur les murs du rempart, le nez au vent. Ils voisinent peu et ne causent que rarement entre eux, car ils sont séparés souvent par la longueur d'une ou deux propriétés dont les habitants ne sortent jamais; ainsi, de madame Le Camus que personne ne peut dire avoir rencontrée prenant le frais sur le rempart. Dans cette rue de momies, madame Le Camus pouvait revendiquer les prérogatives d'un Sésostris : si les portes de ses voisins étaient quelquefois entre-bâillées, la sienne était toujours fermée. Certains habitants de la rue Chastellux participaient encore plus ou moins directement à la vie civile; mais madame Le Camus semblait s'être privée volontairement de la vie active depuis une trentaine d'années. On eût dit qu'elle avait fait vœu de silence vis-à-vis de ses voisins; ses domestiques n'allaient pas au marché, et il était difficile de les faire causer. Les provisions arrivaient par derrière, sans doute pour détourner la curiosité : on savait seulement dans la ville que les châteaux, les fermes, les bois, les prairies, fournissaient abondamment de quoi nourrir toute la maison et les animaux, en blé, viande, volailles, légumes et fromage.

Quoiqu'elle ne parût jamais en ville, madame Le Camus occupait extraordinairement de place dans les propos d'Origny; surtout dans la petite bourgeoisie. La moindre causerie amenait inévitablement le nom de madame Le Camus, ses faits et gestes : pourtant rien n'était plus simple que la vie de la veuve, qui ne bougeait pas de son grand fauteuil; mais, autour de ce fauteuil, que d'intrigues se nouaient le dimanche, jour réservé aux parents! que de sourires étudiés, préparés dès l'antichambre ! Dans l'intérieur de cette maison, si triste en apparence, se jouaient, quatre fois par mois, d'étranges comédies. Que se passait-il sous le bandeau qui recouvrait les yeux fatigués de madame Le Camus ? Femme maladive, accroupie depuis vingt ans dans son fauteuil, dormant rarement, l'humanité prenait-elle la couleur verte de l'abat-jour qui protégeait ses yeux ? Il est de toute nécessité, avant de pénétrer au cœur de ce drame, de remonter à l'époque éloignée où Madeleine Cretté épousa M. Le Camus.

M. Le Camus, fils d'un homme qui s'était enrichi pendant la Révolution en achetant des biens nationaux, a laissé dans Origny une mémoire impérissable : beaucoup de généraux qui ont des statues sur les places publiques occupent moins les esprits. M. Le Camus représentait l'avarice de façon à tenter un homme de génie et à lui faire oublier Plaute, Molière et Balzac. M. Le Camus pouvait être le fils d'une femme adultère qui aurait aimé à la fois les trois ladres immortels de l'antiquité et des temps nouveaux : *Euclion, Harpagon,* le père *Grandet.* Il ne se faisait pas un marché considérable en terres, bois, prairies; pas une construction de fermes, maisons de ville, où M. Le Camus n'entrât pour quelque chose. Possesseur de biens immenses, il les augmentait tous les jours, de telle sorte que la fable du marquis de Carabas se trouvait réalisée. Une maison était à louer dans la ville, elle appartenait à *Friponneau;* une ferme était en adjudication, les soumissionnaires devaient s'adresser à

Friponneau ; une chasse était à louer, c'était *Friponneau* le propriétaire des prés et des bois. Toujours *Friponneau* apparaissait au bout de chaque transaction, et la province, dans son esprit railleur, avait voulu l'élever au-dessus de ses concitoyens en lui donnant ce titre de *Friponneau,* qu'il ne faut pas prendre à la lettre, tant il est plein de nuances délicates. M. Le Camus n'était pas ce qu'on appelle un fripon, mais il avait naturellement un esprit embrouillé qui ne s'aiguisa pas à la meule des affaires et qui empêcha de jamais compter sur sa parole. Les paysans sont d'une rare adresse dans la discussion des intérêts ; M. Le Camus ne craignait pas un village tout entier. Il n'était ni bourgeois ni paysan, il avait mélangé les ruses de ces deux races, et il était arrivé, dans la discussion, à des effets qui sembleront du domaine de la fantaisie et qui sont cependant vivants dans toute une province. Une fois dans son cabinet, installé devant son bureau, en face d'un acquéreur, d'un locataire ou d'un fermier, M. Le Camus changeait à volonté de masque, comme un acteur qui joue une pièce à travestissements. Il bégayait de façon à rendre son langage incompréhensible ; ce vice de parole, manifesté seulement en matière de contrats, avait fini par être traité de feinte.

— C'est un homme qui a la langue bien pendue, disaient les paysans, mais le coquin l'accroche à un clou quand il veut.

A la faveur de bégayements interminables, de perpétuels *hein, hein, hein,* marchant régulièrement par trois et se plaçant irrégulièrement dans toute discussion d'affaires, M. Le Camus faisait subir aux gens qui désiraient traiter avec lui des tortures formidables.

La nature d'esprit des gens d'Origny, qui touche à la Picardie, est d'une grande vivacité ; ce bégayement soufflait sur leur pétulance naturelle ; beaucoup perdaient patience et se livraient, pieds et poings liés, au rusé propriétaire. Un paysan madré échappait-il à ses effets, M. Le Camus se disait, sinon sourd, du moins souffrant d'une *oreille dure*. Alors il n'entendait plus ou entendait mal, faisait répéter cinquante fois la même phrase, prétendait qu'il avait la mémoire défectueuse, et se servait encore d'un *hein* interrogatif qui n'avait plus le même son que le *hein* du discours. Il manqua d'être étranglé un jour par un serrurier d'Origny, qui, voulant lui emprunter quelque argent, sortit brusquement du cabinet, de crainte de faire rendre gorge à ces *hein* insidieux qui le mettaient aux abois.

M. Le Camus avait des yeux d'une couleur un peu brouillée, qui lui permettaient d'affecter l'aveuglement. S'agissait-il de lire un contrat ? il se donnait la vue *tendre* ; il lui était permis ainsi d'épeler attentivement chaque mot, de le disséquer et d'étudier ce qu'il pouvait y avoir de compromettant dans l'exécution des lettres de cette écriture. Quel homme eût pu résister aux bégayements, au manque de mémoire, à l'oreille dure, à la vue tendre ? Les petits capitaux étaient contraints de se baisser devant ce gros capital si fécond en artifices. Aussi le petit capital goguenard se vengea-t-il de son maître en le décorant de ce titre de *Friponneau*, qui exprimait heureusement la personnalité de M. Le Camus.

Hors des affaires, le riche propriétaire prêtait à la malignité de ses concitoyens par son avarice, son ambition et ses aventures semi-gaillardes. M. Le Camus conserva, même après la révolution de juillet, les culottes courtes, les bas bleus et les souliers à boucles d'argent. C'était un petit homme sec, aux joues pendantes, à la physionomie goguenarde ; il roulait dans sa carriole une partie de l'année à travers ses domaines, en traitant les jolies paysannes à la façon des anciens seigneurs. Il leur pinçait les joues en faisant entendre un *hein* joyeux, et le bruit public, dans Origny était qu'il tentait de les séduire avec des bagues et des boucles d'oreilles dont il avait toujours les goussets garnis, mais qui étaient en simple cuivrerie.

A sa mort, on trouva dans son cabinet des boîtes remplies de ces chrysocales qui confirmèrent la tradition de galanterie à bon marché à laquelle M. Le Camus s'adonnait. Il n'avait pas l'esprit donneur ; aussi le jour de l'an lui était-il un jour à charge, qui lui faisait saluer la nouvelle année avec une évidente mauvaise humeur. Ayant un certain nombre de neveux et de nièces qui venaient l'embrasser au 1er janvier, il leur remettait avec mystère un petit cornet en leur disant :

— Cache ça, cache ça ; comme s'il avait voulu que personne ne connût ses folles prodigalités.

Les neveux et les nièces se laissèrent prendre de tout temps au mystérieux cadeau du millionnaire, et déchiraient bien vite le petit cornet précieux, qui ne contenait que des noisettes. Avec un pareil homme, chaque jour amenait son anecdote. Il garda toujours rancune à un petit-cousin à qui il avait prêté un violon démantibulé, lequel coûta de fortes réparations. Le cousin eut le malheur d'emporter à Paris cet instrument sans valeur ; M. le Camus parla pendant plusieurs années de son excellent violon, et il voulait déshériter, pour ce fait, le cousin, qui fut heureusement défendu par le notaire.

Il n'aimait pas les réparations et laissait dépérir *ses châteaux ;* car il avait deux immenses maisons de campagne dans un état de délabrement à faire croire qu'une bande ennemie y avait passé. L'argent qui sortait de chez lui le rendait malade : son teint jaunissait deux ou trois jours, jusqu'à ce que la raison revînt. Il ne soupirait qu'après les rentrées ; c'était un petit esprit qui ne comprenait pas le roulement de l'argent, car un autre eût triplé ses capitaux dans de solides entreprises, tandis que M. Le Camus grignotant à tout, prêtant cent francs deçà delà, lésinant sur un écu, se faisait une mauvaise réputation plutôt par ses côtés mesquins que par une friponnerie réelle.

S'il donnait des bijoux faux aux filles, il avait une certaine humeur prodigue quand il s'agissait de satisfaire son ambition : on le connut dans Origny lorsqu'il eut l'imprudence de faire rédiger, par le secrétaire du greffier, une pétition tendant à obtenir la croix d'honneur. Simonnet, un des mystificateurs les plus terribles de l'endroit, eut soin de conserver les notes manuscrites de M. Le Camus où étaient énumérés ses titres à la décoration. Sur le derrière de crasseuses cartes à jouer étaient inscrits les services par lesquels le riche propriétaire s'imaginait devoir appeler l'attention du ministre. M. Le Camus se prévalait :

1º D'avoir offert un ostensoir à l'église de Villers ;

2º D'être membre du conseil municipal de ce même Villers, village de trois cents âmes ;

3º D'être propriétaire du domaine de la Trompardière ;

4º D'être nommé sans doute l'année suivante maire de Villers ;

5º Enfin d'avoir fait cadeau d'une caisse roulante à la musique de la garde nationale d'Origny.

Peut-être cette fameuse pétition eût-elle resté ignorée dans les cartons du ministère de l'Intérieur, mais M. Le Camus commit la faute de ne pas récompenser le clerc Simonnet qui s'était mis en frais de rédaction pour couvrir une belle feuille de papier ministre des nombreux services rendus à l'État par M. Le Camus. Cela dura trois mois. Simonnet, plus riche en mystifications qu'en écus, passait souvent dans la rue Chastellux.

— Eh bien, monsieur Le Camus, cette pétition ? disait-il pour rappeler au propriétaire sa collaboration à la fameuse requête.

— Hein, hein, hein, mon garçon, pas de nouvelles.

— J'ai fourni le papier ; ne m'oubliez pas.

En s'entendant réclamer cette faible avance, l'avare devenait entièrement sourd.

— Je sais bien, lui criait Simonnet aux oreilles, que vous avez donné une caisse roulante à la garde nationale...

— Oui, qui a coûté joliment cher dans son temps, disait M. Le Camus en recouvrant l'ouïe tout à coup.

— Mais moi j'ai fourni le papier et mon temps.

— Hein, hein, hein, reprenait le propriétaire d'un accent grognon.

— Qu'est-ce que vous me donnerez, monsieur Le Camus, pour mon après-midi ?

— Hein, hein, hein, adieu mon garçon, disait l'avare en cherchant à s'esquiver.

— Voyons, monsieur Le Camus, vous n'êtes pas juste; pendant le temps que j'ai perdu à copier votre pétition, j'aurais gagné plus de trente sous à copier des rôles.

Les *hein* de l'avare devenaient alors des espèces de sanglots qui auraient fendu l'âme à un étranger; mais Simonnet était inflexible, depuis trois mois qu'il faisait le siége de M. Le Camus pour en obtenir une petite rémunération.

— Hein, hein, hein ; elle n'a servi à rien ta pétition.

Finalement le propriétaire fit entendre à Simonnet que sa rédaction était sans doute fautive, mal libellée, qu'il avait oublié des articles importants, que ces omissions avaient dû annihiler les bonnes dispositions du ministre à son égard, et qu'il verrait à le récompenser si la croix arrivait.

Le clerc sentit la défaite, et jugea qu'il ne toucherait pas un sou de son travail ; mais, comme il avait un esprit de singe, malicieux jusqu'à la méchanceté, il se vengea de M. Le Camus en fabriquant un brevet sur parchemin, par lequel le riche propriétaire était autorisé à porter le ruban ouge, renfermé dans une enveloppe. A l'aide de vieux cachets barbouillés d'encre d'imprimerie, presque illisibles, Simonnet donna une apparence quasi-officielle à ce morceau de parchemin, qu'il fit déposer le soir par un de ses confrères en facéties, déguisé en gendarme pour la circonstance.

M. Le Camus, réveillé par son domestique, lut le brevet, sauta de joie au bas de son lit, alluma deux bougies neuves, ce qui ne lui était jamais arrivé, car il se couchait d'ordinaire avec un bougeoir contenant un vieux suif qu'il soufflait aussitôt, et passa la nuit à essayer le ruban rouge sur sa houppelande gros bleu et sur son habit marron. Devant la glace, il variait ses attitudes en faisant entendre des hein, hein, hein, pleins de contentement. Le lendemain, à cinq heures et demie du matin, il parcourait la ville et traitait les habitants de fainéants, parce qu'à cette heure les boutiques n'étaient pas encore ouvertes ; il ne se possédait plus, sentait courir des frissons dans tout son corps, et voltigeait comme un papillon. C'était justement jour de marché ; à sept heures les marchandes de lait arrivent, les fermières, les maréyeux, les jardiniers. Tous connaissaient M. Le Camus ; chacun s'étonne de voir ce long ruban rouge qui flotte à la boutonnière du propriétaire : les paysans le saluent jusqu'à terre, en se moquant entre eux de cette gloriole. Peu à peu les boutiques s'ouvrent ; le premier marchand qui voit la décoration de M. Le Camus va le conter à son voisin qui balaye sa porte ; la nouvelle court comme un lièvre poursuivi ; de boutique en boutique, elle envahit toute une rue, tout un quartier, toute la ville. A midi, Origny tout entier savait la fausse nouvelle, comme si le crieur l'eût criée, comme si les cloches l'eussent clochée.

— *Friponneau* est décoré! tel était le cri public. Quelques-uns hochaient la tête et se demandaient pourquoi ; mais l'étonnement, la stupéfaction, ne laissaient qu'une faible part au raisonnement.

A midi et un quart, dans la salle à manger, madame Le Camus demandait à son mari ce qu'il portait à sa boutonnière. Le propriétaire haussa les épaules et parla des services qu'il avait rendus au gouvernement. Madame Le Camus avait un esprit droit et craignait toujours les nouveaux projets de son mari. Elle eut un sourd pressentiment qu'un événement allait arriver, quoiqu'elle supposât qu'à force de sacrifices d'argent son mari pût avoir obtenu une marque honorifique rarement accordée à un simple propriétaire ; mais le gendarme, dont les domestiques parlaient dans la maison, mais le brevet que M. Le Camus étalait et qu'il eût volontiers baisé dans son enthousiasme, en proclamant Charles X le roi des rois, faisaient taire un peu ses inquiétudes légitimes.

Dans l'après-midi, un agent de police vint prier M. Le Camus de le suivre au parquet. Sa femme tomba évanouie ; son instinct ne l'avait pas trompée. Le juge d'instruction, à cette époque, était M. Brochon, qui devint plus tard un des présidents les plus maniaques de la province ; il avait encore quelque bon sens alors, n'étant pas encore tourmenté par une gastro-entérite qui changea complétement son tempérament. Le juge d'instruction fréquentait la maison de M. Le Camus.

— Qu'avez-vous fait ? demanda-t-il au propriétaire qui arrivait dans le terrible cabinet d'un air souriant, en secouant l'angle de sa houppelande pour donner du jeu à sa large décoration ; vite, enlevez donc ceci, ajouta-t-il.

— Hein, hein, hein.

— Je serai obligé de vous poursuivre pour port illégal de décoration. Avez-vous perdu la tête, monsieur Le Camus ? Le Code punit ce délit de six mois à trois ans de prison.

En ce moment, M. Le Camus n'était ni sourd ni myope ; il lut rapidement l'article du Code, quoique imprimé en caractères microscopiques, pâlit et balbutia :

— J'ai le brevet, hein, hein, hein, le brevet.

— Quel brevet ? demanda le juge d'instruction.

— Hein, hein, hein, le brevet que le gendarme m'a apporté hier soir, hein, hein, hein.

Et il sortit de sa poche le brevet sur parchemin fabriqué par Simonnet.

— On s'est moqué de vous, monsieur Le Camus; ce brevet est faux, il n'a aucun des caractères des brevets de la chancellerie.

Les hein du bourgeois devenaient lugubres.

— Je m'en vais porter ce brevet au procureur du roi. Vous êtes dupé d'un de vos ennemis, mais l'affaire n'en restera pas là ; ce brevet est un faux, il s'agit de trouver le coupable, nous vous vengerons.

Malgré les recherches actives du procureur du roi, avide de créer une cause nouvelle, il fut impossible de trouver le coupable, qui faisait chorus d'indignation avec tout le parquet. Simonnet, attaché au greffe, connaissait trop bien la manière de procéder des juges d'instruction pour n'avoir pas perpétré son crime de façon à écarter tous les soupçons. Le ridicule tomba une fois de plus sur la tête de M. Le Camus, qui servait de plastron à ses concitoyens jaloux de sa fortune et heureux de s'en venger par des goguenardises.

Il était rare d'ailleurs qu'un jour se passât sans amener quelque anecdote nouvelle, presque toujours fondée sur l'avarice de M. Le Camus; et un dernier trait parachèvera la physionomie du riche propriétaire. Il était allé inspecter ses propriétés à la campagne. Au commencement du printemps, la fonte des neiges avait converti un petit ruisseau en une rivière assez large, ce qui contrariait M. Le Camus qui, au lieu de traverser à sec comme à l'ordinaire, était obligé de retourner à une lieue en arrière. Il considérait mélancoliquement le ruisseau devenu gros, lorsqu'il avisa non loin de là un paysan qui retroussait son pantalon pour traverser la rivière.

— Est-ce que c'est creux? demanda le propriétaire au paysan.

— Core assez, m'sieu.

— Et froid ?

— Dame ! ce n'est pas si chaud que du bouillon.

— Je voudrais pourtant bien passer.

— Eh! m'sieu, faites comme moi.

— Hein, hein, hein, dit en grommelant M. Le Camus.

— Si vous voulez, dit le paysan, m'sieu, pour une pièce de quatre sous, je vous mets de l'autre côté mieux que sur un bac.

— Hein, hein, hein, quatre sous! est-il possible! hein, hein, hein !

— Si je n'étais pas fatigué, je vous aurais porté pour rien; mais je suis échiné, et ça vaut ben quatre sous, que je crois.

— Tu sais, mon garçon, que je suis d'Origny ; en passant, il faut venir me demander un verre de vin.

— Ah! ça n'est pas de refus; si même vous voulez payer une chopine là-bas, à la Maison-Rouge, ça va! Je ne suis pas fier, mais je tiens à mes quatre sous.

M. Le Camus discuta longuement, dépensa une forte provision de hein, qui se brisèrent devant la ténacité du paysan; enfin, l'avare grimpa sur les épaules de son conducteur, qui ne s'avançait qu'avec précaution dans la rivière en criant contre la fraîcheur de l'eau.

— Mais c'est que j'ai oublié ma bourse, en vérité ! s'écria tout à coup M. Le Camus.

— Bah! dit le paysan ; et mes quatre sous?

— Je te les donnerai plus tard.

— Pas de ça, Lisette; je vous ramène plutôt à l'autre bord.

— Hein, hein, hein, s'écria piteusement M. Le Camus.

— Vous m'avez promis quatre sous; si vous ne les mettez pas à la minute dans le creux de ma main, je vous remets là où je vous ai trouvé.

M. Le Camus jérémiait, tout en mettant ses goussets à l'envers.

— Allons! dit-il, tiens, voilà une pièce de deux sous que je ne me connaissais pas.

— Vous voulez rire ; quatre sous, m'sieu.

— Non, deux sous, hein, hein, hein ; c'est encore beaucoup.

— Beaucoup ! que tu dis, brigand de *Friponneau !* Tiens, voilà pour toi !

Et le paysan, d'une forte secousse, fit sauter M. Le Camus par-dessus ses épaules et le lança dans la rivière.

Ce paysan, heureux d'avoir joué ce tour à M. Le Camus, qu'il n'aimait pas, conta l'affaire au village, à la ville, et ce fut un nouveau trait à ajouter à la biographie scandaleuse du richard. Toute sa vie se passa de la sorte, presque toujours victime de son amour immodéré de l'argent.

De cinquante à soixante ans, M. Le Camus porta sur sa physionomie des traces irrécusables de sa passion : de même que les ouvriers en cuivre offrent sur la peau des reflets métalliques produits par la fine poussière de limaille qui entre dans les pores de la chair, l'amour immodéré de l'or amena chez le richard des plaques de jaune pur sur les joues, qui s'étalaient brutalement à côté de tons rouges et vifs ; ces tons dorés attiraient les pensées des gens les moins physionomistes vers les richesses de *Friponneau*, et Simonnet disait qu'il portait ses emblèmes sur ses joues.

Madame Le Camus ne trouva pas le bonheur avec un tel mari : à l'intérieur, plein de manies, grognon, lésinant sur la moindre dépense, le propriétaire perdait son temps à crier après les domestiques, les accusant de folles prodigalités. Quand il passait près de la cuisine, son odorat devenait d'une finesse extrême pour flairer s'il n'y avait pas un morceau de beurre de trop dans la poêle.

— Séraphine, disait-il à la cuisinière, je sens le beurre d'une lieue, hein, hein, hein.

Alors sa voix était déchirante à entendre. Tatillon à l'excès, il voulait tout voir par lui-même, et mettait un certain orgueil à prendre soin de sa cave, que les amateurs d'Origny citaient comme la cave la mieux montée du pays; tout en déplorant que la direction en fût laissée à M. Le Camus. Le père avait transmis à son fils d'énormes provisions de vins de Bordeaux et de Bourgogne, sans compter le fameux vin de la Cuve récolté sur le domaine de la Trompardière, situé à une portée de fusil de la ville ; mais jamais les invités de la maison Le Camus ne purent boire une goutte de vin naturel. Quand le mauvais temps retenait le bourgeois chez lui, il passait une partie de la journée à la cave; préoccupé d'une idée aussi compliquée que celle du mouvement perpétuel; M. Le Camus n'admettait pas que les tonneaux de bon vin pussent se vider, et il remplaçait chaque bouteille tirée par une autre bouteille de vin ordinaire. Ainsi la première bouteille seulement tirée d'un tonneau de bordeaux représentait du vin de Bordeaux ; dès la seconde bouteille il était entré dans le tonneau une somme de vin étranger équivalente à la quantité et non à la qualité. Les fins dégustateurs finirent par s'apercevoir de ces mélanges insensés, et madame Le Camus le reconnut à table à des mots échappés, à de certains sourires, à des grimaces particulières, quand M. Le Camus apportait lui-même ses fameuses bouteilles de vin de Bordeaux que nul autre que lui n'avait le droit d'aller chercher à la cave.

Madame Le Camus souffrait extraordinairement des parcimoniès de monsieur; car elle l'appela toujours ainsi, soit qu'elle lui adressât la parole, soit qu'elle parlât de lui à des étrangers. Sous cette formule, respectueuse en apparence, se cachèrent bien des regrets de porter le nom d'un tel homme ; elle ne le blâmait jamais ouvertement, ayant été ployée dès sa jeunesse par la volonté de M. Le Camus, mais elle souffrait en secret de la réputation de son mari, et, pour ne pas se montrer en public avec lui, jamais elle ne voulut sortir de sa chambre jaune. Connaissant à fond les instincts et le caractère de M. Le Camus, elle frémissait d'apprendre les dangers auxquels l'exposaient son avarice et sa petite intelligence. Profondément religieuse, quoiqu'elle n'allât pas aux offices, madame Le Camus n'eut qu'une forte querelle avec monsieur, à propos d'un fait qu'elle regardait comme un sacrilége. Les dimanches on voyait généralement le bourgeois à la messe d'Origny; il avait sa stalle dans le chœur, et la gloriole d'être compté au nombre des quarante personnes importantes ayant stalle, le conduisait à l'église plutôt que le sentiment religieux. Un dimanche matin, M. Le Camus remplit la maison de cris :

— Séraphine, où avez-vous mis mes demoiselles ?

La cuisinière accourut, car le son de voix de son maître était extraordinaire.

— Les demoiselles ! hein, hein, hein !

Le bourgeois était pâle comme si on lui eût volé son trésor.

— Quelles demoiselles donc, monsieur ? demanda la cuisinière effrayée.

— Ma sébile aux demoiselles, je vous dis; qui est-ce qui y a touché ?

— Je n'en sais rien, monsieur.

— Il est entré un voleur ici ! Je veux mes demoiselles tout de suite; il me les faut ou je vous chasse.

La cuisinière, épouvantée, appela son mari.

— Pierre ! cours trouver monsieur, il dit qu'on l'a volé ; il me fait peur.

M. Le Camus arpentait son cabinet, ouvrant avec terreur son armoire, dont les portes, à grilles en fil de fer recouvertes de taffetas vert, donnaient asile à des dossiers nombreux, derrière lesquels était pratiquée une cachette pour enfermer les sacs d'argent.

— Les demoiselles ! les demoiselles ! s'écria le bourgeois en entendant du bruit.

Madame Le Camus sortait de sa chambre.

— Qu'y a-t-il, monsieur ?

— On m'a volé ma sébile aux demoiselles.

— Vous vous trompez, monsieur, elle est chez moi.

La joie, l'indignation, se manifestèrent en un moment sur la figure du propriétaire, heureux de retrouver son trésor, furieux de ce que sa femme avait osé le prendre sans sa permission.

— Mais vous ne les aurez pas, dit froidement madame Le Camus.

— Mes demoiselles ! vous avez eu l'audace de vous en emparer ?

Il était devenu vert en parlant, ses membres tremblaient; la cuisinière crut qu'il allait se jeter sur sa femme.

— Tenez, monsieur, dit madame Le Camus, voici une pièce de trente sous; il y avait ving-neuf demoiselles, vous y gagnez encore. Votre conduite est indigne, je croyais vous l'avoir fait sentir; mais vous serez incorrigible toute votre vie.

— Hein, hein, hein, il y avait plus de vingt-neuf demoiselles, plus de trente même.

— Non, monsieur, je les ai comptées; et je vous avertis que si j'en trouve encore, je les jette par la fenêtre, sauf à vous les rembourser.

— Hein, hein, hein, les femmes ne savent pas la valeur de l'argent, hein, hein, hein.

Et M. Le Camus sortit sans s'inquiéter de la colère de sa femme, heureux du petit gain qu'il venait de faire. Il entra chez son boulanger :

— Tu n'as pas de sous romains, aujourd'hui ?

— Non, monsieur Le Camus ; ils deviennent rares depuis quelque temps dans la ville.

— Je crois bien ! c'est fort curieux ; je les collectionne.

A Origny, on appelle *demoiselles* des sous anglais fort plats, ne pesant guère que la moitié du poids des sous de Louis XVI ou de la République. Sous prétexte de former une collection de monnaies étrangères, M. Le Camus se faisait donner pour rien, moitié de gré, moitié de force, les sous romains, les demoiselles, les médailles républicaines, toutes monnaies qui circulent dans le pays, font faire la grimace aux marchands, et qu'on ne reçoit le plus souvent que pour la moitié de leur valeur positive. Entre autres, les sous anglais (connus sous le nom de *demoiselles,* on ne sait en vertu de quelle tradition) jouissaient alors de la mauvaise réputation attachée de nos jours aux sous de Monaco et ne valaient que deux liards sur la place.

Quand un paysan venait faire quelque payement attardé, M. Le Camus lui retenait, comme intérêt, tous les sous étrangers qu'on trouve souvent dans les campagnes. Il déployait dans ces circonstances une éloquence suprême, en lui faisant entrevoir qu'il était coupable d'apporter à la ville de la *mitraille,* c'est-à-dire cette mauvaise monnaie, poursuivie par la police, que les négociants honnêtes clouent sur leurs comptoirs ; chez les petits boutiquiers, le bourgeois se posait en amateur de médailles et se faisait donner les sous romains, qui circulent encore grâce aux fouilles qui se font pans le pays et qui mettent à découvert des monnaies constatant le séjour des Romains dans cette partie de la France. On regardait les désirs de M. Le Camus comme une manie et on le satisfaisait, plus pour se débarrasser de sa personne que pour lui faire plaisir; car, une fois entré dans une boutique, il savait fatiguer les gens de telle sorte, par ses exclamations habituelles, qu'on était trop heureux de le voir partir.

On disait dans le pays que M. Le Camus avait la plus belle collection de sous étrangers qui se pût voir, et on ajoutait qu'elle ne lui coûtait pas cher. La vérité est que le bourgeois n'était nullement collectionneur, mais, tirant parti de tout, il avait calculé que sa prétendue manie lui rapportait près de cent livres chaque année : il avait toujours dans son bureau une sébile pleine de ces sous passés de mode, afin de faire croire aux gens qu'il y attachait une énorme importance, mais il savait les placer. La querelle qui survint entre sa femme et lui eut pour cause une confidence qu'il fit imprudemment. Fier d'avoir une stalle dans le chœur, M. Le Camus n'en grognait pas moins quelque hein quand il s'agissait de donner à la quête : l'idée lui vint un jour de concilier à la fois ses instincts avares avec les intérêts de l'Église en se garnissant le gilet de deux mauvais sous qu'il jetait d'un air généreux dans la bourse du prêtre. C'est ainsi qu'il plaçait ses fameuses demoiselles, et il fallut l'indignation de madame Le Camus pour lui faire comprendre qu'il commettait une mauvaise action. Au fond, il n'en crut pas un mot, continua de remplir sa sébile, fit échange avec sa femme de ses mauvais sous contre de bon argent blanc; mais, à partir de ce moment, il eut toujours en réserve quelques demoiselles cachées dans un coin de son gilet, dont il faisait une pieuse offrande à l'église.

Ces mille détails, source de propos pour les gens d'Origny, faisaient pleurer en secret madame Le Camus, qui n'avait trouvé dans le mariage que des peines à porter. Elle eut une fille dans les premières années de son union, mais l'enfant ne vécut que peu d'années, trop cependant pour montrer des gentillesses que la mort devait faire paraître cent fois plus charmantes et plus douloureuses. Ayant perdu sa fille, et quelques années s'étant passées sans signe de grossesse, madame Le Camus se vit condamnée à rester seule avec son mari, plus seule que dans un désert, car elle ne pouvait lui confier ses pensées; l'avare n'y eût rien compris. Il ne connaissait et n'appréciait que la valeur de l'argent, et le peu d'intelligence qu'il avait s'était tourné vers le positif : le rayonnement de l'or le réjouissait plus qu'un beau soleil dans le mois de janvier, et le tintement d'un sac d'écus était évidemment supérieur pour lui à la plus belle des symphonies.

Au contact de M. Le Camus, sa femme perdit l'expansion : elle rentra en elle-même, et, comme la maladie commençait à s'emparer de son corps, elle devint difficile à vivre. La belle fortune des Le Camus, qui excitait tant d'envie à Origny, se trouva un jour entre les mains de deux personnes qui n'en avaient que faire. M. Le Camus fut atteint subitement d'une paralysie qui lui enleva la majeure partie de ses facultés. Peut-être fut-il puni de son faux bégayement, de son oreille dure et de sa vue tendre, car il devint presque aveugle, et son langage, pour être compris, demandait une étude aussi compliquée que celle d'une langue étrangère. Heureusement il se trouva dans la maison, pour le remplacer, un être auquel jusqu'alors personne n'avait pris garde, mademoiselle Bec, entrée depuis deux ans comme demoiselle de compagnie de madame Le Camus, qui sut déployer tout d'un coup une fermeté virile, une entente des affaires dont personne ne l'eût crue capable.

II

LA DEMOISELLE DE COMPAGNIE

Mademoiselle Bec arriva un matin à Origny par a diligence de Troyes, portant d'une main une petite malle, et donnant l'autre main à un gros garçon de huit ans. Elle était recommandée par la famille Cussonnière, alliée aux Cretté-Cussonnière d'Origny, qui jouissaient de toute la confiance de madame Le Camus. La première entrevue décida de tout : les conditions étaient réglées d'avance. Mademoiselle Bec occupa dès lors un tabouret dans le salon jaune de la rue Chastellux. C'était une femme de quarante ans, maigre, sèche comme son nom, avec des yeux noirs perçants, parlant peu, pleine d'humilité. Les renseignements venus de la Champagne annonçaient une femme sans fortune, *se tenant bien,* ayant eu le malheur d'être séduite par un officier. Madame Le Camus expliqua longuement à mademoiselle Bec ce qu'elle aurait à faire dans la maison : c'était d'être sans cesse dans le salon, soit à faire la lecture, soit à broder, enfin de tenir compagnie à la malade. Il était recommandé spécialement à mademoiselle Bec d'être polie envers M. Le Camus, de ne pas s'irriter de ses caprices, moyennant quoi il lui était alloué une somme de trois cents francs, et deux cents francs tirés des fonds secrets de madame Le Camus, car le propriétaire n'aimait pas la dépense. Outre le logement, le chauffage et le blanchissage, le petit Simon était nourri à la cuisine et logé dans la maison. Malgré ces précautions, M. Le Camus n'en jeta pas moins un terrible regard à la demoiselle de compagnie, qu'il aurait peut-être tolérée seule, mais qui lui parut insupportable, accompagnée de son fils. C'étaient deux bouches inutiles dans la maison. Au premier dîner auquel prit part mademoiselle Bec, jamais autant de hein ne sortirent de la bouche de M. Le Camus, qui geignait avec plus de bruit qu'un boulanger brassant la pâte dans le pétrin. Mademoiselle Bec eut surtout la maladresse d'accepter de la compote de poires que l'avare lui offrait traîtreusement pour l'éprouver : aussi se leva-t-il de table avec une telle physionomie que madame Le Camus lui demanda s'il souffrait, mais elle n'en put tirer que des plaintes.

— Il était convenu, madame, dit-il à sa femme, qu'*elle* ne mangerait pas de dessert.

Madame Le Camus rougit, car elle était certaine que mademoiselle Bec avait entendu son mari.

— Mademoiselle, dit-elle, ordinairement on vous servira du fruit suivant la saison pour votre dessert; les plats sucrés sont pour les personnes que nous invitons.

— C'est bien, madame, dit la demoiselle de compagnie, sur la figure de laquelle nulle émotion ne se pouvait lire.

Le lendemain, pendant que la domestique faisait le lit de M. Le Camus, assis devant son bureau :

— Et le crapoussin? demanda-t-il (pour M. Le Camus, tous les enfants étaient des *crapoussins*). Il est gros, ce crapoussin-là, hein, hein, hein, dit-il d'un air bonhomme; ce n'est pas comme mademoiselle Bec; elle est maigre, elle.

— Oui, elle est un peu chétive, dit la domestique.

— C'est pour ça qu'hier elle voulait manger notre compote; je lui en donnerai de la compote... Pour qui fait-on de la compote, ici?... pour les personnes âgées, et qui ont le moyen de la manger, la compote, hein, hein, hein.

La fameuse compote de poires pesait sur l'estomac de M. Le Camus.

— Si je n'y avais mis ordre, le crapoussin aurait aussi voulu de la compote. Dites donc, Séraphine, si ça ne faisait pas pleurer, ça ferait rire... hein, hein, hein. Il y a des gens, vraiment, qui ne sont pas délicats... C'est des fines gueules, voyez-vous, Séraphine; ils ne savent pas ce que c'est qu'une compote; il y a du sucre dedans. Quand je pense qu'il y a cinquante ans, on venait emprunter à M. Le Camus, mon père, son pain de sucre, pour les personnes qui donnaient un grand dîner... Je m'en souviens... hein, hein, hein, on n'abusait pas de la compote, alors, parce qu'il y entrait trop de sucre, et que le sucre est cher, quoi qu'on en dise... Il vaut encore dix-sept sous et demi. Je sais bien que vous mettez de la cassonade dans vos compotes, Séraphine, et la cassonade est encore hors de prix... Et puis voilà une femme qui tombe en arrivant sur la compote... hein, hein, hein. Oh! pour le crapoussin, il est trop fort, cet enfant; à votre place, Séraphine, je ne le pousserais pas trop à manger... parce que, pensez-y, sa mère, qui est plate comme une alose, va manger énormément. Elle ne l'a pas caché, j'en avais honte pour elle, elle avale de gros morceaux de viande, hop! c'est fini. La viande, dans sa bouche, file comme de la boisson... alors, si cette femme-là mange tant, nous devons nous rattraper sur le crapoussin; sans ça il n'y a plus qu'à fermer la maison... Je ne sais vraiment pas quelle idée madame a eue d'introduire ici deux dévorants, deux crève-faim; ils me font horreur... enfin, ils y sont... hein, hein, hein. Qu'est-ce que vous lui donnez, au crapoussin, le soir?

— Monsieur, ce qui reste du dîner.

— Séraphine, je ne vous reconnais plus... Ah! mon Dieu! de la soupe, et du fromage, et j'ajouterai encore un demi-verre de cidre... Je les mange bien à mon déjeuner, les restes du dîner ; vous voulez donc me faire mourir de faim ? Vous ne lui donnerez pas de bœuf à dîner, je vous le dis... Et pas de ces gros morceaux de fromage trop lourds pour les crapoussins ; j'irai vous en couper un morceau à la cuisine ce soir ;... je m'y connais, je sais ce que mon père me donnait.

Les débuts de mademoiselle Bec furent pleins d'humiliations, et M. Le Camus n'était pas le plus insolent. Le dimanche, quand les parents venaient rendre visite à madame Le Camus, la demoiselle de compagnie, assise dans une embrasure de la fenêtre, travaillant à quelque ouvrage de lingerie, sentait s'abattre sur elle les regards des provinciaux curieux, offusqués de se trouver dans le même salon qu'une femme mère d'un garçon, et qui avait l'audace de se faire appeler *demoiselle*; à ces regards méprisants qu'elle devinait, mademoiselle Bec put se faire une juste idée des propos qui se tenaient dehors sur son compte. Pendant la visite, madame Le Camus n'adressait pas une fois la parole à sa demoiselle de compagnie, sauf pour lui demander un verre d'une certaine boisson verte qu'elle avait l'habitude de prendre à peu près toutes les demi-heures. Mademoiselle Bec était grande et roide, ses yeux noirs ne se baissaient pas, et dans sa lèvre supérieure, un peu longue, était inscrite une volonté puissante enfermée dans une bouche petite et pincée. Les parents furent un peu étonnés de cette physionomie froide, qui ne sentait ni l'esclavage ni la domesticité, mais les plus malins d'entre ces bourgeois ne pressentirent pas la haute influence que devait prendre un jour la demoiselle de compagnie.

Elle passa en effet près de deux ans à étudier le terrain et s'aperçut que madame Le Camus, froissée par son mari, était devenue égoïste, autant par la maladie que par le chagrin de n'avoir pas rencontré dans le mariage une amitié puissante. Petit à petit, ses facultés se retrécirent au contact des gens qui l'entouraient; vivant toujours dans son fauteuil, il lui avait fallu trouver de l'occupation pour passer son temps. L'été, elle faisait de la charpie avec les vieux linges de la maison; et une grande partie de son hiver était occupée à soigner des raisins qu'elle aimait par-dessus tout. Les vignes des deux châteaux formaient une assez belle vendange dont le propriétaire tirait un bon parti. Au commencement d'octobre, le crieur public parcourait les rues : « On fait à savoir qu'il y a du vin de la nouvelle année à vendre chez M. Le Camus, rue Chastellux. Il est bon, *car* je l'ai goûté. » Telle est la formule employée à Origny. Le vin de M. Le Camus se débitait dans les quarante-huit heures, par suite de la réputation particulière qu'ont eue ses vignes de tout temps. Origny est situé sur une montagne dont les versants étaient garnis de vignes à l'époque où se passe ce drame. Depuis, on a remplacé les vignes principalement par des asperges, car le vin, outre qu'il ne rapportait guère plus qu'il ne coûtait, avait trop des qualités qu'on prête aux *vins de pays :* il était de la famille du vin de Suresnes, très-léger, et acidulé; mais les vignes de M. Le Camus, qui sont situées dans un renfoncement de la montagne, qu'on appelle la Cuve, semblaient accaparer le soleil. Le vin de la Cuve, âgé de deux ou trois ans, prend une sorte de tournure recherchée des amateurs.

Les vendangeurs faisaient un choix des plus belles grappes de raisins blancs destinées à madame Le Camus, et l'hiver se passait à entretenir la conservation de ces précieuses grappes étendues sur des claies ou *cloyettes* d'osier, dans une salle parfaitement sèche. Les raisins conservés de la sorte se rident; là n'est pas le danger, mais il arrive trop souvent qu'un grain pourri communique sa pourriture à ses voisins, et c'était la grande occupation d'hiver de madame Le Camus, qui se faisait apporter une à une, dans son salon jaune, les cloyettes, afin de passer l'inspection de ses raisins. Armée de fins ciseaux, elle détachait avec précaution de la grappe les grains d'une physionomie mauvaise, portant en eux le germe du mal, et des après-midi entières s'écoulaient dans cet innocent travail auquel madame Le Camus attachait une suprême importance.

Des prisonniers ont passé dix ans à s'intéresser à une araignée, à une souris. La vie de province a quelque ressemblance avec celle des prisonniers : les moindres petits faits y prennent la proportion d'énormes événements.

Les quatre fleurs recueillies dans les prés de la maison de campagne servaient encore à procurer des distractions à madame Le Camus : elle coupait les queues, émondait les petites feuilles, et faisait de petits bouquets qu'elle jetait dans un grand coffre noir sur le couvercle duquel étaient peints des moineaux rouges perchés sur des feuillages jaunes.

Dans les maladies qui tiennent l'homme enchaîné sur un fauteuil, à défaut de société, les objets inanimés prennent une physionomie particulière, quasi-vivante : le grand lit jaune, la pendule, la console, les portraits en miniature accrochés à la cheminée, les bougies de couleur enfermées sous des globes allongés, les instruments du foyer, les pastels de famille, les mille brimborions à l'usage des femmes, tenaient une place considérable dans les pensées de madame Le Camus. Un pli nouveau dans le baldaquin en serge jaune du lit l'inquiétait; dans l'édredon bleu de ciel qui tranchait par sa couleur un peu brusquement avec l'ameublement jaune de l'appartement, madame Le Camus trouvait un sujet de conversation, si l'édredon n'était pas posé méthodiquement au milieu du lit. Au tintement du balancier de la pendule, elle se rappelait que le jour allait venir où l'horloger donnerait sa consultation habituelle; la pendule elle-même, quoiqu'elle datât du malheur de Pilâtre de Rozier, n'était-elle pas un sujet de curiosité, rappelant une date précise et les événements groupés autour de cette date ? Au-dessous du cadran, soutenue par de petites chaines de cuivre, se balançait une nacelle d'aéronaute, dans laquelle un petit berger de la fabrique de Sèvres jetait vers le ciel de tendres regards. La pendule avait été donnée à madame Le Camus lors de son mariage et faisait partie de son trousseau. Les nombreuses tentatives scientifiques dans l'art de diriger les ballons, les terribles chutes des aéronautes audacieux, n'étaient pas ce qui venait à la pensée de madame Le Camus en considérant le berger assis dans sa nacelle; mais, en soupirant, la pauvre femme, d'un air abattu, supputait le nombre incalculable de mois, de jours, d'heures, de minutes qu'elle avait passés depuis cette époque en compagnie de son mari. Les bougies sous globes, l'une jaune, l'autre rose, issues de l'imagination d'un épicier aimable, étaient encore une *curiosité* à l'époque où elles furent achetées par le père de madame Le Camus; le globe qui les protégeait attestait la religion qui était attachée à la virginité de leurs mèches. La famille tout entière se déroulait en jetant un regard sur ces vieux pastels, tous de profil, les uns à droite, les autres à gauche, qui étaient arrangés de façon à se faire face et à sembler se rendre mille politesses. Tous, ils étaient disparus les uns après les autres, morts et enterrés, ces vieillards d'une autre époque, peints à raison de vingt livres, lors de la grande mode du pastel : les dames avec des bonnets immenses et des aiguilles à tricoter dans les cheveux; les messieurs avec des habits violets rayés, des boutons d'acier ciselé, de petites queues frétillantes sur leur grand collet d'habit.

Tous morts, ces personnages avaient vécu, aimé, pleuré, chanté, et le cadre noir autour des pastels fanés semblait une sorte de crêpe, comme le léger crayon rappelait leur poussière dispersée. Il y avait des contrôleurs au grenier à sel, des présidents de balliage, des religieux de l'ordre de Prémontré, des bourgeois, que le pastelliste avait peints souriants, avec des traits un peu pincés qui prouvent combien le type de la nature française s'est modifié depuis la révolution de 1789. Ailleurs ces portraits eussent juré, mais dans le salon jaune ils étaient à leur place, car l'ameublement du fameux salon resta en arrière de plus de soixante ans ; le paravent chinois, certains petits meubles en bois de rose avec des marbres de diverses couleurs, la présence de madame Le Camus dans sa bergère, les étoffes inusables qu'elle ne changeait jamais, les culottes courtes de son mari, étaient contemporains des aïeux peints au pastel. Mademoiselle Bec elle-même, habillée toujours en une sorte de demi-deuil, ne faisait pas disparate dans cet appartement, au milieu des portraits. Tout, jusqu'à l'odeur de la chambre, rappelait le passé. Il y avait une certaine température douce dans le salon jaune qui ne se retrouvait pas ailleurs ; cette odeur rappelait l'impression un peu mélancolique que donnent de vieux bouquets, symboles d'amour ou d'amitié, trouvés dans les armoires secrètes d'une personne morte. Peut-être l'accumulation des quatre fleurs dans le grand coffre peint contribuait-elle à donner une forte note dans ce concert de parfums rétrospectifs. Aussi, ceux qui entraient dans le salon s'y trouvaient-ils dépaysés et embarrassés : le silence profond qui y régnait, la tranquillité parfaite, la couleur des rayons de soleil qui s'y glissaient sournoisement à travers les rideaux jaunes, changeaient aussitôt la voix des visiteurs ; le diapason baissait naturellement, et chacun parlait avec modération.

Au bout de huit jours d'installation, mademoiselle Bec connaissait à fond l'histoire de la famille, car elle eut une biographie complète, de la bouche de madame Le Camus, de chacun des personnages peints au pastel. Madame Le Camus avait la religion des souvenirs et elle l'imposait à ses hôtes; le passé était son seul thème de conversation; elle en parlait sans cesse, et y revenait toujours. Ainsi que beaucoup de vieillards, madame Le Camus condamnait la génération actuelle avec la génération de ses aïeux : il n'existait plus, à l'entendre, ni politesse, ni égards, ni beaux sentiments, ni belles manières; tout avait été enterré avec les originaux des portraits au pastel.

Alors venaient les fameuses histoires de bon papa, auxquelles s'adjoignaient les vertus privées de bonne maman. Sur ce chapitre, madame Le Camus était intarissable; sans doute pour mieux en fixer le souvenir dans l'esprit de ceux qui l'écoutaient, elle ne craignait pas de revenir le lendemain sur ce qu'elle avait raconté la veille, et, comme l'existence des père et mère, grand-père et grand'mère de madame Le Camus n'avait été traversée que par des incidents peu romanesques, la demoiselle de compagnie connut vite le fond de la biographie de tous les portraits.

Si mademoiselle Bec s'imagina dans le principe qu'une fois mise au courant de la vie des aïeux de madame Le Camus, elle n'avait plus qu'à les oublier, elle fut détrompée; car tous les jours, à la même heure, sa maîtresse reprit son thème favori, sans y apporter de variantes, et la demoiselle de compagnie commença à envier la paralysie qui affectait l'ouïe de M. Le Camus.

— Mademoiselle, lui dit un jour madame Le Camus en s'interrompant dans son discours.

— Plaît-il, madame ?

— Vous ne m'écoutez pas !

Cette simple parole fut dite d'un ton de voix assez significatif pour faire comprendre à mademoiselle Bec combien elle avait blessé sa maîtresse. A partir de ce moment elle s'ingénia à trouver un certain nombre d'interjections qu'elle jetait au milieu des biographies, afin de prouver qu'elle était tout oreilles; car madame Le Camus était souvent d'un caractère irascible et pardonnait difficilement aux personnes qu'elle prenait en grippe, souvent pour un futile motif.

L'esclavage, dans la société moderne, a revêtu un caractère particulier, mesquin et étroit, qui fait soupirer quelquefois après l'esclavage dans l'antiquité. La maladie survenue à M. Le Camus rendit cependant quelque liberté à mademoiselle Bec, car elle eut à remplacer le vieillard dans ses tournées à la campagne : c'étaient des fermes à visiter, des coupes de bois, de grands lessivages à surveiller au château, des débiteurs à presser, des créances à faire valoir, une immense comptabilité.

La demoiselle de compagnie partait alors en carriole conduite par le domestique, aspirait avec délices l'air des champs et laissait madame Le Camus et son mari aux soins de la cuisinière.

Peu à peu mademoiselle Bec s'habitua à cette vie tranquille, aux histoires perpétuelles de madame Le Camus, à la maison tout entière; si elle ne trouva pas un charme puissant à rester de longues journées sur sa chaise de paille près de la fenêtre, elle se sentit figer, pour ainsi dire, et cette torpeur convenait aux chagrins enfouis dans son cœur. Madame Le Camus était habituée à mademoiselle Bec, comme mademoiselle Bec était accoutumée à madame Le Camus; la soudure se fit lentement, et si la demoiselle de compagnie portait une chaîne, les attaches en avaient été rivées avec assez de précaution. Les Cretté-Cussonnière furent les premiers qui montrèrent quelques égards à mademoiselle Bec; ils ne le faisaient pas par une vive sympathie, mais par un sentiment de politique tout naturel : c'était M. Cretté, le marchand de bois d'Origny, qui avait écrit aux parents de sa femme, les Cussonnière, de Troyes en Champagne, pour trouver une demoiselle de compagnie. Mademoiselle Bec était donc entrée dans la maison sous leur patronage, et ils avaient tout intérêt à ce que leur tante fût satisfaite de leur protégée. La demoiselle de compagnie avait l'habitude de quitter le salon quand les parents venaient rendre visite le dimanche à madame Le Camus.

— Eh bien, ma tante, demanda madame Cretté, êtes-vous contente de mademoiselle Bec ?

— Oui, dit madame Le Camus, jusqu'à présent elle me paraît bien tranquille ; je l'entends à peine marcher, c'est ce qu'il me faut.

— Pauvre tante ! les personnes délicates ne sauraient prendre trop de précautions. Cependant vous avez bonne mine.

— Oh ! soupira madame Le Camus.

— Je vous trouve vraiment meilleur teint que dimanche passé... Le temps est si beau ; nous n'avons pas eu d'orage, non plus.

— Oui, dit madame Le Camus, les orages me font bien souffrir ; il faut croire cependant qu'il s'en prépare encore, car je sens un point de côté.

— Pourquoi ne marchez-vous pas un peu, ma tante, maintenant que vous avez mademoiselle Bec pour vous conduire ?

— Oh ! non, je ne le puis ; autrement j'irais volontiers au ardin l'après-midi... mais je suis vraiment trop faible.

— Mademoiselle Bec a l'air *forte*, dit le marchand de bois.

— Elle est bien mince aussi, dit madame Le Camus, aussi

mince que moi..... Quand je pense que j'étais si forte dans ma jeunesse et que je courais avec mes sœurs, surtout avec Thérèse, qui était plus hardie qu'un page... Vous n'avez pas connu bonne maman ; il fallait l'entendre crier après Thérèse, un vrai diable qui descendait l'escalier à cheval sur la rampe, le grand escalier de notre maison de la rue des Moineaux, où on se serait fracassé le crâne si on était tombé malheureusement... Eh bien, Thérèse ne craignait rien, on aurait juré que c'était un garçon. Ma sœur Sophie ne lui ressemblait guère, aussi est-elle morte au couvent... Je crois que si Thérèse avait vécu, je ne me serais jamais mariée ; nous aurions passé notre vie ensemble. Elle était gaie comme un pinson, elle chantait toute la journée, et il n'y avait qu'elle pour retenir tous les airs d'opéra qu'elle avait entendus une fois... Voilà pourquoi on voulait l'avoir partout, chez le préfet, qui était alors un monsieur... Attendez donc, vous êtes trop jeunes pour vous rappeler son nom... monsieur... ah ! j'ai son nom sur le bout de la langue... Tout ce que je sais, c'est que ce préfet était un homme excessivement poli, pas un faiseur d'embarras comme vos préfets d'à présent... monsieur de... Il était noble nécessairement, puisqu'il était venu aussitôt après la chute de Napoléon et que les Bourbons ne donnaient les hauts emplois qu'à des nobles... Il dansait merveilleusement : je me rappelle encore le fameux bal donné par M. de Castelbajac, le père de M. de Castelbajac que vous connaissez... Ces dames de Castelbajac étaient de fort belles personnes ; à cinquante ans, madame de Castelbajac la mère représentait encor si bien, qu'on la citait dans tout le département ; au spectacle, car alors on allait beaucoup au spectacle, les étrangers ne regardaient que madame de Castelbajac la mère.

— N'était-ce pas M. de Senégrais ?

— Quel Senégrais ? de qui parlez-vous, monsieur Cretté ?

— De Senégrais, préfet, dont vous cherchiez le nom tout à l'heure.

— Je n'y suis plus, monsieur Cretté : je vous parle de madame de Castelbajac... M. de Senégrais n'a rien à voir avec madame de Castelbajac la mère.

Madame Le Camus défilait ainsi l'écheveau de ses souvenirs, mais l'âge faisait qu'elle embrouillait tous les fils, de telle sorte qu'il était impossible de les dévider : si elle parlait d'un personnage, aussitôt ce personnage en amenait un autre, puis un troisième, puis un quatrième, et toute la population d'Origny du temps de l'Empire y passait.

— Y a-t-il longtemps, ma tante, demanda madame Cretté, que vous n'avez vu le président Brochon ?

Comme madame Le Camus allait répondre, on entendit un coup de sonnette qui la fit tressaillir dans son fauteuil.

— Je parie, dit-elle, que c'est madame Bonde qui sonne de la sorte.

— Madame Bonde en est bien capable, dit madame Cretté; elle a si mauvais ton que je n'aime pas à me rencontrer avec elle. Adieu, ma bonne tante; ménagez-vous bien, n'est-ce pas? je vous en prie.

Après avoir embrassé madame Le Camus, madame Cretté, suivie de son mari, sortit par la porte du fond pour ne pas rencontrer la famille Bonde, qui arrivait par le corridor en produisant son bruit habituel.

L'entrée de la famille Bonde était regardée par madame Le Camus avec autant d'effroi qu'un ouragan; car madame Bonde n'apportait aucun ménagement vis-à-vis de la malade, et ne savait pas maîtriser sa voix; rien ne pouvait influencer cette grosse personne, qui ressemblait, par la taille et les allures, à un cheval de brasseur. Elle n'arrivait jamais chez madame le Camus qu'avec ses quatre enfants, dont deux étaient les vivants portraits de leur père, c'est-à-dire deux êtres petits, malingres et frêles, tandis que les deux ainés, forts, tapageurs, hauts en couleur, étaient l'image parfaite de leur mère. Cette famille de six personnes dans le salon jaune émouvait singulièrement madame Le Camus, qui, à partir de leur visite, avait la tête cassée pour la journée. Madame Bonde, d'ailleurs, ne savait pas écouter et ne s'intéressa jamais aux récits de sa parente; elle ne parlait que d'elle-même, de son mari et de ses enfants.

— Tu ne pourrais donc pas sonner moins fort? lui dit madame Le Camus.

— Ma foi, ma tante, prenez-vous-en à M. Bonde; c'est lui...

— Oh! monsieur Bonde, s'écria madame Le Camus, qui ne pouvait comprendre comment un petit homme si chétif pouvait communiquer un tel ébranlement à la sonnette.

— Madame Le Camus, pardonnez-moi, mais mon Poulot regardait la sonnette; je l'ai pris dans mes bras et je l'ai invité à sonner; les enfants ne raisonnent pas, il a tiré de toutes ses forces.

— Ta, ta, ta, monsieur Poulot, ce n'est pas bien, dit madame Le Camus. Comment! à votre âge! Madame Bonde, je crois que tu ne veilles pas assez sur l'éducation de tes enfants. Tiens, qu'est-ce qu'il fait encore? Attends, vas-tu laisser tranquilles les écrans? Seigneur! ces enfants-là me feront mourir. Ce sont des diables finis.

En ce moment on sonnait à la porte.

— C'est madame May, sans doute, dit madame Le Camus. Les enfants vont aller jouer au jardin, car nous n'avons pas assez de place ici ; et surtout qu'on ne touche à rien, entendez-vous, enfants?

Madame May entra avec son fils Édouard, et alla embrasser sa tante.

— Édouard, dit madame Le Camus, je te recommande de

veiller sur tes cousins; amusez-vous tant que vous voudrez, mais ne vous battez pas et ne cassez rien.

III

LA CHAMBRE AUX FERRAILLES

C'était un jour de fête pour les neveux et nièces de madame Le Camus que d'aller lui rendre visite le dimanche, non pas que le salon jaune eût un violent intérêt pour eux, mais le jardin les récompensait largement de l'attitude réservée qu'ils étaient forcés de prendre vis-à-vis de leur parente malade.

Derrière la maison est un vaste terrain dont un tiers seulement a été distrait pour l'utilité, et qui sert de basse-cour à la volaille, de remise aux voitures et d'écurie; une porte à claire-voie conduit de la basse-cour au jardin rempli de magnificences sans pareilles pour l'œil curieux des enfants. Une vieille statue de pierre, provenant de quelque tombeau, était appuyée contre la muraille et recevait depuis un temps immémorial l'eau d'une gouttière sur sa physionomie grise qui, à force d'être lavée, perdit toute accentuation des traits; mais il restait une grande tournure dans les draperies et l'armure, qui, creusées plus profondément que la figure, n'avaient pas perdu leur relief. On appelait cette statue le *Nuguenot*, et ce fait explique les variations de la langue française en province. Quelque bourgeois peu lettré avait sans doute dit à M. Le Camus que ce chevalier représentait un huguenot, mais la liaison fatale entre l'*n* et l'*h* fit que

M. Le Camus ne tint pas plus de compte de l'*h* aspiré que les Allemands qui parlent le français ; ayant entendu dire un *Nuguenot*, il trouva aussi simple de dire le *Nuguenot*. La ville d'Origny adopta cette prononciation, et on ne parla jamais qu'avec respect du *Nuguenot*, comme d'un être curieux dont l'origine se perdait dans des temps presque mérovingiens.

Vis-à-vis du *Nuguenot*, sous un groupe d'acacias, on voyait une petite bergère en plâtre colorié de l'époque de Louis XVI. Sa jupe bouffante, son petit pied, sa jambe fine, son chapeau d'opéra-comique planté sur le derrière de la tête, montaient l'imagination d'un galant jardinier, également en plâtre, qui, la bêche sur l'épaule, lui envoyait, en même temps qu'un baiser, une rose rouge qu'il tenait à la main. Coloriées grossièrement, ces statues, posées sur un piédestal à quelques pieds de terre, attiraient immédiatement le regard, et faisaient oublier une Vénus en zinc bronzé qui, placée dans un endroit plus obscur, fit longtemps le désespoir de madame Le Camus par l'étalage de ses charmes. Elle ne comprenait pas la nécessité de cette statue dans le jardin, et accusait son mari de vouloir empêcher les honnêtes gens de s'y promener ; mais M. Le Camus avait toujours été un admirateur de la statuaire, et il fallait un enthousiasme bien sincère pour faire céder le pas à l'avarice qui, de temps en temps, dressait des calculs prouvant à M. Le Camus combien de frais avaient entraînés l'achat et le transport de cette Vénus de forme si matériellement grossière qu'elle paraissait sortir d'un atelier de fondeur en tuyaux de plomb. Le propriétaire n'y regardait pas de si près, et ne demandait pas la perfection absolue dans les œuvres d'art. La Vénus en zinc rappelait à peu près la tournure, les gestes, de la Vénus de Médicis. Il importait médiocrement à M. Le Camus que sa statue sortît d'un moule usé par l'enfantement laborieux d'une grande quantité de ces mêmes déesses; quand il conduisait du monde devant la Vénus, il frappait de son doigt les mollets de la statue, et disait :

— Elle n'est pas creuse, au moins!

Le poids, la solidité, la quantité de zinc dépensé dans les formes arrondies de la Vénus, le port considérable exigé par le roulage de Paris à Origny, telles étaient les pensées artistiques du riche bourgeois. Ayant surpris un jour son neveu, Édouard May, qui grimpait irrévérencieusement après le corps de la déesse, M. Le Camus entra dans une telle colère, qu'il ne pouvait plus parler sur le moment. Ayant un peu recouvré la parole :

— Vas-tu descendre, *brisaque !..*

Brisaque est un mot du pays, pour désigner un enfant qui casse tout ce qu'il touche,

A partir de cette époque, Édouard May fut l'objet des regards inquiets du propriétaire, qui ne croyait plus sa maison en sûreté dès que le brisaque y était entré. Les dimanches, si l'avare voyait sa nièce, madame May, causer seule avec madame Le Camus, il fronçait le sourcil comme un fermier qui surprend un renard dans son poulailler.

— Mon Dieu! disait-il à la cuisinière, le brisaque est ici, l'avez-vous vu passer?

— Non, disait Séraphine, qui ne s'inquiétait guère des enfants.

— S'il est dans le jardin, j'en souffre moins, quoiqu'il abîme beaucoup, mais ne le laissez pas monter en haut.

— Il y est peut-être, monsieur.

— Vous dites, Séraphine, hein, hein, hein?

— Je dis qu'Édouard est peut-être à courir en haut.

— Eh bien, que je l'y prenne en haut, et je le mets à la porte! Tant pis pour sa mère : ce n'est pas ma parente, elle est la nièce de madame; à moi elle ne m'est rien... Madame

May dira ce qu'elle voudra, elle doit veiller à son fils et l'empêcher de *fourrager* dans les maisons... Jouer en haut pour abîmer la musique, n'est-ce pas? pour crever les tableaux, pour casser la lanterne magique, ça fait frémir. Écoutez, Séraphine, puisqu'on ne peut pas mettre cet enfant à la raison, et qu'il est décidé à rester brisaque toute sa vie, vous prendrez dans la chambre aux ferrailles un morceau de fer que vous jugerez n'être pas bon à grand'chose, vous trouverez également des marteaux, tout cela sera descendu dans la petite cour du jardin, et vous donnerez le fer et le marteau au brisaque. Puisque c'est sa passion, qu'il s'amuse, qu'il tape là-dessus de façon que nous ne l'entendions pas trop; alors il nous laissera peut-être en repos.

— Ah bien, monsieur, ce n'est pas lui le plus tapageur; la petite Thérèse est capable d'en faire deux fois pis.

— Thérèse aussi, une brisaque! s'écria M. Le Camus épouvanté d'apprendre qu'il existait dans sa maison des destructeurs des deux sexes. D'ailleurs, Thérèse était sa propre nièce et il ne pouvait la traiter avec le sans-façon qu'il apportait vis-à-vis d'Édouard May, le neveu favori de madame Le Camus.

La cuisinière riait en secret des inquiétudes de son maître; elle aimait à la folie ces deux jolis enfants qui commençaient à s'épanouir dans leur huitième année.

Thérèse Cretté, d'un an plus jeune que son cousin Édouard, n'avait jamais passé un jour sans lui. Il est rare d'observer une amitié comme celle qui unissait les deux enfants, l'orgueil de leurs familles. Madame Cretté-Cussonnière, femme d'un riche marchand de bois, tenait le haut bout du pavé à Origny; elle représentait l'aristocratie et était admise dans l'intimité des demoiselles de La Jumellerie, que leur nom et leurs titres de noblesse n'avaient pu cependant élever à la dignité du mariage. Quoique portée à un certain étalage dans la toilette et dans les manières, madame Cretté avait laissé heureusement Thérèse se développer jusqu'à l'âge de sept ans sans lui inculquer ces façons qui rendent souvent les enfants parisiens ridicules dès leurs premières années. Thérèse était une petite fille encore blonde à sept ans, mais de ce blond qui meurt petit à petit avec l'âge, et qui ressemble à ces beaux soleils couchants qu'on craint de ne plus voir se représenter : ses cheveux blonds jetaient leurs derniers rayons, le châtain allait les remplacer. N'ayant encore aucun sentiment de coquetterie, Thérèse était habillée de sorte que chacun de ses mouvements fût libre; aussi passait-elle sa journée en bondissements, en cris, en joies, qui sont le pilotis le plus solide pour la santé à venir. A sept ans, elle ne savait rien que respirer l'air, jouer au soleil, embrasser sa mère et courir avec son cousin Édouard, qui l'accompagnait tous les jours à la pension d'enfants tenue par une vieille fille bossue, mademoiselle Pinta.

Ils revenaient ensemble de l'école, se tenant par la main, et toutes les mères d'Origny les regardaient passer, jalouses des beaux enfants de madame Cretté et de madame May. Le jeudi, sous la direction de mademoiselle Pinta, ils faisaient le tour de la promenade avec les autres élèves, à la tête desquels ils marchaient, rendant la bossue fière d'avoir à diriger de si jolis enfants. Édouard, d'une grande souplesse de corps, arrivait toujours à temps pour sauver Thérèse de certains rôles humiliants, infligés comme punition dans les jeux d'enfants : ainsi, aux quatre coins, Thérèse ne fut jamais condamnée à l'emploi de pot de chambre; si par hasard Thérèse était prise et forcée de *trimer*, Édouard jouait ses petits camarades, moins rusés que lui, et s'appliquait à les mettre en faute, pour que Thérèse fût libérée immédiatement. Au fameux jeu de la savate qui court, plus vite qu'un lévrier, sous les jambes des enfants accroupis en rond, d'un coup d'œil Édouard dénonçait à Thérèse le mystérieux détenteur de cette savate, qui se croyait en sûreté. Il en était ainsi dans toutes les occasions. Sans se rendre compte de cette vive amitié de *petit homme* pour sa *petite femme*, Édouard allait au-devant de ses désirs : possesseur d'une rente de deux sous par semaine, ayant un faible pour les soldats de papier qu'il coloriait avec soin, Édouard ne manquait pas d'acheter les images qui plaisaient le plus à Thérèse. Ainsi des costumes de reines de théâtre, de marquises, qui lui troublaient la tête quand il s'agissait de les mettre en couleur, car il n'avait aucune idée de ces costumes ; mais il se conforma aux exigences de Thérèse, qui décidait tantôt que la princesse serait peinte en jaune, tantôt en bleu, pourvu que la couleur de chair fût réussie.

M. Le Camus était loin de s'imaginer que les deux cousins connaissaient sa maison mieux que lui ; en un an, Édouard et Thérèse avaient visité avec une immense curiosité les deux étages de la maison, et ils auraient dressé un inventaire des meubles mieux qu'un commissaire-priseur. Pour arriver à leurs fins, ils commencèrent par se mettre dans les bonnes grâces de mademoiselle Bec et furent introduits dans sa chambre un peu nue, où le meuble qui frappait d'abord la vue était une grande malle en bois noir, couverte de peau de porc, dont les charnières disjointes et le vernis usé témoignaient les nombreuses translations. La demoiselle de compagnie gardait-elle cette malle en vue, comme les moines qui ornaient leur cellule d'un cercueil ? La malle ainsi placée indiquait-elle un départ prochain, une assiette peu solide, un séjour mal assuré dans une maison étrangère ? Seule, mademoiselle Bec eût pu expliquer ses intimes pensées ; mais la malle ne déparait pas le reste de l'appartement meublé de deux chaises, dont l'une de jardin, en bois vert-pomme, et l'autre de campagne, en jonc, faisant face à un fauteuil à dos de cannes tressées, sur le fond duquel on avait jeté un maigre coussin qui ne déguisait même pas un bassin de fer-blanc destiné à prendre des bains de siége. Une encoignure en bois sculpté, doré jadis, éraillé aujourd'hui, à table de marbre, était la seule table de la chambre. Le lit, sans rideaux, d'un bois blanc peint en marbrure grisâtre essayant d'imiter les nœuds d'arbres, pouvait valoir sept francs chez les fripiers d'Origny. Ainsi était meublée cette chambre d'après les ordres de M. Le Camus qui avait discuté longtemps, avec sa femme, quel mobilier il donnerait à mademoiselle Bec ; après avoir fourni avec beaucoup de peine le maigre coussin qui devait changer l'ancien bain de siége en un fauteuil :

— Elle aura beaucoup d'armoires, dit-il pour terminer le débat.

A grand'peine, voulut-il bien ajouter un lit de sangle pour le fils de la demoiselle de compagnie. Ce pauvre mobilier n'eût pas séduit l'imagination des enfants s'ils n'avaient remarqué, accroché à la cheminée, une assez grande miniature représentant un des plus beaux militaires qui se pût voir, le casque en tête, le plumet rouge triomphant, avec de longues moustaches, un pantalon de peau collant et de brillantes bottes à l'écuyère ; sous le militaire se voyait un petit portrait d'enfant rose avec de grands yeux qui semblaient regarder en face un portrait de jeune fille. Quelques fleurs sèches étaient accrochées sous le portrait du militaire superbe.

Edouard et Thérèse s'étaient écriés devant le portrait du dragon, la première fois qu'ils étaient entrés dans la chambre ; ce dragon, peint à la miniature, ouvrait un champ à l'imagination des enfants pour qui l'habit militaire a tant de charmes. Thérèse le considérait peut-être avec ce sentiment secret de jeune fille qui la pousse à admirer les brillants hussards; mais Edouard, sans s'en rendre compte, était frappé de la différence qui existait entre cette peinture à la miniature et ses coloriages de soldats en papier. Ils avaient assailli la demoiselle de compagnie de questions sur le militaire, sans se douter des souvenirs cruels qu'ils ravivaient dans le cœur de mademoiselle Bec. Qu'importe? elle trouvait une joie amère à s'entretenir de ce sujet et à parler encore du séducteur qu'elle avait tant aimé. Ce n'est pas à madame Le Camus qu'elle aurait communiqué ses tristesses, ses pensées en arrière, ses retours vers le passé; son fils était trop jeune encore pour comprendre ses douleurs. Jusqu'alors, aucun des nombreux parents, des vieillards ne lui avait témoigné d'assez vives sympathies pour qu'elle pût se répandre en confidences; les domestiques de la maison étaient trop simples pour comprendre les souffrances que lui donnait sa position; seuls, Édouard et Thérèse, par leur admiration naïve pour la miniature, réveillaient, en même temps que l'amertume, le bonheur du temps passé. Mademoiselle Bec aimait ces enfants parce qu'ils admiraient celui qu'elle avait tant aimé, et quand Thérèse avait dit :

— Il est beau le militaire!

Un sentiment inexprimable d'orgueil, de passion mal éteinte, faisait bondir le cœur de la demoiselle de compagnie. Elle eût passé une journée de félicités à écouter les enfants s'extasier sur le beau casque, sur les belles moustaches du portrait, mais elle ne pouvait rester longtemps éloignée de madame Le Camus, et le dimanche c'était pour elle une vive joie que d'entendre les enfants qui montaient le grand escalier en lui disant :

— Nous allons regarder le militaire.

Édouard et Thérèse, comme tous les enfants, avaient une dose extraordinaire d'observation et de ruse : ils montaient en prétextant une visite au militaire. La vue de cette miniature les intéressa d'abord, mais leurs yeux se fatiguèrent vite de la contemplation du même chef-d'œuvre ; seulement, ayant remarqué, sans l'analyser, que la visite au militaire semblait faire grand plaisir à mademoiselle Bec, ils en profitèrent pour monter aux étages supérieurs, fouiller partout, et rester deux ou trois heures à fureter dans les appartements. La maison de M. Le Camus était remplie d'objets singuliers, de ceux qui plaisent le plus aux enfants. Dans une chambre, attenant à celle de mademoiselle Bec, ils découvrirent un meuble d'une forme inconnue, qui n'était autre qu'un orgue à manivelle monté sur de grands pieds. Des rideaux de soie verte, protégés par un treillage en cuivre, garantissaient l'intérieur de l'instrument de la poussière; l'inspection du meuble dura trois semaines avant qu'Edouard pût se rendre compte de son emploi, car la chambre était obscure par suite de la fermeture des volets ; un *cœur*, grossièrement découpé dans ces volets, laissait seul passer le jour. La manivelle était sur le flanc droit de l'instrument, au côté opposé à la porte, c'est ce qui fit que les enfants ne l'aperçurent pas dès l'abord; mais en palpant les flancs du meuble, dont les rideaux verts les étonnaient, Edouard, qui cognait de son doigt toutes les parois, crut entendre au-dedans de ce singulier secrétaire un bruit tout particulier. Les cordes de cuivre avaient frissonné et rendu un certain son ! Enfin, il arriva à trouver la manivelle, la tourna, et poussa un cri de joie, car il produisit une sorte d'accord musical; mais un cri d'effroi répondit à son cri de joie, et d'un coup d'œil il vit, à la faible clarté du *cœur*, Thérèse pâle courir vers la porte en lui montrant une grossière figure d'homme qui les regardait fixement. Non moins effrayé que Thérèse, Edouard sentit son cœur manquer, ses ambes fléchir, ses cheveux se dresser, et il lui resta à peine assez de force pour rejoindre son amie. Ils descendirent l'escalier avec la vitesse du vent, arrivèrent tout tremblants dans la cuisine, et se blottirent sous la vaste cheminée où un grand feu de baguettes, qui flambait pour saluer l'arrivée d'un petit cochon de lait, leur rendit un peu de calme.

— Allons, allons, dit la cuisinière, vous allez vous tacher... Edouard, prends garde au tournebroche; et Thérèse, qu'est-ce que dira sa maman si elle met de la graisse à sa belle robe?... Vous me gênez, les enfants, je n'ai pas de temps à perdre aujourd'hui, il y a un grand dîner. Allez jouer dans le jardin.

Edouard espérait tirer quelques renseignements de la cuisinière sur le terrible homme rouge qui, par un sortilége singulier, était sorti du mur et les avait regardés touchant à la musique; mais, les jours de réception, Séraphine devenait intraitable, et les enfants le savaient. Ils coururent au jardin où ils rencontrèrent le fils de la demoiselle de compagnie, Simon, qui regardait sournoisement du côté du poulailler, avec la mine d'un soldat en maraude.

Simon, à l'âge de six ans, avait une physionomie dure qui tenait sans doute autant à l'accentuation de ses traits, à de grosses lèvres épaisses, qu'à la couleur olivâtre de son teint et à ses cheveux très-noirs. Le duvet de sa figure offrait, même à la racine, une couleur foncée. Il y avait dans sa personne un mélange de sournoiserie et de force musculaire qui ne lui avait pas fait gagner jusque-là le cœur des neveux et des nièces de M. Le Camus. Malgré la crainte qu'il inspirait à Edouard, celui-ci alla à lui dans l'intention d'en obtenir quelques renseignements sur l'homme rouge.

— Bonjour, Bec, lui dit Edouard, pendant que Thérèse le regardait silencieusement, nous venons de voir le militaire.

Mais cette flatterie, qui avait tant de pouvoir sur la demoiselle de compagnie, ne réussit pas auprès de son fils. Il ne répondit pas, et semblait prêter son attention, ainsi qu'un coup d'œil le faisait voir, au caquetement d'une poule en train de pondre.

— Entends-tu la cocote! dit Edouard à Thérèse, elle fait des œufs.

— Madame ne veut pas qu'on la dérange, dit Simon, en se mettant devant la porte à claire-voie qui conduisait du jardin à l'écurie.

— Tiens, c'est drôle, dit Edouard, ma tante m'a dit que les œufs frais donnaient de la voix; et même, l'année passée, elle m'envoyait au poulailler voir s'il y en avait; elle les piquait avec une épingle et je les gobais tout crus; n'est-ce pas, Thérèse?

— Oui, dit Thérèse.

Mais Simon soutint que cet état de choses était changé; d'ailleurs, l'entrée dans le poulailler contrariait les poules, les gênait dans la ponte et les empêchait d'être aussi fécondes que quand on ne les dérangeaient pas. Il y eut une longue discussion où Simon appela beaucoup de sophismes à son aide, pour empêcher les enfants d'entrer dans le poulailler. Mais il n'était pas besoin de sophismes : la présence d'un gardien tel que Simon suffisait à chasser les caprices d'Edouard. Ne trouvant pas d'arguments assez habiles pour faire parler le fils de la demoiselle de compagnie sur le personnage mystérieux qui habitait le premier étage, Edouard emmena Thérèse dans une autre partie du jardin, et laissa seul Simon qui en profita pour aller immédiatement récolter les œufs fraîchement pondus, se souciant peu de mettre en pratique les conseils qu'il avait donnés au neveu de madame Le Camus.

Le dimanche suivant, Edouard entraîna, non sans la prier, Thérèse au premier étage. Elle avait peur de l'apparition de l'homme rouge, mais Edouard décida qu'en passant vivement devant la porte de la chambre à musique, le danger disparaîtrait. Ce jour-là, par hasard, la porte de la chambre mystérieuse était ouverte, ainsi que la fenêtre donnant sur la rue; les domestiques avaient donné un peu d'air à l'appartement. Enhardi par la clarté extraordinaire qui régnait dans la chambre, Edouard y jeta un coup d'œil, puis il se décida à avancer une jambe ainsi que la tête, malgré la terreur de Thérèse; et tout à coup il fut pris d'un tel accès de rire et de joie, que sa compagne recula, croyant qu'il avait perdu la tête. Le petit garçon sautait et criait en faisant la nique dans la direction où était apparu, huit jours auparavant, l'homme rouge.

— Viens donc, Thérèse, disait-il, n'aie pas peur.

Comme l'enfant hésitait encore, Edouard la prit par la main et l'entraîna, autant par force que par persuasion, en face d'un portrait de buveur accroché très-haut près du plafond, lequel portrait, avec sa face enluminée, son gros nez, poussait plutôt à la gaieté qu'à la terreur. Ainsi éclairée, cette peinture eût fait merveille au cabaret, au-dessus du comptoir de la cabaretière. Dès lors le buveur au nez rouge devint le favori des enfants, et le beau militaire en souffrit, car il ne reçut plus désormais de visites; mais leurs amitiés se décousaient plus vite qu'un habit de six francs. La nature a donné aux enfants un vif amour du changement, afin que la diversité des objets frappe leur vue et leur serve à établir de nombreux points de comparaison.

Il existait au deuxième étage une chambre toujours fermée par un gros cadenas, qu'on désignait sous le nom de chambre aux ferrailles. Ce mot de ferrailles frappa vivement Edouard, sans qu'il pût se rendre compte par quel motif sa curiosité était allumée. La cuisinière parlait souvent de la chambre aux ferrailles, d'un ton qui indiquait le respect qu'elle portait à cet appartement. Un jour, elle avait envoyé le domestique chercher quelque objet dans la chambre aux ferrailles, et comme ce garçon hésitait à monter au deuxième étage, disant qu'il n'y trouverait pas son affaire :

— Vous êtes un paresseux, Joseph, dit-elle; c'est pour vous épargner la peine de monter à la chambre aux ferrailles; vous savez bien qu'il y a de tout.

Un tel mot resta dans le cerveau d'Edouard comme une pierre au fond d'un puits. *Il y a de tout !* L'imagination de l'enfant s'empara de ce mot, et le soir même :

— Tout, qu'est-ce que c'est? demanda-t-il à sa mère.

Ce fut une conversation très-abstraite qui ne fut guère utile aux projets d'Edouard; car, ne voulant pas expliquer à sa mère à quel ordre d'idées se rattachait le mot, madame May ne pouvait répondre que par des à-peu-près qui irritaient son fils sans le satisfaire.

— Tout, est-ce beaucoup? reprit-il d'un ton un peu chagrin.

— Je vous le dirais bien, si vous n'étiez pas si méchant; que vous prend-il donc!

Edouard courut à sa mère, l'embrassa d'une façon câline, et répéta :

— Tout, est-ce beaucoup ?

— Oui, beaucoup, beaucoup.

— Alors, mon oncle Le Camus a tout?

— Comment! tout! s'écria madame May surprise.

— Puisqu'il a beaucoup d'argent.

— Allons, petit mioche, dit la mère en lui donnant une tape amicale sur la joue, qui est-ce qui te donne des idées pareilles?

Madame May sourit en pensant combien l'héritage Le Camus occupait la ville d'Origny, pour que cette idée eût pu se loger dans l'esprit de son fils; l'héritage n'occupait

guère Edouard, mais seulement la chambre aux ferrailles.
A diverses reprises, il avait entrainé Thérèse à la porte, et
tous deux restaient des heures, immobiles, appuyés contre
la porte, dont les lambris, disjoints légèrement, ne laissaient
passer que des filets d'une lumière verte et indécise. C'était
une espèce de mansarde ménagée au commencement d'un
grand grenier ouvert aux quatre vents qui s'y donnaient
carrière en toute liberté et faisaient siffler leur puissante
voix aux jours de bourrasques. Lorsqu'il s'agissait de découvertes, Edouard sentait le génie topographique s'agiter
en lui; il étudia d'abord de la cour les fenêtres de la chambre aux ferrailles, laquelle fenêtre était aussi rouillée par le
temps que les ferrailles de l'intérieur. Jamais elle ne s'ouvrait; car deux gros nids intacts d'hirondelles, à chaque
coin, témoignaient de sa fermeture aussi sûrement que des
scellés de juge de paix. Il était impossible de songer à pénétrer par la fenêtre ; Edouard essaya de combiner un plan
avec Thérèse, mais, dans ces opérations, la petite fille laissait tout l'honneur à son camarade, se contentant de partager le butin. Un moyen certain était de s'emparer de la clef
du cadenas ; mais où la mettait-on ? qui la possédait ? était-ce madame Le Camus, mademoiselle Bec ou le domestique ?

Ce fut une après-midi, plongé dans ces réflexions,
qu'Edouard, seul dans le grenier (car il avait laissé Thérèse
dans le jardin peu soucieuse de concourir à l'action), entendit des pas dans l'escalier : quelqu'un montait au second
étage. Edouard n'eut que le temps de se blottir dans l'angle
du toit, à un endroit fort obscur qui contenait bien un demi-pied de poussière, de toiles d'araignées, de crottes de souris
et de rats. Qu'importe? L'enfant eut le pressentiment qu'il
allait arriver à la connaissance de quelque fait extraordinaire. Il retint son souffle, ne bougea plus, se pelotonna et
attendit peut-être cinq minutes pendant lesquelles un bruit

de clef se fit entendre. Il n'y avait pas à se tromper au grincement du fer, c'était le cadenas rouillé de la chambre aux ferrailles qu'on ouvrait. La porte roula sur ses gonds et tout rentra dans le silence aussitôt que la personne fut entrée dans cette chambre dont l'ouverture était convoitée depuis si longtemps par Edouard. Il attendit encore quelques minutes dans la cachette où il s'était blotti, mais l'odeur de la poussière qu'il avait soulevée, certains bruits souterrains qui annonçaient que les rats se croyant tranquilles allaient reprendre leurs ébats, le firent sortir de dessous le toit, et il arriva sur la pointe du pied, le cœur battant, à la porte de la chambre aux ferrailles, pour reconnaître la personne entrée. On n'entendait aucun mouvement à l'intérieur. Bientôt le craquement d'une allumette, une vive lueur qui s'ensuivit, le bruit d'un soufflet actif, donnèrent à réfléchir à Edouard qui aperçut sur les marches de l'escalier quelques morceaux de braises, telles qu'on en emploie dans les ménages pour allumer le feu. Un mystère régnait dans cette chambre; faire du feu à cette époque de l'année ne semblait pas naturel. Edouard était pénétré de terreur; toutes les histoires de voleurs qu'il avait lues lui revenaient à la mémoire, et il ne pouvait se détacher de cette porte, tant le tenaient son émotion et sa curiosité; cependant le soufflet allait son train et respirait plus bruyamment et plus vivement, tandis que la lueur augmentait. Les conjurations des terribles magiciens qui, d'une parole mystérieuse, creusent des puits en terre, d'où sortent des flammes soufrées, auraient moins effrayé Edouard que la porte qui s'ouvrit tout à coup et le mit face à face du petit Bec, qui tressaillit et recula de trois pas en arrière en se voyant découvert. Une épaisse vapeur de charbon emplissait la chambre et avait forcé Simon d'ouvrir la porte.

Revenu de sa première surprise, Edouard entra résolûment dans la chambre; il se sentait fort de la rougeur et du trouble du fils de la demoiselle de compagnie, et il aborda la conversation d'un ton si décidé qu'à cette heure il paraissait être le maître trouvant son valet en faute.

— Qu'est-ce que tu fais là, Bec?

— Rien..., répondit celui-ci en hésitant, je voulais fondre des crayons.

En même temps il montra un lingot de plomb qu'il avait arraché à une gouttière, sans doute, et qu'il se disposait à jeter dans une petite casserole posée sur le brasier; mais Edouard n'écouta pas sa réponse. Son œil émerveillé parcourait les coins et recoins de cette fameuse chambre aux ferrailles, dont la vue répondait aux secrètes pensées éveillées en lui et qui cependant étaient au-dessous de la réalité.

Le pavé était jonché de vieilles serrures, de ferrements détachés de portes et de fenêtres, de clefs assez nombreuses pour ouvrir toutes les portes d'Origny; il y avait aussi des débris de vieilles grilles ornementées de fers de piques, tels qu'en portaient les gardes nationales des provinces en 89; de vieux mousquets, des épées, des sabres de cavalerie s'entrelaçaient dans un coin et justifiaient assez le titre donné à la chambre. Mais que de richesses accumulées, entassées dans des armoires appuyées au mur! des chasubles de prêtres dorées, des reliquaires, un vieux dais de procession en velours rouge, des instruments de musique, un cor de chasse, un tambour de basque, de vieilles tapisseries à sujets, des coffres de forme bizarre, des gravures empilées, des dessus de porte peints à l'huile, une petite pièce d'artillerie, des boulets, une lanterne magique, un chevalet de peintre, un petit carrosse d'enfant, des vitraux de couleur, et accrochés au mur, des masques de carton, un habit d'Arlequin, une robe de Polonais avec son bonnet de carton à quatre pans!

Quel spectacle! En un moment se réalisaient pour Édouard les sept Merveilles du monde dont il avait lu précédemment la description et qui ne lui avaient pas causé la moitié des sensations produites par la chambre aux ferrailles. Il était absorbé par l'admiration, il n'avait pas assez de ses deux yeux pour regarder, tant sa vue s'éparpillait sur tous ces trésors. Ses mains restaient immobiles, fiévreuses, désireuses de toucher tous les objets à la fois. Mais par quoi commencer? Étaient-ce les objets pieux ou les machines de guerre ou les instruments de musique qu'il fallait étudier! A cette heure, il se représentait Ali-Baba entrant dans la caverne des quarante voleurs. Lui-même n'était-il pas un autre Aladdin, possesseur de la lampe merveilleuse? Pendant qu'Édouard, les mains dans les poches, promenait un long regard sur cette quantité d'objets accumulés, Simon continuait ses opérations de fondeur et coulait gravement du plomb dans les intervalles des pavés.

— Si tu veux ne pas parler, dit-il à Édouard, je te donnerai de mes crayons.

— Tu entres donc ici quand tu veux? répondit Édouard, qui ne voulait pas se lier tout de suite par des promesses.

— Oui, mais il ne faut pas le dire.

— Mais je veux entrer aussi.

— Il y a un secret pour entrer, je te le dirai à la condition que tu n'en parleras à personne.

— A personne, dit Édouard.

— Si monsieur le savait, il serait capable de me battre.

— Il ne le saura pas, dit Édouard.

— Fais ton serment, dit Simon.

Édouard dessina une croix par terre avec le bout de son pied.

— Voilà mon serment, dit-il.

— Eh bien, j'ai ouvert aujourd'hui le cadenas avec les

clefs que je vais remettre dans la chambre de ma mère, sans qu'elle le sache ; mais j'ai eu soin de forcer le cadenas de la porte, il a l'air fermé et il ne l'est pas. Ainsi, nous pourrons revenir ici quand il nous plaira ; maintenant je vais redescendre, car il y a longtemps que je suis ici, je te laisse.

— Non, dit Édouard effrayé de se trouver seul au milieu des masques de carton qui le regardaient fixement, je m'en vais aussi, je reviendrai dimanche.

—Surtout ne dis rien, voilà toujours trois beaux crayons.

Ayant jeté un dernier regard sur toutes ces magnificences, Édouard redescendit vivement l'escalier pour faire part à Thérèse de son expédition et des trésors qu'il avait découverts.

IV

M. LE PRÉSIDENT BROCHON

M. Le Camus avait l'habitude, de son vivant, de donner quatre grands dîners à l'aristocratie d'Origny ; mais quand il fut pris par la paralysie, sa femme réduisit ces dîners à un seul, non par économie, mais à cause de l'état maladif où elle-même était plongée. Ces grands dîners, qui ont laissé des traces dans la mémoire des habitants, inspiraient d'autant plus de jalousies qu'il était aussi difficile d'y être appelé que d'entrer à l'Académie. M. Le Camus n'invitait que les personnages le plus haut placés, et toujours les mêmes. Il fallait que la mort vint prendre un des convives pour qu'il fût remplacé. Seuls étaient invités les membres de la famille qui jouissaient d'une certaine position. Ainsi, il était difficile d'admettre la présence face à face de M. le chevalier de Grandpré et de M. Cretté-Torchon, qui devait cette adjonction à son véritable nom à ce qu'il vivait en compagnie de sa cuisinière. M. le président Brochon eût été humilié de coudoyer la turbulente famille Bonde, manquant complétement de distinction. Quoique madame Le Camus eût de l'amitié pour sa nièce, madame May, la médiocrité de fortune de de celle-ci ne lui permettait pas de fréquenter le salon, le jour où s'y trouvaient le banquier Crimotel et l'avocat Sénégra. Le notaire et l'avoué de M. Le Camus recevaient nécessairement des invitations pour ces solennités; car ils jouaient un trop grand rôle dans la vie du propriétaire pour que celui-ci songeât à les laisser de côté.

Ces grands dîners avaient été établis de façon à correspondre aux époques où les fermiers envoyaient leurs faisances, c'est-à-dire des cochons de lait, des chapons, des pièces de gibier de la chasse, des poissons de la pêche, des fruits superbes et des gâteaux particuliers à certains villages, tous produits inscrits sur les contrats.

Avec ses nombreuses propriétés, M. Le Camus ne pouvait manquer d'offrir à ses invités une table bien garnie. En effet, c'étaient des repas énormes, succulents, non point conçus suivant les règles d'une exquise délicatesse, mais où il y avait à se régaler pendant huit jours. La cuisinière ne se doutait pas des recherches de la cuisine parisienne; elle comprenait sa mission comme si elle eût appris la cuisine aux noces de Gamache. Tout était bien cuit, tout répandait de gros parfums, tout était doré, appétissant et séduisant pour les violents appétits. La saveur des produits, leur jeunesse, leur fraicheur, leur exquise cuisson faisaient oublier au banquier Crimotel les morceaux plus recherchés qu'il faisait venir de Paris à des époques suprêmes.

Ce jour-là le président Brochon daignait adoucir les angles de son caractère, et il choisissait sa perruque presque aimable, car il avait un cabinet complet garni des perruques les plus diverses accrochées à des porte-manteaux. Ce n'était pas une manie, mais un système : il portait de certaines perruques suivant les occasions, comme on change de redingote et de couleur d'habits suivant les saisons. Ayant exercé longtemps la profession de juge d'instruction, s'il avait affaire à un assassin, il se couvrait d'une perruque roussâtre, à poils fantastiques, qu'il jugeait propre sans doute à faire naître le remords dans l'âme du criminel. Si l'avocat Sénégra n'eût pas été invité en même temps que lui, le président Brochon aurait certainement porté une jolie perruque blonde bouclée qu'il réservait pour le bal de la sous-préfecture ; mais il avait en haine les avocats, et la présence d'un homme qui plaidait devant lui l'obligeait à garder une certaine dignité qui se retrouvait dans le toupet majestueux d'une perruque de nuance demi-sévère.

Le banquier Crimotel était le personnage à la mode d'Origny : il portait des habits de Paris ! On ne lui connaissait pas moins de trois habits, de six pantalons, de huit gilets, d'une redingote, et d'un manteau à torsades d'or et à revers de velours, qui tournait la tête du beau sexe. M. Crimotel était un homme à bonnes fortunes, aimant le plaisir, les chevaux, la chasse, les femmes : il aimait tout jusqu'à madame la présidente Brochon, disaient les mauvaises langues de la ville. On racontait de lui des aventures singulières, telles, par exemple, que son emprisonnement dans la fameuse chambre aux perruques, un jour que M. Brochon était revenu tout à coup de l'audience. Et il fallut une suprême audace au séducteur pour n'avoir pas été pris de remords à l'aspect de ces nombreuses perruques dont une ou deux étaient spécialement consacrées à sévir contre l'adultère.

M. l'avocat Sénégra était remarquable par une myopie désespérante : il avouait qu'il se servait de besicles à verres périscopiques, et il en témoignait un profond chagrin. Au palais, s'il était obligé de lire soit un article du Code, soit une pièce de procès, il l'approchait de son nez, comme s'il eût voulu la flairer, et sa figure disparaissait dans le papier. Cette myopie le rendait insupportable dans la société, où il commettait de nombreuses bévues par suite de la faiblesse de sa vue : c'était un personnage insignifiant, bon à faire la partie de trictrac en compagnie du chevalier de Grandpré, l'homme le plus riche d'Origny après M. Le Camus. Madame Brochon, le notaire, l'avoué, et leurs femmes complétaient la table, où se tenaient des propos si minutieux qu'il est inutile de les rapporter ; dans ces soirées, M. Brochon présidait comme à l'audience, et le pauvre avocat Sénégra n'obtenait jamais la parole. Habitué à mener juges, procureur du roi, accusés, témoins, huissiers et greffiers, M. Brochon n'aurait pas permis à M. Sénégra d'ouvrir la bouche pendant le dîner, autrement que pour manger.

Madame Le Camus avait fort à faire pour concilier ces divers personnages de l'aristocratie d'Origny, qui tous tendaient à dominer, à l'exception toutefois de M. le chevalier de Grandpré, portant sans ostentation son titre de noblesse positive. Il eût peut-être froissé les prétentions de la magistrature, du barreau, de la banque, s'il eût entendu ; mais il avait l'oreille plus réellement dure que celle de M. Le Camus, et il dépensait toute son attention au jeu de cartes, sans s'inquiéter en apparence du gain ou de la perte. Possesseur d'une fortune considérable, M. de Grandpré ne se mettait au jeu qu'avec une somme exacte de cent louis dans sa bourse verte, qui rendait un son désagréable aux oreilles de ses partenaires. Les vieillards les plus âgés d'Origny n'avaient jamais rencontré M. de Grandpré sans la fameuse bourse verte aux cent louis d'or, et tous les jours il jouait ; il fit des pertes considérables dans sa jeunesse, sans que sa bourse fût diminuée d'un demi-louis. Le chevalier n'avait pas d'âge, de même qu'il n'avait plus de dents ni de cheveux : certainement plus âgé que M. Le Camus, il s'enterrait la tête dans une perruque noire à mille boucles élégamment frisée, qui avait le tort d'être trop large et de descendre sur les sourcils. Personne ne pouvait s'y tromper : ses cheveux, ondoyés par un perruquier habile, polis, brillants et lustrés, d'un noir de jais, qui prenaient naissance immédiatement au-dessus des sourcils, faisaient dire à tous les gens d'Origny :

— M. le chevalier de Grandpré porte une belle perruque.

On la mettait en opposition avec les gazons crispés et fauves du président Brochon ; on lui donnait la prééminence comme objet d'art, mais on ne pouvait pousser la complaisance jusqu'à la croire un produit des tissus capillaires du crâne du chevalier. Du reste, le président Brochon et M. de Grandpré portaient ces mensonges du coiffeur avec une parfaite sérénité : le premier regardant ses perruques comme un emblème de justice aussi symbolique que les historiques balances ; le second, jaloux d'éloigner le plus possible de sa figure les moindres traces de vieillesse.

Pour rendre moins sensibles à ses parentes la privation de ce repas aristocratique, madame Le Camus admettait ses petits neveux et nièces à huit heures du soir, les jours de grand gala ; les enfants étaient invités à faire le tour de la table à l'heure du dessert, et plongeaient à pleines mains dans les assiettes de nougats. On leur gardait de ces fameuses compotes pour lesquelles la cuisinière de madame Le Camus eût pu prendre un brevet ; les poires tapées, les pommes sèches, les raisins d'hiver ridés, les amandes, les noisettes passaient dans les poches des enfants, qui, de plus, lisaient à haute voix les devises des bonbons, tiraient les *cosaques*, qui sont des pétards entourant des boules de chocolat, et récitaient les vers de la rue des Lombards, pendant que ces messieurs le chevalier de Grandpré, le président Brochon, le banquier Crimotel, l'avocat Sénégra, l'avoué Provendier et le notaire Daquin prenaient tranquillement leur café.

Madame Le Camus avait imaginé cette combinaison pour montrer à ses parents qu'elle ne les dédaignait pas et leur prouver que sa petite table et son faible domestique ne suffisaient pas pour lui permettre de recevoir en une seule soirée vingt-cinq personnes d'Origny, sans compter les parents étrangers à la ville qui pouvaient arriver du dehors tout à coup.

En admettant les enfants au dessert, en les laissant s'ébattre et circuler autour de la table, les jours de repas aristocratique, n'était-ce pas comme si madame Le Camus eût dit aux personnages distingués qui fréquentaient chez elle :

— Voici mes petits-neveux et petites-nièces que je reçois et qui représentent leurs parents.

C'étaient des nuances délicates que personne ne pensa jamais à contrôler, car il y avait une sorte de réhabilitation des parents pauvres de madame Le Camus, qui assistaient *sans façon* à ce repas par l'intermédiaire de leurs enfants. Si quelquefois madame Le Camus, dans le particulier, était sévère pour ses petits-neveux tapageurs, les jours de réception, au contraire, elle déployait au large les grandes voiles de l'affection qu'elle leur portait ; elle aimait d'autant plus à voir son dessert pillé par toutes ces gentilles mains, que M. Le Camus y mettait force obstacles du temps qu'il avait une volonté. Maintenant, étendu dans un grand fauteuil près de la cheminée, n'ayant conservé qu'une moitié de vie à cause de la paralysie complète du côté droit, il remuait seulement un terrible sourcil gauche en voyant les enfants plonger leurs mains tout entières dans les restants de crêmes, de compotes et de tartes. Le côté gauche, qui était encore vivant, bien qu'il fût fortement endommagé, devenait d'autant plus bizarre que les sensations qui couraient dans chaque geste et dans chaque mouvement de physionomie étaient doubles : ainsi, la colère qui aurait dû éclater dans les deux yeux, dans les deux bras de M. Le Camus, paraissait exagérée et enflée, en ce sens qu'un seul organe servait à l'exprimer.

L'avare était arrivé à un bredouillement de langue inintelligible, une sorte de langage semblable à celui des sourds-muets, mais dans sa triste position il entendait mieux que jamais ; maintenant il ne feignait plus d'avoir l'oreille dure, le moindre bruit le frappait, et il prétendait entendre marcher les souris dans son cabinet. Aussi, pour le distraire, mademoiselle Bec était chargée de le rouler avec son fauteuil dans le salon jaune quand madame Le Camus recevait quelque visite. Il écoutait attentivement et répondait par son bredouillement accoutumé aux nouvelles que chacun des invités s'empressait de lui raconter.

Le repas terminé, mademoiselle Bec apparaissait pour emmener M. Le Camus dans son cabinet. A ce signal, chacun se levait de table ; les enfants en profitaient pour se sauver dans la cuisine, grignoter leurs provisions et jouer avec les domestiques. Là, ils n'étaient plus gênés par les figures officielles des hauts personnages d'Origny : l'espace était grand, les meubles solides, Séraphine complaisante ; tout allait au mieux pour la bande turbulente des neveux et nièces.

Une heure peut-être après être rentré dans son cabinet, M. Le Camus, qui ne se couchait que très-tard, (car il dormait difficilement), était assis dans le grand fauteuil dont il ne sortait plus, et qui lui tenait lieu tout à la fois de chaise et de bureau. Sur le devant était une tablette creusée assez large pour contenir du papier, des plumes, de l'encre, des pains à cacheter et les mille objets de bureau. Des sortes d'oreillettes avaient été établies pour la commodité de la tête; ces oreillettes formaient angle droit avec le dos et avaient une double utilité : juste au-dessus de la tête de M. Le Camus, dans les angles desdites oreillettes, des dossiers étaient accumulées sous des planchettes mobiles. Quoiqu'il ne s'occupât plus réellement d'affaires, M. Le Camus avait la persuasion qu'il menait encore la maison : d'après l'ordre de l'avoué et du notaire, mademoiselle Bec venait demander des conseils à son maître sur les locations, les amodiations et les ventes. Alors elle prenait les vieux dossiers qui ne servaient à rien, les montrait à M. Le Camus; le vieillard signait sans regarder, croyant encore à son intelligence des affaires. L'avare serait mort s'il n'avait eu sous les yeux des traces positives de sa fortune; aussi l'ébéniste de la famille s'était-il ingénié à lui confectionner un meuble qui servait à tous les usages, depuis le coffre-fort jusqu'au garde-manger. A la hauteur du bras gauche du vieillard, une disposition habile du menuisier avait permis de faire rentrer une sorte d'étagère qui, déployée, pouvait contenir une assiette, un verre, une bouteille : sous les pieds de M. Le Camus un grand tiroir fermé à clef renfermait des sacs d'argent et les titres les plus précieux. Quand mademoiselle Bec rentrait le vieillard dans son cabinet auprès du grand feu toujours allumé, son premier soin était d'ouvrir le coffre du fauteuil, afin que, sans se déranger, M. Le Camus pût jeter les yeux sur les gros sacs d'écus serrés les uns contre les autres. Ces regards duraient une heure précise, car le domestique avait ordre à dix heures sonnantes de venir fermer le coffre-fort.

Peu à peu, mademoiselle Bec avait fini par étudier les manies du vieillard, s'en rendre un compte exact, et elle essayait de leur donner satisfaction. Elle avait compris combien la vue des dossiers, des sacs d'argent, était agréable à ses yeux, et comme l'oreille était la partie la plus vivante de M. Le Camus, le domestique eut ordre, tout en ouvrant et en fermant le grand tiroir du fauteuil, de remuer les sacs, afin que leur mélodie réjouit l'âme de l'avare.

Le jour du grand dîner qui suivit le jour de l'an, M. Le Camus était rentré dans son cabinet et contemplait silencieusement son coffre aux écus, lorsqu'il entendit un singulier bruit qui semblait traverser le plafond et courir le long des murailles : c'était une sorte de sons produits par des mélopées mystérieuses qui bruissaient vaguement dans l'appartement.

La note continue d'un jeu d'orgues que le souffleur met en jeu, le frémissement imprimé aux murs par le tour en mouvement d'un ouvrier en ivoire, le son affaibli d'une harpe éolienne entendue dans le lointain, n'auraient pas plus étonné M. Le Camus, qui ne connaissait dans son voisinage ni ouvrier tourneur ni organiste. Par un phénomène que la physiologie pourrait seule expliquer, en même temps que le sens de l'ouïe avait acquis chez le vieillard une remarquable finesse empruntée à l'anihilation des autres sens, l'oreille gauche de M. Le Camus était devenue aussi agile à l'extérieur qu'à l'intérieur. La mobilité des yeux, de la bouche, du nez, s'était réfugiée dans les parties molles de cette singulière oreille : large et plate au repos, aussitôt qu'un petit bruit se faisait entendre, elle se tordait, se recroquevillait, et se redressait, pour mieux entendre, en forme de conque. Les yeux d'un homme myope, qui ferme à demi ses paupières pour rassembler les rayons de lumière, donneront l'idée de cette oreille qui semblait cligner.

Le bruissement continuait et inquiétait singulièrement M. Le Camus, qui, après avoir fait manœuvrer son oreille dans toutes les directions, comprit, à un certain bruit de pas au-dessus de sa tête, que les sons provenaient du premier étage. Cette aventure, plus mystérieuse que terrible, n'en frappa pas moins de stupeur le vieillard affaissé dans son fauteuil. Comment expliquer ces bruits de pas dans une chambre où personne n'entrait? Le bruit s'éteignit peu à peu, et M. Le Camus put se croire le jouet d'une illusion; cependant il avait des inquiétudes vagues : par moments, des bruits singuliers, qui arrivaient par bouffées, continuaient à produire des clignements dans son oreille si fine.

Voulant s'informer, M. Le Camus sonna le domestique. Celui-ci arriva presque immédiatement, mais ne put comprendre les paroles de son maître, qui, à de certaines heures de la journée, prononçait à peine quelques mots distincts perdus au milieu de sons inarticulés.

Préoccupé de l'incident, M. Le Camus ne put employer qu'une pantomime expressive pour lui, incompréhensible pour le domestique. De la main gauche, il montrait le plafond avec une certaine mine de terreur qui fit regarder le domestique en l'air. Il crut qu'une grosse araignée pouvait effrayer son maître; mais M. Le Camus se voyant si mal compris, poussa un grognement et ramena ses doigts dans la direction de son oreille; il fit ce geste à plusieurs reprises, voulant montrer le rapport qui existait entre le plafond et son oreille.

Le domestique restait sans rien répondre, ne comprenant rien à ces gestes, car le bruit avait cessé depuis qu'il était entré; mais comme il avait laissé ouverte la porte du cabinet de M. Le Camus, bientôt les sons devinrent plus distincts, dans une autre direction. Il n'y avait plus à en douter, le fameux orgue à manivelle, à rideaux verts, était mis en jeu par des mains profanes; l'avare reconnaissait les sons de cet orgue qu'il avait fait saisir jadis chez un pauvre luthier qui ne payait pas son loyer. Le domestique lui-même, surpris, voulut sortir, mais M. Le Camus le saisit par le bras et l'arrêta avec un cri de terreur.

Quel autre qu'un revenant, le pauvre luthier peut-être, mort de chagrin à la suite de sa saisie, pouvait jouer de l'orgue enfermé à clef dans une chambre où personne ne pénétrait? En ce moment, une vision s'empara de l'esprit de M. Le Camus : une procession singulière, aussi étrange que la chasse du chasseur noir pour les paysans, défila lentement devant le vieillard, qui crut assister au carnaval dans l'enfer. Sous un vieux dais pourri, de velours rouge, se tenait un prêtre couvert de sa chasuble que soutenait par derrière un arlequin; un moine, qui semblait partir pour la croisade, tenait en main une pique de fer, et un grand sabre de cavalerie pendait à la corde de sa taille. Un sonneur de trompe suivait, accompagné d'un joueur de tambour de basque. De petits êtres semblables à des gnomes étaient perdus dans des bottes à l'écuyère qui leur montaient jusqu'au menton; l'un deux sortait à grand'peine ses petits bras de ses grandes bottes, et portait au-dessus de sa tête un reliquaire à figures dorées et sculptées. On distinguait au milieu du cortége le bruit d'une pièce d'artillerie, dont les roues produisaient un sourd retentissement sur le plancher parqueté. Cette bande caco-démoniaque, qui offrait un mélange de profane et de sacré tel qu'il s'en voit rarement, était habillée de vieilles tapisseries poudreuses et trouées dont les sujets étaient également étranges. L'un portait sur ses épaules un Actéon changé en cerf par Diane, l'autre une Esther devant Assuérus : la Bible et la Mythologie ne déparaient pas ces singuliers processionnaires qui tous tenaient en main un objet bizarre, soit une lanterne magique, soit un mousquet rouillé, soit une vieille lunette d'approche.

Le domestique, quoique étonné, voulut se rendre raison d'un tel cortége, mais son bras était serré convulsivement par M. Le Camus dont la bouche entr'ouverte ne laissait passer aucun son. Cependant la procession, accompagnée par une musique sortie des flancs de l'orgue, s'était arrêtée devant le cabinet de M. Le Camus, comme devant un reposoir, afin de reprendre haleine. A un signal donné, le cor, le tambour de basque et le serpent d'église éclatèrent en accords insensés. A ce bruit inusité, qui eût suffi pour mettre toute la ville d'Origny à l'envers, la porte rembourrée du salon jaune s'ouvrit et donna passage à M. le président Brochon, dans un tel état de stupéfaction que sa perruque (quoique objet inanimé) en ressentit une commotion électrique et se dressa d'elle-même sur sa tête. Si une telle observation semblait contraire aux opinions scientifiques reçues, peut-être faudrait-il ajouter que, d'un geste inaperçu, le président Brochon, qui soupçonnait un immense délit, sinon un crime, avait donné un vif coup de poing dans cette perruque. Derrière le juge apparaissait portant un flambeau, l'avocat Sénégra, qui suivait son chef avec la secrète pensée que partout où il y a accusation il y a défense.

— Que faites-vous ici, turbulents déprédateurs? s'écria le président Brochon.

Quoique la voix du président ne fût pas une trompette, tous les objets portés en triomphe tombèrent d'un seul coup sur le plancher : fusils, orgue, lanterne magique, pistolets, tambour de basque, cor et lunette d'approche. Un cri de terreur répondit à l'accent terrible du grave magistrat; le sauve-qui-peut s'empara de la bande, et on vit les prêtres et leurs acolytes s'enfuir dans toutes les directions; les hommes d'église et les hommes d'épée, ceux qui prêchaient la croisade et ceux qui la soutenaient, s'élancèrent dans le corridor comme des papillons attirés par les lumières ; mais les habits trop longs, les bottes trop larges, les immenses chapeaux, les tapisseries déguenillées gênaient les membres autant que la vue... On voyait tomber sur le plancher, comme la grêle, ces hardis processionnaires qui, un instant auparavant, entonnaient leurs litanies de désordre... Le prêtre, couvert de sa lourde chasuble dorée, en essayant d'emjamber le dais, s'enchevêtra les jambes dans un des barreaux ; le meuble de velours rouge était vermoulu, un des portants se cassa avec un grand bruit, chancela et tomba sur la tête de M. le président Brochon, qui y fut emprisonné, sans en pouvoir sortir, avec M. l'avocat Sénégra, dont la lumière s'était éteinte.

Ainsi que dans toutes les grandes catastrophes, un silence profond de quelques minutes succéda à la tempête ; mais un tel bruit dans une maison si tranquille avait jeté le désordre dans les esprits des joueurs les plus entêtés à la table de boston. M. le chevalier de Grandpré, le banquier Crimotel accoururent à leur tour avec des bougies qui permirent d'éclairer le champ du combat. Ces renforts donnèrent du courage à M. le président Brochon, qui, enterré sous le dais, n'osait plus dire un mot, de crainte d'appeler sur lui la colère d'ennemis redoutables. Le domestique, la cuisinière, aidèrent le président à sortir de dessous le dais. Ce fut alors seulement qu'on reconnut que l'infernale procession était composée des neveux et nièces de madame Le Camus, ayant Edouard May à leur tête et Thérèse comme principal adjudant. Au milieu de la déroute générale, Edouard et Thérèse avaient réussi à s'échapper et à se débarrasser des oripeaux qui les couvraient ; mais le reste de l'armée, composée des enfants de M. Bonde, des petits Cretté-Torchon et autres, gisait sur le plancher, les membres garrottés aussi bien par leurs singuliers habillements que par la peur. La colère de M. le président Brochon fut extrême, en se trouvant en présence d'ennemis chétifs qui avaient réussi à troubler le repos d'une maison si tranquille. Passant immédiatement du rôle d'accusateur à celui de correcteur, il prit deux des petits Bonde par les oreilles, et les entraîna de force dans le salon jaune, après avoir fait passer devant lui le reste des coupables.

Assise dans son fauteuil, madame Le Camus, qui avait entendu ces cris et le bruit des instruments tombant sur le plancher, s'écria :

— Que se passe-t-il, mon Dieu ! monsieur le président ? Tirez-moi d'inquiétude, je vous en prie.

Mais le président, sans garder aucune décence, se posant devant la glace bisautée, enlevait sa perruque :

— Les malheureux m'ont détérioré le front.

— Louise ! s'écria madame Le Camus en sonnant, vite de l'eau de lavande, vite.

— Les drôles me le payeront ! dit le président en bassinant une petite rougeur qu'un des portants du dais avait causée à son front.

— Qu'est-il arrivé, monsieur Sénégra ? demanda madame Le Camus à l'avocat.

— Madame vous savez que nous sommes sortis, attirés par...

— C'est bien, monsieur, asseyez-vous, s'écria le président Brochon, qui se croyait à la police correctionnelle, en voilà assez... Vous n'avez pas la prétention d'expliquer un fait que je connais à fond, puisque j'en suis la victime.

L'avocat Sénégra baissa la tête en s'inclinant devant son supérieur, car s'il lui eût résisté dans un salon, si la pensée lui était venue d'avoir raison dans une discussion avec le président, sa position au tribunal devenait impossible. Déjà

M. Brochon ne lui accordait à l'audience qu'une médiocre attention; qu'arriverait-il s'il osait prendre le haut bout dans une conversation avec son supérieur ?

— Tous les accusés ne sont pas ici? dit le président en jetant un regard sur les enfants qui tremblaient comme la feuille.

— C'est Édouard qui a tout fait! s'écria en pleurant le petit Carette, neveu de M. Le Camus.

— Édouard ! s'écria madame Le Camus.

— Oui, ma tante, et puis Thérèse.

— Thérèse ! est-il possible !... Où sont-ils ces enfants terribles ?

— Madame, dit Séraphine que la curiosité faisait rester dans l'appartement, ils sont pelotonnés dans la cheminée de la cuisine, et ils ont l'air tout honteux.

— Faites-les venir immédiatement, s'écria le président Brochon, du même ton qu'il eût parlé aux gendarmes.

Pendant ce temps il interrogeait le petit Carette, qui, d'un air de victime, entrait dans tous les détails de l'affaire.

Mademoiselle Bec, se tenant à travailler dans la cuisine les jours de réception, avait déjà commencé à corriger son fils Simon; elle fit une légère réprimande à Thérèse et à Edouard. Le premier moment passé, pressentant combien madame Le Camus serait scandalisée de ce déplorable événement, elle eut l'idée de prier Édouard de ne pas accuser son fils; mais, adroite et rusée, tout en distribuant quelques soufflets à Simon, elle pleura et lui dit qu'il allait sans doute être la cause de son renvoi de chez M. Le Camus, qu'il n'avait aucune pitié de sa mère sans fortune, et beaucoup d'autres raisons. Édouard en fut frappé; aussi, lorsque Simon lui demanda de le couvrir, imagina-t-il de tout prendre sur lui. C'est alors que sur l'ordre de M. Brochon, la cuisinière vint chercher les deux enfants que mademoiselle Bec accompagna.

A la suite de l'événement, aussitôt que les désastres furent réparés, les invités s'étaient groupés autour du feu dans la position suivante : Madame Le Camus, assise dans son grand fauteuil, ayant devant elle un haut écran à pieds, en taffetas vert, qui lui masquait la flamme trop vive pour sa faible vue ; à ses côtés, était assis l'avocat Sénégra, que M. Brochon avait désigné à cette place ; MM. de Grandpré, Crimotel, Daquin et Provendier formaient, de l'autre côté de la cheminée, une sorte de jury, tandis que le président Brochon, le dos tourné au feu, écartant d'une main les pans de son large habit, se tenait debout, représentant la justice, justement courroucée, et d'autant plus terrible que les ardeurs du foyer venaient par moments attaquer sa partie la plus saillante, et lui causaient des marques d'impatience mal déguisées. Sans doute il était permis au président de soustraire les parties molles de son individu à l'action vivace des énormes bûches de la cheminée ; mais l'endroit était merveilleux pour dominer l'assemblée, il prêtait aux mouvements oratoires. M. Brochon pouvait s'accouder sur la tablette de marbre de la cheminée, de là connaître tout ce qui se passait dans le salon jaune, lancer un coup d'œil aux précédents accusés qui se tenaient dans un coin, étudier la physionomie des jurés, terrifier l'avocat Sénégra, et faire naître l'admiration dans l'esprit, facile à dominer, de la partie civile, madame Le Camus. Aussi, quand Edouard et Thérèse entrèrent, furent-ils atterrés rien que par la simple disposition des personnages dans le salon jaune, où régnait un profond silence. Quoique ni l'un ni l'autre n'eussent pénétré dans une salle de tribunal, à l'arrangement simple et savant des groupes, à l'attitude de chacun, à l'aspect de leurs coaccusés entassés dans un coin, pleurant et se repentant en vain, comme des criminels qu'on envoie au supplice, Édouard et Thérèse comprirent l'étendue de leur faute.

— Voilà donc les fauteurs de tant de désordres! s'écria M. Brochon.

Thérèse, par un mouvement instinctif, cherchait à se réfugier auprès de sa tante.

— Arrière! criminels, restez debout! dit le président en faisant un geste menaçant de son bras qu'il tint levé vers les enfants. Regardez vos complices, qui n'osent plus souffler mot depuis qu'ils ont échappé à votre domination dangereuse, et expliquez-nous par quels complots vous avez réussi à troubler le repos des honnêtes gens.

Édouard et Thérèse gardaient le silence et envoyaient des regards suppliants dans la direction de madame Le Camus; mais ces regards venaient se briser contre l'abat-jour vert de la vieille tante qui, la tête baissée, était courbée elle-même sous la parole vengeresse du président.

— Eh bien, vous ne parlez pas maintenant, quand, tout à l'heure, vous faisiez retentir les voûtes d'une maison tranquille de cris insensés, d'accents infernaux... Puisque vous ne voulez pas répondre, je parlerai pour vous... D'après les rapports des domestiques, tout fait supposer qu'il y a eu préméditation, et que vous couviez depuis longtemps vos projets détestables... Cet appartement était fermé à clef, personne n'y entrait; tous les objets de prix que M. Le Camus avait amassés à tant de frais étaient resserrés dans cet appartement hors de la vue des curieux... Comment y avez-vous pénétré?

— Par la porte, se hasarda de répondre Édouard.

— Comment! par la porte, s'écria le président; madame Le Camus, vous voyez dans cet enfant un être qui offre les plus mauvaises dispositions pour l'avenir... Par la porte, petit malheureux! vous osez me répondre de la sorte! est-ce encore pour insulter la justice? Je ne le sais que trop que vous êtes entré par la porte... M. Sénégra, il ne faut pas sourire de cette réponse, elle indique un cynisme que nous remarquons trop souvent chez les criminels endurcis... La fenêtre donne, au second étage, sur la cour; espérez-vous nous faire croire qu'on peut s'introduire par la fenêtre? Je sais que vous êtes capable de tout; s'il y avait eu une cheminée dans la chambre et qu'elle se fût prêtée à vos audacieux desseins, je me doute que vous n'auriez pas hésité à employer cette voie; mais il n'y a pas de cheminée, la fenêtre est condamnée depuis longtemps, vous ne pouviez entrer que par la porte, tout le monde ici le sait. C'est pour avoir l'air de répondre, pour éviter des aveux, que vous faites une réponse narquoise; mais les rapports des domestiques, la désignation des lieux par madame Le Camus, les aveux des malheureux que vous avez entraînés, nous suffisent. Si vous ne voulez pas nous donner d'autres explications, taisez-vous, pas un mot de plus! Mademoiselle Bec, vous allez faire sortir cet enfant endurci; plus je le regarde, plus je fouille dans sa physionomie, plus je m'aperçois qu'il est l'âme du complot. Il gênerait mademoiselle Cretté dans ses aveux qui, je me plais à le croire, seront complets. Suivez mademoiselle Bec, et réfléchissez dans le silence à vous conduire devant nous, tout à l'heure, d'une façon moins effrontée.

Les yeux de Thérèse commencèrent à se mouiller en présence d'un juge si redoutable.

— Mademoiselle Cretté, dit le président qui fit un effort violent pour ne pas l'appeler fille Cretté, le maintien que vous nous offrez, à cette heure, montre assez que vous avez été entraînée dans ce complot par le principal déprédateur... Préférez-vous que nous vous fassions entendre la déposition de votre complice Carette?

— Oui, dit madame Le Camus, elle ne le fera plus ; n'est-ce pas, Thérèse, que tu ne le feras plus ?

En entendant la voix chagrine de sa tante, les larmes de Thérèse coulèrent en abondance.

— Madame Le Camus, vous pardonnez trop vite, dit le président ; les pleurs ne suffisent pas pour innocenter un accusé... Combien j'en ai vu pleurer sur les bancs de la police correctionnelle, qui, rentrés dans la geôle, riaient aux éclats !

— Oh ! monsieur Brochon, dit madame Le Camus, nous ne sommes pas au tribunal.

— Pardonnez-moi, madame ; si vous oubliez déjà les dégâts commis dans votre domicile, je ne saurais passer sous silence la blessure que j'ai reçue, et qui pouvait être dangereuse.

— Mademoiselle Cretté... dit l'avocat en se levant.

— Monsieur, s'écria le président, vous n'avez pas la parole... Il est au moins singulier qu'on veuille défendre un accusé avant que l'instruction soit terminée.

L'avoué et le notaire, qui étaient liés avec la famille Cretté, n'osèrent prendre la défense de Thérèse, dans la crainte de se voir réprimander aussi vertement que l'avocat Sénégra.

— Carette, dit le président, approchez-vous et répétez devant mademoiselle Cretté ce que vous nous disiez tout à l'heure.

Le petit Carette, pâle, n'osant lever les yeux, les mains jointes, avait été le *mouton* de l'affaire : par lui, on avait connu tous les détails de l'attentat. Il prétendait que lui et ses amis avaient été entraînés au deuxième étage par Édouard, dans le but de jouer à la cachette. Arrivés au haut de la maison, Edouard aurait allumé une sorte de lanterne sourde et aurait dévoilé les mystères de la chambre merveilleuse.

Après avoir contemplé quelque temps les richesses accumulées dans cet endroit, les enfants voulurent descendre, mais Édouard déclara qu'on allait jouer à la procession. Lui seul avait décroché les habits, les armes, les instruments de musique ; il avait habillé chacun sans permettre aucune observation. Il dirigeait la marche, et, sur son avis, la bande descendit en silence l'escalier, et ne commença la musique et les chants que d'après ses ordres.

— Enfant pervers ! pervers ! pervers ! s'écria M. Brochon en interrompant la déposition du petit Carette ; mademoiselle Cretté, songez maintenant à quelles indignités vous étiez entraînée par l'indigne neveu de madame Le Camus. Puis il reprit : — Quel châtiment lui infliger ? sans s'inquiéter qu'il avait institué un jury composé de MM. de Grandpré, Crimotel, du notaire et de l'avoué de la famille.

Dix heures sonnèrent à la pendule : les jurés, qui ne se souciaient pas d'appliquer les mesures rigoureuses du président, profitèrent de l'heure avancée pour se lever.

— Vous avez délibéré, messieurs ? demanda M. Brochon, qui rapportait tout à son idée fixe.

— Nous partons, dit le chevalier de Grandpré, il est tard, madame Le Camus a besoin de repos.

M. Brochon alla vers l'avoué Provendier, le prit par les épaules, et le força de s'asseoir.

— Messieurs, vous ne partirez pas ainsi, vous avez été témoins du désastre, vous avez accepté une mission, il faut la remplir jusqu'au bout...

— Cependant M. Brochon, dit le chevalier...

— Il n'y a pas de cependant ; madame Le Camus veut un exemple, il est bon que les accusés soient frappés par la juridiction qui va atteindre le principal coupable... Ce ne sera pas long, je serai sévère, mais bref dans mon châtiment... Mademoiselle Bec, introduisez Édouard May.

Tout le monde était atterré dans le salon jaune : les enfants, les jurés, l'avocat Sénégra et madame Le Camus préoccupés du terrible châtiment qui allait atteindre Édouard. Seuls les battements du balancier se faisaient entendre : depuis cinq minutes la demoiselle de compagnie était sortie, et sa courte absence semblait un siècle à cause du silence absolu. Enfin, on entendit crier la porte rembourrée qui formait un petit espace entre les deux portes, et mademoiselle Bec reparut seule, le regard moins assuré que de coutume.

— Ne veut-il pas venir ? s'écria le président Brochon, qui quitta la cheminée comme pour aller chercher l'accusé.

— Monsieur le président, il s'est sauvé.

— Sauvé, cela ne se peut pas, dit l'implacable juge qui sortit précipitamment, sans craindre de compromettre ses hautes fonctions en remplissant le rôle de gendarme.

Les jurés se consultaient entre eux, les enfants se pelotonnaient et ne demandaient pas mieux que d'imiter la conduite de leur chef.

— Vite, dit madame Le Camus, les enfants, sauvez-vous !

En ce moment, la vieille tante, redoutant le courroux du président qui voulait saisir une proie, eut des craintes pour ses neveux et nièces, qui avaient jusqu'alors échappé à la vindicte du tribunal.

Une seconde porte donnait dans le corridor qui mène à la grande porte cochère ; les enfants ne se le firent pas répéter, et s'envolèrent comme une bande d'oiseaux. Le dernier était à peine sorti que M. Brochon rentra, la perruque exaspérée.

— Il est sauvé, le perfide ! s'écria-t-il, mais cela ne se passera pas ainsi... Il me faut un châtiment.

Puis, se tournant vers le coin de l'appartement où se tenaient les coaccusés d'Édouard :

— Où sont-ils..? eux aussi..! partis..!. Ah! madame Le Camus! madame Le Camus! madame Le Camus!

Et, d'un mouvement plein de rage, il asséna un coup de poing dans sa perruque, et sortit en s'écriant :

— Je ne remettrai plus les pieds ici.

V

BRUITS PUBLICS CONCERNANT LES TRÉSORS DES LE CAMUS

Dès le lendemain, cette aventure circula dans toute la ville; on en parlait autant dans les maisons bourgeoises que dans les arrière-boutiques, et jamais les merveilleux trésors qui emplissent les *Mille et une Nuits* ne furent décrits avec plus d'exactitude. La fortune de M. Le Camus en fut augmentée de plus des neuf dixièmes; en ce moment, si le vieillard n'eût été impotent, il aurait pu mesurer, au respect qui s'attachait à sa personne, l'immensité de ses richesses accumulées mystérieusement. On ne parlait, dans la ville, que d'un magasin énorme découvert par les neveux de madame Le Camus, renfermant de somptueuses étoffes de brocard, des lames fines de Damas, des lingots d'or et d'argent, de grands coffres remplis, les uns d'argent monnayé, les autres de pierres précieuses, de diamants; les murs étaient tendus d'étoffes de soie brochées d'or; on marchait sur des tapisseries de haute lice; les meubles étaient d'écaille, de bois de rose, de palissandre; des statues de marbre, des tableaux des plus grands maîtres ornaient cet appartement féerique. Dans des armoires étaient accumulés mille objets précieux ayant rapport au culte : de vieilles châsses de saint en or, ornées d'escarboucles et d'améthystes, des chasubles de prêtres telles que n'en portait pas Mgr l'évêque de Soissons ; les tiroirs des meubles étaient bourrés d'anciennes dentelles du plus haut prix, de tabatières d'or, d'argent et de vermeil, ciselées, sculptées, repoussées. Dans le même appartement, d'une hauteur considérable, à s'en rapporter aux bruits publics, de grandes orgues d'églises, avec plus de tuyaux que ceux de la cathédrale, garnissaient le fond, et on voyait, accrochés au mur, des instruments de musique, anciens et modernes, suffisants pour un orchestre complet. La science était représentée par d'immenses télescopes devant lesquels l'horizon n'existait plus, des lanternes magiques d'un effet merveilleux, des pièces d'artillerie telles qu'on n'en avait jamais vu à Origny, la coutume locale étant de tirer des *boîtes* le jour de la fête du souverain. Le jour pénétrait dans cet appartement par de splendides vitraux coloriés où était représentée, de grandeur naturelle, la Passion. Des costumes complets d'empereurs, de rois, de reines, de confidents, auraient pu défrayer la garde-robe de Talma lui-même ; de grands portefeuilles ventrus laissaient échapper des quantités de gravures fines en taille-douce. Que ne voyait-on pas dans ce splendide musée ? un squelette, des armures de chevaliers ciselées avec le plus grand soin, d'énormes animaux empaillés ; mais au milieu de ces amas de richesses et formant la majorité, de gros sacs ficelés et portant au coin un grand cachet de cire rouge, qui devaient contenir nécessairement des piastres, des louis d'or à lunette, des sequins et toutes les monnaies précieuses dont le nom seul fait ouvrir les yeux et palpiter les cœurs. Ce n'était plus Ali-Baba entrant dans la caverne des quarante voleurs, c'étaient quarante voleurs pauvres entrant dans la maison d'Ali-Baba richissime, dix fois millionnaire.

La ville d'Origny fut prise tout entière d'une fièvre d'or et de pierres précieuses en attendant ce récit, qui, sorti de la bouche de M. Crimotel le banquier, s'était augmenté dans des proportions effrayantes : en effet, si un homme accoutumé à manier de certaines masses d'argent, tel qu'un banquier, avait été ébloui des richesses mystérieuses de M. Le Camus, mises tout à coup en lumière par ses neveux, il devait arriver que chaque bouche de l'opinion publique augmenterait ces richesses et, joignant son souffle au souffle général, causerait une rumeur grossissant à vue d'œil comme la panique dans une déroute. Huit jours ne s'étaient pas écoulés que les capitaux de M. Le Camus avaient produit des intérêts basés sur des multiplications continuelles et insensées. Le mot de milliard n'était prononcé maintenant qu'avec un certain dédain par des lèvres qui semblaient répondre : « M. Le Camus a mieux que ça. » Une fois sortie du cercle raisonnable des faits, l'opinion publique ne s'arrête plus et se grise comme un sonneur buvant à même un tonneau. L'ouverture providentielle de la chambre aux ferrailles par les mains d'innocents enfants permettait à chacun, suivant son idéal de richesses, d'entasser dans cet appartement ce que l'imagination peut enfanter de plus somptueux: les trésors de la reine de Saba, cette reine splendide, dont un montreur de figures de cire avait ravivé tout dernièrement la physionomie dans la ville d'Origny, n'étaient plus que des économies d'employés auprès de ceux de M. Le Camus. Des chroniques merveilleuses circulèrent, qui auraient fait honneur à l'imagination d'un conteur arabe. Le mystère, la vie retirée de M. et de madame Le Camus, leur nombreuse parenté, les parts à faire dans le beau gâteau de l'héritage, mettaient les cerveaux en ébullition. Pendant une quinzaine, l'induction, la déduction, l'analyse, l'observation, la réflexion, s'emparèrent de l'esprit des habitants d'Origny, étonnés de se coucher le soir fatigués et rompus, comme s'ils avaient accompli une forte besogne matérielle, tandis que leur cerveau seul travaillait; mais ce cerveau, n'ayant pas souvent l'occasion de se mettre en mouvement, s'était endormi dans un honteux sommeil et le moindre travail lui devenait pesant.

Un des premiers traits qui frappèrent les curieux, fut la dénomination vulgaire de *chambre aux ferrailles*, appliquée jusque-là à un appartement rempli de richesses. N'y avait-il pas dans cette antithèse adroitement trouvée par le vieil avare une preuve évidente des nombreux trésors y contenus? Oui, chacun reconnaissait là la malice picarde de *Friponneau*, bourrant une chambre de meubles précieux, de mille objets de curiosité sans prix, remplissant les meubles de sacs d'or et d'argent, et qualifiant le tout de *ferrailles*. Les esprits timorés de la province, ceux qui emportent tous les soirs leur argenterie dans la chambre à coucher, allaient partout disant :

— N'en parlons pas trop; il y a de quoi attirer dans la ville tous les voleurs de grande route, et ce serait fort dangereux pour chacun.

Si deux ou trois citoyens raisonnables doutaient de l'accumulation de telles richesses, en demandant d'où elles pouvaient provenir, il leur était répondu :

— Des fouilles de la Trompardière.

L'abbaye de la Trompardière, à une portée de fusil d'Origny, était la propriété de M. Le Camus, depuis la mort de son père. A la Révolution, l'abbaye fut saccagée et il n'en resta que les quatre murs; mais les dépendances étaient immenses et auraient procuré à M. Le Camus des revenus considérables, si l'eau n'y eût manqué. L'opinion publique ne s'arrêtait pas à ce manque d'eau, et voyait dans l'inculture des terrains l'habileté de l'avare, qui, ayant fait rendre aux entrailles de la terre tout ce qu'elles contenaient, se souciait peu maintenant des récoltes de blé et d'avoine qu'on eût obtenues péniblement dans cette belle propriété.

On supposait depuis longtemps, et l'ouverture de la chambre aux ferrailles fit de ces suppositions des articles de foi, que les religieux de la Trompardière avaient enfoui dans des souterrains les richesses de la communauté.

Ces religieux avaient mauvaise réputation dans le pays; le surnom de la Trompardière s'était accroché à leur communauté, de telle sorte qu'il survécut à l'ordre. Ils avaient pressenti les grandes commotions politiques de la fin du xviii° siècle, et s'étaient dispersés en 1793, confiant à la terre de précieux dépôts qu'ils préjugeaient devoir retrouver un jour. Mais la vente des biens nationaux fit que M. Le Camus père devint propriétaire de l'abbaye de la Trompardière, dont hérita son fils, la mort étant venue surprendre le père avant qu'il eût eu le temps d'exécuter les fouilles qui devaient le mettre en possession des trésors des religieux.

On disait que M. Le Camus, à son heure suprême avait eu un entretien mystérieux avec son fils, dans lequel il lui avait donné des indications certaines d'enfouissement de richesses. Suivant la chronique, un plan hiéroglyphique de cachettes avait été trouvé collé en dedans de la reliure d'un énorme in-folio contenant l'histoire manuscrite de l'abbaye de la Trompardière.

Le fait matériel de costumes dorés de prêtres, de robes de religieux, de châsses de saints mis en lumière par Édouard May, servait de base à l'existence des trésors de l'abbaye. Désormais la chronique locale inscrivit dans ses archives un fait que la mort seule de plusieurs générations pourra faire oublier, savoir que M. Le Camus avait opéré, peu après la mort de son père, des fouilles dans les souterrains de la Trompardière, et que des entrailles de la terre étaient sortis des meubles précieux, des coffrets d'ivoire, des sacs d'or et d'argent, des pierres précieuses et des monnaies si anciennes que l'avare, autant pour sa jouissance personnelle que pour sa tranquillité, n'avait pas osé les faire circuler. S'il trouvait d'immenses jouissances à entrer seul dans la chambre aux ferrailles, à palper ces sacs de sequins, à contempler ces escarboucles, ces diamants renfermés dans des coffrets, il lui était interdit d'en faire usage, de les troquer, de les convertir en terres, prés, fermes et moulins.

Les distributeurs d'aumônes sont embarrassés devant des misères nombreuses ; le coupeur d'habits perd la tête, quand, en face d'une étoffe coupée trop étroitement, il lui faut habiller un homme large de surface ; il est délicat de distribuer un maigre pigeon entre vingt convives affamés ; l'opinion publique s'égara en voulant faire un partage équitable des richesses de M. Le Camus.

Quoique le nombre des héritiers fût considérable, on voulut voir en chacun des parents aux degrés les plus éloignés des Le Camus un millionnaire futur. De petits personnages, qui jusqu'alors avaient été regardés comme sans importance, furent traités avec les égards, les politesses et les coups de chapeau qu'un million a toujours attirés.

Les arrière-petits-neveux de madame Le Camus furent cités par les mères qui avaient des filles à établir comme des jeunes gens remplis de toutes les qualités et de toutes les vertus. Il en fut de même des cousines (même à la mode de Bretagne) de M. Le Camus qu'on désigna dès lors comme d'excellents partis futurs.

L'argent trouble l'entendement le plus solide et colore les objets d'une lumière avantageuse ; par son prestige, les faits les plus matériels deviennent des fictions, de même que les fictions prennent un corps et se dessinent de mille manières, suivant l'œil individuel. La maison triste et grise de M. Le Camus, aux persiennes toujours fermées, devint un palais, quoique chacun pût passer devant à toute heure; mais ses murs noirâtres cachaient des appartements somptueux, éclairés nuit et jour par des lustres éblouissants. L'imagination populaire allait jusqu'à donner des fêtes splendides et des bals étincelants dans ce salon jaune solitaire, où madame Le Camus passait sa vie, assise dans un fauteuil, causant avec mademoiselle Bec et faisant ses égrenages de raisins d'hiver.

Une jument efflanquée, âgée de dix-sept ans, attelée à une vieille carriole d'osier noir, servait à conduire la demoiselle de compagnie dans les propriétés des environs. Mille fois, dans la ville, chacun avait fait des commentaires sur les maigres rations d'avoine octroyées à la jument par la main parcimonieuse de M. Le Camus. La bête existait toujours en chair et en os, mais en os plutôt qu'en chair, et elle eût pu servir de haridelle à la mort. Généralement tous les samedis, conduite par mademoiselle Bec, cette vieille jument traversait les remparts, au bout de la ville, descendait la montagne, passait par le faubourg. Comment expliquer que la rosse efflanquée se transforma tout à coup en un cheval arabe, fin et souple, aux jarrets d'acier, au poil luisant, qui mangeait, disait-on, dans une auge de marbre, sinon par le mirage des trésors entassés dans cette maison? Le toucher, l'odorat, l'ouïe, le regard des habitants d'Origny subissaient, vis-à-vis de la famille Le Camus, l'effet d'un mirage trompeur où les objets les plus mesquins prenaient la forme et les apparences de matières précieuses.

Ce ne fut pas sans une succession de petits drames particuliers que l'opinion publique s'égara de la sorte. Chaque famille d'héritiers dont les enfants avaient pris part au grand scandale nocturne eut sa tragédie; mais la plus vive fut celle dont fut victime Édouard May. Échappé à la terrible juridiction de M. le président Brochon, l'enfant se sauva à toutes jambes ne raisonnant pas le châtiment que voulait lui infliger son juge; mais le flairant à la manière des animaux poursuivis pour la première fois dans leurs retraites tranquilles par des chiens ardents à la curée. Cependant, au moment de rentrer chez ses parents, il secoua son émotion, et, certain que la trace en était effacée, il entra résolûment.

— T'es-tu amusé chez ta tante? lui demanda sa mère, qui l'adorait.

Le coupable eut l'audace de répondre affirmativement, puis il alla se coucher. La journée du lendemain se passa tranquillement; Édouard avait déjà oublié l'événement avec la mobilité qui caractérise les enfants; mais, dans la nuit qui suivit cette journée, un grand bruit qui partait de la chambre de ses parents, réveilla le petit garçon. Des chaises frappées brusquement sur le plancher, le pas violent d'un homme qui imprimait son talon fiévreux sur le parquet, des éclats de voix bruyants et entrecoupés eussent suffi pour réveiller un mort. L'enfant prêta l'oreille et reconnut à l'accent de son père un de ces orages domestiques dont il avait été souvent le témoin oculaire.

— Oui, disait M. May, cet enfant indiscipliné causera la ruine de la famille... c'est ta faute, pourquoi ne l'accompagnes-tu pas? je t'ai dit mille fois de le surveiller... Madame Le Camus m'a traité ce soir comme un étranger... elle ne voulait pas me parler... Je ne la comprenais plus. Enfin on a discuté politique : elle en a profité pour m'accuser d'être un révolutionnaire... Moi, un révolutionnaire ! « Certainement a-t-elle ajouté, vous êtes un révolutionnaire, et vous avez élevé votre fils en révolutionnaire... » Je regardai M. Brochon pour le prendre à témoin si j'ai jamais fait acte d'opposition au gouvernement ; mais M. Brochon a tourné la tête en s'inclinant devant la parole de madame Le Camus... Alors j'ai appris pourquoi cette qualification m'était appliquée. Édouard s'est conduit indignement, comme un vil polisson... J'ai compris pourquoi on m'appelait révolutionnaire. Effectivement, si j'avais inculqué à Édouard des maximes subversives, il ne se conduirait pas plus mal.

Ici le père secoua violemment une table, et son fils s'enfonça sous les couvertures ; mais la voix, qui continuait à éclater, le força à écouter de nouveau.

— Le misérable ! il ne lui restait plus qu'à mettre le feu chez madame Le Camus... Si c'est cela que tu appelles son éducation !... Ah ! quelle femme tu fais ! Tout à l'heure il va avoir son compte... Fais-le descendre tout de suite... Appelle-le...

— Je t'en prie, mon ami, disait la mère en pleurant, attends à demain...

— Non, tout de suite...

Le père jurait et continuait de secouer les meubles.

— Si tu n'y vas pas, je vais monter moi-même à sa chambre.

Madame May, tremblant pour son fils, se leva et se jeta devant son mari.

— Voyons, couche-toi, deviens calme.

— Non, je te dis qu'il faut qu'il soit puni ! c'est l'opinion de ta tante, de M. Brochon, de toute la ville. Tout le monde s'occupe de cette affaire qui ne peut rester sans châtiment. Je veux l'éveiller. Édouard ! cria-t-il d'une voix menaçante.

Loin de répondre, Édouard se coucha tout au fond du lit et se pelotonna sous les couvertures : ce n'était plus un enfant, c'était une petite boule inerte, sans vie en apparence. La mère continuait ses supplications ; d'après ce qu'il entendait dans la chambre à coucher, Édouard pouvait deviner la pantomime de son père qui se trouvait aux prises avec une faible femme essayant d'empêcher qu'on troublât le repos de son fils.

— Il aura été entraîné, disait la mère suppliante, il n'est pas méchant...

— C'est lui, au contraire, qui a entraîné les autres... Eh bien, il ne vient pas maintenant ! Édouard !

Et il appela trois fois l'enfant, qui n'osait plus respirer, était étendu les membres roides, et s'étudiait à jouer le mort.

— Tu n'iras pas dans cet état, disait la mère dont la voix altérée annonçait des émotions poignantes.

— Qu'il s'en aille alors, je ne veux plus de lui ici... qu'il s'engage !

— Y penses-tu ? dit la mère, prenant au sérieux les paroles amenées par la colère.

— Je veux l'interroger, dit le père en marchant du côté de la porte.

— Demain, mon ami, il sera temps encore.

— Eh bien, tu vas y monter toi-même ; puisque tu l'as élevé ainsi, c'est à toi de le corriger...

Il y eut un moment de silence qui fit frémir Édouard, incertain du sort qui lui était réservé.

— Tu n'es pas partie, dit le père d'une voix si terrible que madame May sortit de la chambre à coucher.

Au craquement des marches de l'escalier, Édouard comprit que sa mère venait le trouver : avec cet esprit de ruse que les enfants possèdent et qui en fait d'admirables comédiens, le petit garçon couvrit sa figure d'un masque d'émotion et de sensibilité qui aurait désarmé des assassins. Une respiration égale et calme sortit de sa petite poitrine rose, qu'on voyait à moitié des couvertures : un bras passé sous la tête,

Édouard semblait parti pour le pays des rêves bleus où, seule, voyage la jeunesse. La mère montait lentement et doucement, comme si elle eût craint de réveiller un ange ; elle entra dans la chambre une bougie à la main, et les yeux fermés du dormeur ne parurent pas s'inquiéter de cette clarté remplaçant tout à coup les ténèbres.

Le silence profond de la petite chambre n'était troublé que par les sanglots de la mère qui souffrait autant des durs reproches de son mari que de la nécessité de réveiller Édouard et de le châtier ; en ce moment elle trouvait cruel de réveiller un enfant qui dormait « si gentiment, » dit-elle plus tard. C'est parce qu'elle ne dormait pas souvent qu'il lui semblait dur d'enlever tout à coup son fils à cette tranquillité parfaite, à ces rêves purs qui erraient sur ses lèvres.

— Ne passera-t-il pas trop tôt des nuits amères, pensait la mère, quand l'âge, le travail, les fatigues, les maladies, les chagrins le dévoreront ?

Si, trop souvent éveillée en pensant à l'avenir de son fils, madame May se surprenait à tracer des tableaux rembrunis, un jour n'était pas loin où Édouard, à son tour, serait forcé de s'occuper des intérêts trop matériels de la vie. D'une nature souffrante, nerveuse à l'excès, la mère craignait d'avoir communiqué son tempérament à ce fils tant aimé. Presque toujours maladive, madame May plaignait les personnes dont le corps est broyé à tout instant par les plus simples émotions. Troubler le sommeil d'Édouard ui semblait un crime ; aussi, loin d'obéir à son mari, admirait-elle en ce moment son enfant endormi.

On n'entendait plus aucun bruit dans la chambre à coucher des époux : sans doute M. May s'était calmé, peut-être couché. Madame May, connaissant le caractère de son mari, attendit. Le chef de bureau était d'une nature ardente et impétueuse ; la moindre contradiction mettait son sang en ébullition, et l'entraînait à des vivacités d'actes et de langage que rien ne pouvait arrêter. Autant son fond était bon, autant son enveloppe était hérissée de rochers et de tempêtes. Un mot qui le contrariait suffisait pour lui faire perdre le sang-froid ; alors il éclatait en menaces, en propos violents qui le faisaient considérer par ceux qui ne le connaissaient pas comme un homme intraitable. Il rentrait souvent à la maison souffrant lui-même de ses colères et les continuant à l'intérieur. Il y avait une chaleur sanguine, un débordement de vie qu'on craignait sans cesse de voir éclater dans cet homme qui suivait trop largement le précepte de ce médecin conseillant à ses malades de se mettre une fois par semaine en colère. M. May à lui seul aurait représenté trois malades : bouillant une partie de la semaine, morne l'autre moitié, possédant assez de vitalité pour deux hommes, à de certains moments abattu et sans force, parlant aujourd'hui de ses projets à sa femme, se les redisant à haute voix à lui-même ; la nuit, réveillant madame May pour lui donner des conclusions incompréhensibles, telles que : *C'est ça...* ou des *Oui, oui, oui,* ou *Cela va bien, très-bien* ; l'esprit perpétuellement en travail, brusque dans sa parole comme un général sur un champ de bataille, ne souffrant aucune réponse à ses ordres, le cerveau en tourmente, la figure tiraillée par les émotions, tel était le chef de bureau, qui rendait sa femme plus nerveuse de jour en jour.

Madame May descendit de la chambre de son fils ; l'esprit un peu rassuré de croire les agitations de son mari enterrées dans le sommeil, elle se glissa dans le lit avec une précaution infinie, de peur de réveiller le chef de bureau..

— Nous le mettrons au collége ! s'écria-t-il tout à coup, d'une voix qui fit tressaillir la mère.

Puis il s'endormit.

VI

DYNASTIE DES CRETTÉ

On compte trois Cretté dans Origny. L'aîné des Cretté, le marchand de bois, qui a épousé une demoiselle Cussonnière, pour se distinguer de ses frères, arbora définitivement le nom de Cretté-Cussonnière, qui offre, dans la combinaison de ses syllabes, une certaine sonorité majestueuse; le marchand de bois ne voulait pas être confondu avec ses deux frères, dont la malignité publique s'était emparée depuis longtemps, en adjoignant à leurs noms des formules épigrammatiques.

Crette le second, qui était resté célibataire, mené par sa servante, porta jusqu'à sa mort le nom de Cretté-Torchon. Les malins d'Origny firent preuve d'esprit en infligeant le nom de *torchon* à une grosse petite femme criarde, intéressée, de mauvaise foi, tenant mille mauvais propos sur son maître, qui la craignait.

Cretté le père n'avait pas amassé dans sa longue existence un grand fonds d'intelligence, à en juger par ses trois fils, dont l'aîné en eut seul quelques parcelles, juste assez pour entrer au conseil municipal de la ville : semblable aux aînés d'anciennes familles nobles, qui seuls étaient dotés des titres et des biens, Cretté-Cussonnière sembla avoir accaparé toute l'intelligence de ses père et mère. Chez le cadet, Cretté-Torchon, elle allait s'amoindrissant sensiblement, et il n'en restait aucune trace dans le dernier rejeton, qui passait dans la ville pour un *simple*, et qui fut décoré du sobriquet de Cretté-Lapoupou.

Les gens de province saisissent avec un instinct merveilleux les défauts de leurs concitoyens, et inventent à leur endroit des mots singuliers, baroques en apparence, remplis cependant de fines observations.

Le dernier des Cretté n'avait pas fait de progrès depuis son enfance. Il s'intéressait à mille brimborions, et son langage tenait de celui des nourrices qui cherchent à éveiller, par des redoublements de syllabes, l'attention de leur nourrisson. Un cheval, pour ce Cretté, était toujours une belle *bébête*; il portait dans sa poche des tabatières pleines de *susucre*; sa journée se passait à découper des images, à les colorier; il zézéyait avec un crâne entièrement chauve, et, toutes les fois qu'il entrait chez madame Le Camus, il s'écriait avec une sincère admiration :

— Mon Dieu! ma tante, les *zolies bozies!* faisant allusion aux bougies jaunes et roses enfermées sous globe sur la cheminée.

Madame Le Camus pouvait causer tant qu'elle voulait, Cretté-Lapoupou n'avait de regards que pour le battant de la pendule, qui était pour lui un profond sujet d'étonnement.

En même temps que M. Cretté-Cussonnière avait pris l'intelligence de la famille, il avait absorbé presque en entier tout le système capillaire et pileux : grand, fort, les épaules carrées, d'épais favoris noirs, le marchand de bois aurait dérouté tous les physionomistes, qui n'auraient pu reconnaître pour son frère ce pauvre simple, sans cheveux, sans barbe et sans sourcils. Les premières plumes d'un petit poussin peuvent donner une idée du faible duvet clair et parsemé qu'on apercevait à la longue en étudiant le crâne, les joues et les arcades sourcilières de Cretté-Lapoupou. Il n'avait d'opinion en quoi que ce soit; ses yeux bleu pâle ne réfléchissaient que l'étonnement. Dans le salon de madame Le Camus, si quelqu'un s'amusait à le taquiner, la malade prenait sa défense :

— Laissez tranquille mon neveu, disait-elle, il est bon... N'est-ce pas, mon neveu, que tu es un bon enfant?

Cretté souriait niaisement.

— Tu aimes ta tante, pas vrai?

Cretté-Lapoupou avait une qualité qui lui rendait chacun indulgent : il aimait les enfants. Son plus grand bonheur était de partager leurs jeux; peut-être même eût-il été un complice innocent de l'infernale procession qui avait agité toute la ville, tant son âme était candide; mais déjà ces jeux de l'adolescence lui semblaient aussi compliqués que turbulents. Il préférait la société des enfants de trois ans, s'amusant à les faire danser sur ses genoux et improvisant pour les égayer des mélopées de nourrices, dont le refrain ne variait jamais : *Dodo, l'enfant do*, était pour lui la plus sublime des poésies, à laquelle il ajoutait quelques amplifications.

Leur sœur, Héloïse Cretté, avait épousé l'épicier Carette, qui tenait en même temps une petite boutique d'horlogerie : trois ou quatre pendules à colonnes, une grande horloge de campagne dans sa boîte, six coucous à poids, une vingtaine de montres, formaient le commerce de Carette, qui laissait sa femme gérer le fonds d'épicerie peu considérable de la rue des Tanneurs. Ce double commerce fut de tout temps une source d'immenses distractions pour Cretté-Lapoupou, qui, traité de haut par le riche marchand de bois, étourdi par les criailleries de la servante de son frère cadet, passait une grande partie de ses journées dans le comptoir de sa sœur. Il cherchait d'ailleurs à se rendre utile par de petits services, détaillait en morceaux les pains de sucre, rangeait symétriquement les briques de savon, et s'ingéniait à donner des apparences architecturales aux tablettes de chocolat, qu'il dressait en forme de maisons. Il pesa une fois du jujube, et il en éprouva une jouissance qu'on pourrait à peine imaginer ; mais la pratique était à peine sortie, que l'horloger Carette, qui avait une mince confiance dans l'intelligence de son beau-frère, vérifia le poids resté dans la balance, et s'aperçut avec terreur que Cretté, dans son insouciance, avait donné une demi-livre de jujube au lieu d'une once. L'horloger intéressé éclata en reproches si vifs, que Cretté n'osa pas reparaître de quelques jours ; si depuis on l'admit dans le comptoir à la condition de ne plus servir les pratiques, ce fut pour appeler sa sœur, qui était occupée dans l'arrière-boutique à faire le ménage ou à repriser les habits de ses enfants.

Tous ces Cretté se jalousaient entre eux et conservaient seulement les relations les plus strictes exigées par la parenté ; ils se voyaient rarement dans le particulier et se plaignaient d'être obligés de se saluer et de se demander des nouvelles de leur santé quand ils se rencontraient. La plus grande froideur résulta de la conduite du riche marchand de bois, homme important de la ville, invité dans les premières maisons, qui avait à rougir triplement de son beau-frère épicier et horloger, de son cadet au pouvoir d'une servante mal élevée, et de son dernier frère, dont la simplicité donnait à jaser à la ville entière. A son début dans le commerce du bois de chauffage, M. Cretté faisait petite figure et marchait de pair avec ses parents ; mais sa femme ayant hérité de son père qui ne lui avait donné qu'une dot assez modique, le marchand de bois put se livrer à d'importantes opérations couronnées de succès, et la fortune lui tourna la tête. Il fit un coup d'État dont les effets furent sensibles dans une ville de six mille âmes : il osa prendre pour horloger le rival de Carette qui réglait, depuis cinq ans, les pendules de la maison, en lui disant :

— Je réglerai désormais mes pendules moi-même.

Carette ne comprit pas tout d'abord la portée de cette humiliation, mais quand il connut qu'un autre horloger de la ville avait la direction des pendules de son beau-frère, il lui en garda une mortelle rancune. La vérité se faisait jour en ce moment : le marchand de bois rougissait de sa sœur épicière, du commerce d'horlogerie de son beau-frère ; il ne voulait pas donner la main, souhaiter un bonjour fraternel, devant des étrangers, à l'homme qui venait remonter ses pendules.

De pareilles petitesses d'esprit provoquent souvent des séparations dans les familles les plus unies. La belle madame Cretté, la femme citée dans la ville immédiatement après madame Brochon, ne voulait plus aller rendre visite à madame Cretté-Torchon, depuis qu'elle avait été reçue par la servante, qui s'installa dans un fauteuil, offrit seulement une chaise et mena la conversation en souveraine. Lancée sur cette pente, cette favorite ne mettait plus de terme à son ambition, et madame Cretté rompit nettement avec son beau-frère. La famille du marchand de bois conserva quelque indulgence pour le dernier des Cretté, et la porte de la maison lui fut ouverte une fois par semaine. Ses goûts étaient modestes, sa conduite ne laissait rien à désirer, il n'entrait dans aucun mauvais propos, il ne répétait pas au dehors ce qu'il avait entendu ici ; d'ailleurs madame Le Camus le traitait en enfant gâté ; aussi les Cretté-Cussonnière ne tarissaient pas en éloges sur son compte devant la vieille tante. Le marchand de bois et sa femme ne craignaient pas d'attiser l'affection de madame Le Camus pour leur frère innocent. Ce n'était pas lui qui cherchait à capter les bonnes grâces d'une parente autour de laquelle tous les héritiers se pressaient; il ne cherchait pas à nuire à ses cohéritiers en insinuant, dans l'oreille de la malade, les propos que tenaient contre les Cretté-Cussonnière, Carette, sa femme et la servante de Cretté-Torchon, depuis leurs divisions intestines. Toute succession est un champ clos où se donnent carrière la haine, la calomnie, la soif des richesses, la diffamation, la division des familles, la lutte des frères contre frères et toutes les plus mauvaises passions de l'humanité. Dans la caisse de chaque héritier est une chaudière où bouillonnent sans cesse de vils intérêts, des lambeaux de conscience, des fièvres nocturnes, de coupables troubles intérieurs, plus monstrueux que les produits des sorcières de Macbeth.

Ceux qui ont étudié avec détail les opérations qui constituent l'art de s'emparer d'une ville fortifiée, s'étonnent de la longueur de temps, du sacrifice d'hommes et des immenses travaux par lesquels la science est arrivée à des résultats mathématiques. Une succession ne diffère en rien d'un siége. Les vieillards dont on convoite l'héritage sont semblables à ces vieilles citadelles démantelées qui, au premier coup d'œil, semblent faciles à emporter, et qui arrêtent quelquefois les assiégeants des années entières; seulement, si les opérations militaires sont mathématiques, dans la vie elle sont plus naïves et plus variées. L'imprévu y joue un rôle plus grand qu'à la guerre. Tous les habitants d'Origny se souviennent encore du curieux spectacle qui leur fut donné pendant une dizaine d'années par les héritiers Le Camus : tantôt c'étaient de faux bruits accueillis avec faveur, démentis le lendemain; des escarmouches sans importance, des prises de corps dans le salon jaune; puis le silence se faisait, chacun fourbissait de nouvelles armes et les luttes éternelles recommençaient.

La conduite des Cretté-Cussonnière vis-à-vis de leurs

frères et sœurs donna à croire à tout le monde, et particulièrement aux intéressés, que le marchand de bois et sa femme, pour tenir une conduite si méprisante, étaient certains de la victoire. Car il y avait tout à craindre de la mauvaise langue de la servante de Cretté-Torchon dans la ville ; lui-même, influencé par cette fille, qui le dominait, pouvait à l'occasion lancer quelques méchants propos contre son frère dans l'oreille de madame Le Camus.

Si la malade n'apportait pas une confiance immense dans les paroles de son neveu, dont elle blâmait la conduite, elle ne pouvait être indifférente aux sarcasmes de Carette contre son orgueilleux beau-frère. M. et madame May, d'une condition de fortune médiocre, ne fréquentant pas le monde, vivant à l'écart, semblaient des auxiliaires dévoués à la famille Carette; telle était l'opinion publique qui, voyant tant d'ennemis amassés par les airs hautains des Cretté-Cussonnière, jugeait que cette confiance immense en eux-mêmes démontrait que la première place auprès de madame Le Camus était tenue depuis longtemps par le marchand de bois et sa femme. Comment les Cretté-Cussonnière avaient-ils obtenu la confiance de madame Le Camus ?

On voulait en trouver la raison dans l'introduction de la demoiselle de compagnie; mais la vérité est que le marchand de bois et sa femme, riches maintenant, reçus dans le monde d'Origny, flattaient la vanité de madame Le Camus, qui écoutait avec un certain plaisir le récit des merveilleuses soirées auxquelles avait assisté la belle madame Cretté. En femme fine, madame Cretté avait saisi les côtés faibles de sa parente : si elle parlait du bal de la sous-préfecture, elle prétendait que madame la sous-préfète avait demandé des nouvelles de la santé de madame Le Camus: il était bien fâcheux que madame Le Camus ne reçût pas, madame la sous-préfète serait venue lui rendre visite; ou bien madame la sous-préfète serait heureuse si l'état de santé de madame Le Camus lui permettait d'assister à une de ses soirées.

Après la sous-préfète, c'était M. de Castelbajac le jeune, qui avait beaucoup entendu son père parler de madame Le Camus et qui ne tarissait pas en compliments sur la vieille tante. A un certain son de voix, madame Cretté comprit que sa tante était touchée ; dès lors elle lui administra, sans ménagements, ses civilités que le marchand de bois reprenait en sous-œuvre. La manœuvre était grossière, mais madame Le Camus, assise depuis vingt ans dans son fauteuil, ne sortant pas du salon jaune, se surprenait à regarder la génération présente d'un œil moins sévère, puisqu'elle n'en était pas tout à fait oubliée. Certains solitaires orgueilleux aiment qu'on s'occupe d'eux, tout en fuyant la société ; madame Le Camus, condamnée à rester au coin de son feu par l'âge et la maladie, se sentait raviver par l'assurance que des personnes considérables pensaient encore à elle. Par là, elle se rattachait encore à la vie ; mais elle était loin de se douter que ces politesses avaient pris naissance dans l'esprit de madame Cretté. Qu'importe d'être trompé, quand on est bien trompé ! Les vieillards qui connaissent le mieux les mensonges de la société, sont ceux qui s'y laissent prendre le plus facilement. Dans ses autres parents, les Cretté-Torchon, les Bonde, les Carette, madame Le Camus ne voyait que jalousie, égoïsme et commérages. S'ils parlaient de leur entourage, c'étaient de petits marchands, de petit bourgeois sans importance, sans intérêt.

Seule, madame May, quoique sans fortune, sans brillantes relations, conserva l'attachement de sa tante qui l'avait aimée et mariée. Jusqu'à l'âge de vingt ans, la jeune fille était restée auprès de madame Le Camus comme nièce et comme demoiselle de compagnie. Dès sa jeunesse, madame May s'était faite au caractère irritable et maladif de sa tante ; à force de soins, de prévenances, d'attentions, elle avait su lui faire oublier ses souffrances de corps et d'esprit, elle avait su adoucir les rudesses de M. Le Camus, et trouvé le moyen d'unir momentanément deux caractères si opposés. Ce fut une vie de sacrifice que la jeune fille mena jusqu'au mariage, une de ces existences dévouées qu'on cherche quelquefois parmi les sœurs de charité et qui existent dans la société, à l'état libre, sans costume : c'est pourquoi on ne les remarque pas.

Pour récompenser son dévouement, madame Le Camus fit à sa nièce une petite dot de huit mille francs qui servirent aux premières années de mariage du chef de bureau et de sa femme ; mais madame May n'avait pas la langue dorée, elle ignorait l'art des flatteries et des compliments dont faisaient provision les Cretté-Cussonnière avant d'entrer chez leur tante. Fière, timide et modeste, madame May était peut-être la seule de la famille qui chérît véritablement madame Le Camus ; seulement son amour était discret, intérieur, et se serait effarouché de s'afficher trop ouvertement. Elle aimait profondément sa tante qui l'avait élevée, et ne le disait pas. Les Cretté-Cussonnière n'embrassaient madame Le Camus qu'avec les mots de :

— Bonne tante, chère tante.

Et ils appuyaient sur l'épithète touchante ; au contraire, madame May disait simplement :

— Ma tante.

Les autres répétaient à tous propos :

— Comme vous êtes bonne, chère tante ; que je vous aime.

Madame May avait horreur de ces flagorneries : entendre de fausses amitiés sortir de la bouche de gens qui n'en pensaient pas un mot, la révoltait et aurait empêché ses véritables sentiments de s'épancher. En disant :

— Ma tante, je vous aime, elle eût cru se ranger avec

tous ces gens ayant soif de l'héritage, faire acte de courtisanerie, et elle se taisait.

C'était une âme douce, indulgente, souffrant de la vie de province où tout ce qui se dit est entendu, fuyant la société avec autant de soin que d'autres la recherchent; nerveuse à l'excès, la moindre émotion la brisait. Sa frêle enveloppe était dévorée par les regards trop inquiets qu'elle portait vers l'avenir. Solitaire, réfléchie, elle avait compris le rôle que jouait chacun des héritiers autour de madame Le Camus, mais sa nature droite l'empêchait de rien faire pour occuper l'esprit de sa tante. Son cœur était sincère, ses actions sincères, ses sentiments sincères, et elle se présentait devant madame Le Camus timidement; car l'observation lui avait démontré combien est rare et précieuse cette qualité dans la société. Au son de la voix, à un simple regard, à un geste, madame May connaissait si une personne était sincère, et il lui semblait que tout le monde devait avoir cette science, et que les mensonges de la parole, la fausseté du regard, les tromperies du geste devaient être devinés à l'instant; mais elle comprit que cette pierre précieuse, la sincérité, était tellement enfouie sous les amas de pierres fausses, compliments exagérés, feintes embrassades, louanges à tout propos, bassesses de la conversation, viles et fausses tendresses des yeux, bouches caressantes et perfides, qu'il serait plus facile de poursuivre un grain de sable volant au milieu d'une trombe de poussière que de trouver la pure sincérité.

Il y a des qualités morales qui conservent le corps, qui le *salent*, pour ainsi dire; mais il en est d'autres qui, par défaut d'équilibre, entraînent la machine humaine à des excès. Madame May s'exagéra l'importance des flatteries des Cretté-Cussonnière, comme elle s'exagérait les difficultés de la vie; chaque visite à sa tante la rendait plus timide, car elle craignait, non pas la perte de son héritage, mais d'être distancée dans l'affection de madame Le Camus. Elle eut raison de craindre un certain danger, d'autant plus à redouter qu'un nouveau personnage, traité jusqu'alors sans grande importance, avait pris petit à petit les rênes de la maison et conduisait les affaires avec autant d'habileté qu'il conduisait les maîtres.

VII

MESDEMOISELLES PRÉCHARMANT

Mademoiselle Bec prenait chaque jour une nouvelle consistance dans la maison Le Camus où elle était entrée un an auparavant, modeste et résignée. Dans ce court espace de temps, les rôles avaient été intervertis. A peine regardée jadis par les parents de madame Le Camus, maintenant tous pliaient devant elle comme devant le ministre d'un roi paresseux; mais cet esprit fier dut faire payer aux petits parents, ainsi appelait-elle les Bonde, les Carette et les Cretté (dont elle exceptait toutefois le marchand de bois et sa femme), les regards froids et méprisants qu'elle avait eus à subir à son début. Elle était arrivée au pouvoir presque naturellement; la maladie de M. Le Camus, le grand âge de sa femme contribuèrent plus encore que la volonté à son élévation. La demoiselle de compagnie était poussée dans cette voie par madame Le Camus elle-même, qui ne tarissait pas en éloges sur son compte auprès de ses neveux et nièces.

— Mademoiselle Bec me soigne bien, répétait-elle à tout propos.

L'horloger Carette fut le premier qui comprit le rôle important que mademoiselle Bec allait jouer dans la maison ; éclairé par les paroles de sa tante, il essaya de s'insinuer dans les bonnes grâces de la demoiselle de compagnie.

— La première fois que tu iras chez ta tante, dit-il à son fils, ne manque pas d'embrasser mademoiselle Bec et de lui demander comment elle se porte.

Cette manœuvre flatta considérablement la demoiselle de compagnie qui, à part madame Cretté-Cussonnière, n'avait établi jusqu'alors aucune intimité avec les nombreux parents qui venaient le dimanche. Désormais, elle faisait partie de la maison : le baiser du petit Carette la scellait pour ainsi dire à la famille. Le marchand de bois et sa femme, les premiers, lui avaient marqué une politesse presque affectueuse, mais l'embrassade du fils de Carette teinta legèrement de couleurs riantes ses horizons amers. La famille Bonde ne connut le secret que plus tard, et fut distancée de trois mois.

Les parents de madame Le Camus avaient l'habitude de lui rendre visite le dimanche, mais ils n'arrivaient pas tous à la même heure, afin de ne pas emplir le salon jaune et de ne pas étourdir leur tante par dix conversations différentes.

Un jour, les Bonde étaient établis auprès du fauteuil de madame Le Camus ; mademoiselle Bec, suivant son habitude, assise dans l'embrasure de la fenêtre, tricotait des bas, lorsque Carette, sa femme et son fils, entrèrent. Ordinairement une famille arrivant mettait la précédente en fuite ; la mesure était traditionnelle et ne choquait en rien les parents qui cédaient leur place. Soit par hasard, soit pressentiment du danger qu'ils couraient, les Bonde élargirent le cercle de chaises autour de la cheminée, mais ne se levèrent pas comme d'habitude. L'horloger, sa femme, son fils, vinrent embrasser la tante, puis, en allant prendre une chaise, madame Carette adressa quelques mots aimables à la demoiselle de compagnie et le petit Carette lui sauta au cou. La famille Bonde resta pétrifiée de cet événement et en perdit la parole, malgré ses intempérances de langage habituelles.

Un silence profond régna dans l'appartement, car tous ces ennemis s'étudiaient et semblaient converser par la pensée. L'horloger était inquiet d'avoir livré son secret; il eût préféré que les Bonde n'eussent pas surpris son fils embrassant la demoiselle de compagnie; celle-ci, en apparence appliquée à son tricot, coulait un regard sournois vers la famille Bonde, et semblait lui dire :

— Si vous me méprisez, d'autres me font fête...

Ces pensées s'entre-croisaient dans le salon jaune et paralysaient tellement la conversation, que madame Le Camus s'écria:

— Quel silence! madame Bonde, tu es là, cependant?

— Oui, ma tante; mais nous allons partir, n'est-ce pas, Bonde?

Madame Le Camus, ne pouvant saisir les sensations qui se jouaient en ce moment dans l'esprit de ses parents, n'eut pas le plaisir de contempler la singulière physionomie de la famille Bonde, qui, en s'en allant, remettait les chaises en place et s'efforçait d'attirer l'attention de mademoiselle Bec; mais, malgré ce remuement, la demoiselle de compagnie ne levait pas la tête. Cependant elle alla reconduire, suivant l'usage, la famille Bonde à la porte.

— Adieu, ma chère demoiselle Bec, dit madame Bonde en tâchant d'enchâsser le mot *chère* dans les nuances les plus pures de l'affection.

C'était la première fois que madame Bonde employait ce mot presque amical, mais la demoiselle de compagnie n'y parut pas sensible et salua respectueusement toute la famille, sans remarquer en apparence les aimables sourires étalés impudemment sur les lèvres des époux Bonde.

— C'est une horreur ! s'écria madame Bonde, à peine après avoir dépassé la maison de sa tante ; c'est épouvantable, la conduite de ces Carette...

— Psss, psss, psss, fit le mari prudent, qui craignait qu'on n'entendît l'éclat de voix de sa femme.

— As-tu vu, Bonde, comme le petit s'est jeté au cou de mademoiselle Bec ? L'hypocrite !... il a été dressé par son père, qui ne vaut pas mieux que lui.

— Voyons, calme-toi, madame Bonde.

— Tu en parles bien à ton aise ; tu ne vois donc pas qu'ils sont les préférés de la maison ? Ils s'entendent avec mademoiselle Bec... Qu'est-ce qui se passe entre eux ? nous n'en savons rien ; mais si nous en jugeons par les amitiés qu'ils se font en public, hors du monde ce doit être bien autre chose... Aller faire embrasser une intrigante par ses enfants, cela ne se doit pas... Est-ce que tu serais content, Bonde, si tes enfants te privaient de leurs caresses pour aller les porter à une demoiselle Bec ?... Non, ce n'est pas juste, et si je rencontrais M. Carette, je ne lui cacherais pas mes sentiments : c'est se conduire bassement, pour se faire valoir et essayer d'avoir l'avantage sur les autres parents... Embrasser une femme pareille, sèche comme une arête de poisson !

En ce moment l'énorme madame Bonde, sans le savoir, donnait raison au grand peintre Breughel, qui a démontré en deux tableaux comiques la répulsion profonde des gras pour les maigres.

— Oui, dit le chétif M. Bonde, en jetant un regard de côté sur les formes développées de sa femme, on ne peut pas dire que mademoiselle Bec soit grasse. Mais les enfants n'y font pas attention. Le petit Carette ne remarque pas ces choses-là.

6.

— Allons, Bonde, tu ne sais ce que tu dis. Mademoiselle Bec aurait mon embonpoint, que ce ne serait pas une raison pour qu'un père envoie son fils l'embrasser... Après tout, ce n'est qu'une personne à gages dans la maison ; elle est entrée chez ma tante pour exécuter ce qu'on lui commande, elle ne doit pas prendre tant d'influence.

— Cependant, si elle la prend, cette influence hasarda M. Bonde.

— C'est bien ce qui me tracasse, et je vois que M. Carette a été clairvoyant.

— Qu'est-ce qu'il faut faire ?

— Eh ! tu m'impatientes, avec tes demandes continuelles ; tu n'es donc pas un homme ? Est-ce que je le sais ce qu'il faut faire ? Tu n'es bon à rien, si je n'étais pas là ! Crois-tu que M. Carette a été demander à sa femme ce qu'il fallait faire ? Pas du tout, il a imaginé un plan, et tu vois qu'il a réussi.

Là-dessus M. Bonde réfléchit, et s'adressant à son fils :

— Tu auras soin, à l'avenir, dit-il, d'être poli et convenable avec mademoiselle Bec, et aussitôt que tu auras embrassé ta tante, tu iras embrasser mademoiselle Bec à son tour.

— Tout ça c'est des imitations, dit madame Bonde ; je chercherai autre chose.

— Oui, oui, dit le mari, nous chercherons autre chose.

— Si je compte sur toi, dit la femme en ouvrant la porte de sa maison, je compterai longtemps.

Cette circonstance, connue dans la ville, donna une importance réelle à mademoiselle Bec, sur laquelle l'opinion publique s'était à peine arrêtée depuis son arrivée dans la maison Le Camus. Les habitants d'Origny avaient vu passer quelquefois une femme de quarante ans, simplement mise, presque toujours habillée de demi-deuil ou de couleurs peu voyantes, mais ils n'avaient prêté que peu d'attention à ses démarches. Son titre modeste de demoiselle de compagnie, ses appointements plus modestes encore, son mince habillement, n'engageaient pas les curieux à ces commentaires qu'on prend plaisir à enfler comme un ballon ; mais le fait connu de la haute amitié que lui portaient les Cretté-Cussonnière, les Carette, en fit un être curieux comme une servante élevée du jour au lendemain au trône d'une princesse. Le morceau de charbon était devenu diamant. La demoiselle de compagnie éprouva le sort de la vieille rosse que l'œil de la foule transformait en une élégante jument. Mademoiselle Bec fut nommée, par l'opinion publique gardienne du trésor de la chambre aux ferrailles, et ses appointements furent immédiatement élevés au chiffre honnête de dix mille francs par année.

Ainsi, en quelques jours, la fortune des Le Camus s'était centuplée ; outre les espèces monnayées, ils possédaient tous les objets précieux fabriqués depuis la création, et chacun des héritiers avait au moins la chance de devenir millionnaire.

Ces bruits singuliers, basés sur des faits exagérés, ne prenaient pas racine naturellement. Il y avait un mystérieux semeur, qui lançait ses graines avec une rare adresse, dans les endroits favorables à leur germination. Le mystificateur Simonnet fut l'âme du complot; en apparence occupé au greffe à copier des actes de procédure, sa main seule était employée à ces fonctions faciles, mais son cerveau bouillonnait et son œil intérieur ne quittait pas la maison Le Camus qu'il avait jugée un réservoir inépuisable pour ses facéties. Froid en apparence, sérieux et ne riant jamais, Simonnet avait un art merveilleux pour singer le gobe-mouches. Il lançait ses nouvelles avec un air provincial si parfait, qu'il eût excité l'envie des comédiens les plus habiles. Si quelquefois il allait trop loin dans l'exagération, il ne pouvait exciter le soupçon de ses compatriotes, car alors il feignait d'avoir été pris pour dupe, et son masque prenait, suivant l'interlocuteur, l'expression de la croyance ou de la niaiserie la plus épaisse; c'était en dedans seulement que le traître Simonnet se réjouissait de ses exploits, qui se manifestaient extérieurement par un simple clignement d'yeux d'une extrême finesse. La nature avait servi Simonnet à souhait en lui donnant un air distrait qui semblait ne s'arrêter sur aucun objet. En passant dans les rues, il marchait la tête basse et ne paraissait porter aucune attention aux objets sur son passage; il était réellement myope, et jouissait des facultés que la nature a attachées à cette infirmité. Un chasseur, qui a couru toute la journée la plaine et les montagnes sans rien manger, trouve le repas du soir meilleur que celui qui a pu, grâce aux provisions de son carnier, faire de fréquentes haltes pour apaiser sa faim : il en est de même des myopes qui, privés souvent de la vue, voient mieux que les autres ce qu'il leur est donné de voir. Ils analysent plus profondément; leur vue déguste un objet avec mille délicatesses de gourmet. En possession d'une chose par le regard, ils s'en font fête, la retournent sous chacune de ses faces et l'étudient scrupuleusement; tandis que la vue ordinaire de l'homme, s'arrêtant sur trop d'objets, embrasse un trop grand ensemble. Simonnet avait la faculté très-prononcée de l'analyse, et, quand il l'exerçait, il était certain d'arriver à des résultats que son tempérament poussait au satirique. La maison Le Camus fut donc une source intarissable pour cet esprit malin qui, pendant dix ans, prit plaisir à mystifier ses compatriotes à cet endroit.

Il connaissait les bons centres où le mot lancé fait explosion, où une nouvelle sans importance en apparence s'engendre elle-même comme les pucerons dont parle le philosophe Charles Bonnet. Le cabinet de lecture des demoiselles Précharmant, célèbre par son immense collection de romans *dans le genre noir*, était un terrain fécond en propos ; là se donnaient rendez-vous les plus belles imaginations d'Origny, les tendres, les tourmentées et les inoccupées. Simonnet avait lu, depuis le premier volume jusqu'au dernier, les crasseux in-douze des Ducange et des Pigault-Lebrun ; il avait certainement plus d'imagination qu'Anne Radcliffe et plus de gaieté concentrée que Raban ; mais il feignit un vif enthousiasme pour cette bibliothèque, dont l'abonnement lui coûtait vingt-cinq sous par mois. Moyennant ce sacrifice, il lui était permis d'entrer à toute heure chez les demoiselles Précharmant, les seules libraires de la ville, ayant, par conséquent, une nombreuse clientèle. La maîtresse d'un cabinet de lecture est un confesseur : elle connait le fond du cœur des femmes les plus prudes ; le titre d'un roman, la sympathie pour un auteur, le genre d'ouvrages qu'une personne s'obstine à lire, lui dévoilent les cœurs les plus fermés, depuis l'ouvrière, qui vient résolûment dire au cabinet de lecture : —*Je voudrais des amours*, jusqu'à la bourgeoise qui, l'œil baissé, la parole voilée, se fait prier pour emporter un roman galant. Les demoiselles Précharmant connaissaient les pensées secrètes des femmes d'Origny, et Simonnet avait jugé utile de se faire des alliées fidèles des deux sœurs qui lui livraient innocemment les aspirations de la plus belle moitié des habitants de la ville, en lui permettant de feuilleter le registre d'abonnement où se voyaient en regard, comme un complice auprès d'un accusé, les noms du lecteur et de l'auteur.

Louvet de Coudray fut regardé de tout temps par Simonnet comme un homme de génie, car cet auteur donna à l'employé la clef de bien des consciences et ouvrit un vaste champ à ses investigations. Ayant demandé un jour

Faublas, dont il avait beaucoup entendu parler, Simonnet fut tout étonné d'entendre dire par les demoiselles Précharmant que madame la présidente Brochon avait au moins depuis un mois les deux premiers volumes. Dans son avidité de lecture, Simonnet emporta toujours les tomes trois et quatre ; car la mode, en province, est de ne pas s'inquiéter démesurément du commencement d'un ouvrage, mais plutôt de la conclusion. Cette lecture l'agita vivement, et il en inféra que si les deux premiers volumes étaient dans le goût des derniers, madame Brochon pouvait avoir le cœur chaste, mais l'esprit coquin. On parlait déjà dans la ville des légèretés de la présidente, mais Simonnet en voulait des preuves plus positives, que les demoiselles Précharmant lui donnèrent dans leur innocence. Madame Brochon avait été tellement séduite par le roman de Louvet, qu'elle demandait depuis des livres dans la même manière. *Faublas* fut donc une pierre de touche pour Simonnet, qui, une fois par mois, quand il ne fouillait pas le registre d'abonnement, demandait à relire l'œuvre du girondin.

— On se l'arrache, monsieur Simonnet ; voilà le dixième exemplaire que nous usons depuis notre entrée en librairie ; vous ne pourrez guère l'avoir avant six semaines.

Le clerc du greffe n'avait aucune curiosité de relire *Faublas* ; mais il marquait d'une croix dans son esprit les lectrices de ce livre frivole.

Sans doute toutes les femmes d'Origny ne lisaient pas de romans et ne fréquentaient pas la boutique des demoiselles Précharmant ; mais, par leurs nombreuses abonnées, les deux sœurs étaient tenues exactement au courant de l'intérieur des ménages de la ville. Que pouvait-on cacher à des libraires qui avaient le tact de deviner la nature de livre correspondant aux sentiments de l'abonnée ? Simonnet, par ses fréquentations assidues au cabinet de lecture, par la confiance

qu'il inspirait aux deux sœurs, profitait de ces confidences.
Il n'abusa d'ailleurs jamais de ces secrets, les gardant précieusement pour lui, et s'en faisant fête aux longues heures du bureau. Simonnet, par prudence autant que par système, était avare de ses nouvelles, car il avait pour principe que toute chose racontée n'appartient plus au propriétaire, qui semble alors dissiper son bien. Il y a des gens dont l'oreille est aux aguets uniquement pour donner de la pâture à leur langue; Simonnet, lui, ne lâchait rien ; il entassait nouvelles sur nouvelles, faits sur faits, propos sur propos, et il revenait à son bureau plus heureux que M. Le Camus ayant trouvé une pièce de vingt francs dans un tas de boue.

Toute cette accumulation de matériaux se tassait dans le cerveau de l'employé, qui voyait aussi clair qu'Asmodée dans chaque maison d'Origny. Simonnet connaissait ses compatriotes mieux qu'un préfet de police ne connaît une conspiration, et il avait imaginé, pour donner carrière à son intelligence, de se livrer quelques heures à la déduction. Un fait étant connu, il en poursuivait les conséquences dans l'avenir, et son plus grand plaisir était de trouver dans les événements accomplis la preuve de sa finesse d'intelligence. Quelquefois les renseignements lui manquaient tout à fait sur une personne, alors il attendait un moment favorable pour l'étudier; ainsi de mademoiselle Bec, dont Simonnet eut quelque temps le chagrin de ne pas avoir pressenti la brillante position. D'autres encore, telle que madame May, échappaient à l'analyse de Simonnet par leur vie retirée et infertile en incidents : cependant l'employé avait tenté de faire parler les demoiselles Précharmant sur madame May, tant il avait à cœur de connaître à fond la succession Le Camus, l'héritage et les héritiers; mais les libraires avaient eu une seule fois la visite de madame May qui désirait faire venir de Paris une *Imitation de Jésus-Christ*, et cette visite remontait à dix ans. Là se bornaient tous les rapports des libraires et de madame May, qui resta longtemps devant les yeux de l'empoyé comme un objet d'étude. L'achat de l'*Imitation* indiquait un esprit porté à la piété : il était connu dans Origny que madame May allait tous les dimanches à la basse messe; mais elle ne faisait pas partie du cercle de ces dévotes exagérées qui se tiennent sous la chaire les jours de prêche, le plus près possible du prédicateur, afin de ne rien perdre de ses moindres gestes, de ses paroles, de ses mouvements de physionomie. Ayant eu quelquefois des rapports d'administration avec M. May, l'employé avait remarqué que la colère s'emparait tout à coup du chef de bureau, si par malheur quelqu'un s'avisait de lui présenter la plus légère contradiction. L'aspect chétif de madame May, la résignation peinte sur sa figure, son regard doux et souffrant, l'achat de l'*Imitation de Jésus-Christ*, démontrèrent clairement à Simonnet que, dès la première année de son mariage, la pauvre femme avait cherché dans les livres pieux des consolations aux soucis de son ménage; mais Simonnet se trompa en croyant que madame May souffrait de la présence de mademoiselle Bec dans la maison Le Camus.

Madame May s'aperçut assez rapidement des intrigues qui se liaient entre la demoiselle de compagnie et les héritiers des différentes branches : ce fut une sorte de conspiration où tout le monde pouvait être affilié, à la condition d'en reconnaitre tacitement mademoiselle Bec pour chef. Les Bonde n'eurent pas de grandes avances à faire à la demoiselle de compagnie, qui aimait mieux marcher suivie des parents que de lutter contre eux. Quel était le but de la conspiration? C'est ce que madame May ne put découvrir dans le principe, et il lui eût été difficile d'en connaître même les statuts les moins secrets ; car, sans le vouloir, cette jeune femme, douce et résignée, se posa en adversaire des conspirateurs.

Seule contre les Cretté-Cussonnière, les Cretté-Torchon, les Cretté-Lapoupou, les Bonde, les Carette! seule contre l'habile mademoiselle Bec! Il n'y a que les faibles de corps pour tenter de ces résistances généreuses dont personne ne leur tient compte.

Madame May agit vis-à-vis de la demoiselle de compagnie avec le même sentiment qui la poussait à se montrer moins expansive envers sa tante que si la chasse à l'héritage n'avait pas commencé depuis longtemps : feindre de l'amitié pour mademoiselle Bec, c'était mentir à sa conscience, s'abaisser, jouer une vile comédie. L'hypocrisie précoce des enfants que leurs parents envoyaient se jeter au cou de mademoiselle Bec, eût semblé à madame May un crime conseillé à son fils Édouard : sur ce point le mari était toujours d'accord avec sa femme, qui concentrait au dedans d'elle-même ses pénibles et dévorantes sensations, tandis que M. May éclatait en violentes paroles quand il songeait à la faiblesse de madame Le Camus, victime de ces manœuvres.

Un coup sensible fût porté à cette famille honnête par l'événement de la chambre aux ferrailles ; dès lors se dessinèrent ouvertement les partis, qui jusqu'alors avaient été enveloppés de brouillards favorables. Accusé par ses complices, mis en avant sans cesse par les cohéritiers, qui gardaient rancune à sa mère de ce qu'elle ne voulait pas entrer dans la conspiration, Édouard passa dans la maison Le Camus pour un de ces criminels audacieux dont on pouvait retrouver le portrait (toque en velours crénelée, grand panache, bottes molles, pantalon collant, manches à gigots, pistolets à la ceinture et grand sabre recourbé) en tête des romans noirs de la librairie Précharmant. *Schinderannes, le brigand du Rhin; Victor* ou *l'Enfant de la forêt*, ne renfermaient pas dans leurs dix volumes plus de forfaits que les bavardages des parents de madame Le Camus n'en accumulèrent sur la tête du fils de madame May. La sottise humaine peut aller si loin, quand elle est associée à la haine, qu'on accusait principalement Édouard d'avoir profané des ornements d'église, des objets consacrés, crime devant lequel s'était arrêtée la féconde imagination de Ducray-Duminil, chargeant ses héros des crimes les plus bizarres et les plus audacieux. Si la pluie troue les pierres les plus dures, une telle calomnie répétée avec insistance ne pouvait manquer d'agir à la longue sur l'esprit de madame Le Camus. Elle recevait toujours les mêmes personnes, elle entendait les mêmes opinions ; un esprit plus vigoureux que le sien en eût été influencé.

Il est à remarquer que ces accusations étaient lancées contre le fils de madame May, sans la participation de mademoiselle Bec, qui sortait aussitôt qu'elle remarquait l'entretien dirigé vers ce but ; quoique blessée de l'accueil réservé de madame May, la demoiselle de compagnie n'oubliait pas que son propre fils avait été doublement coupable, en s'emparant de la clef de la chambre aux ferrailles et en s'associant à la manifestation désordonnée de la soirée. D'ailleurs Édouard et Simon, depuis leur entrée au collége, étaient devenus tout à fait compagnons, et dans cette liaison, mademoiselle Bec avait saisi un côté utile qui lui permettrait de rejeter sur la tête d'Édouard les fautes que son fils pourrait commettre. Quoique les mères s'abusent souvent sur les qualités de leurs enfants, à de certains actes, la demoiselle de compagnie avait craint pour l'avenir de Simon. Il était dur, sournois, violent, rien ne pouvait se mettre en travers de ses désirs ; on l'eût pris pour un jeune garçon de seize ans à côté d'Édouard, qui était resté un enfant ; cette différence d'humeur et de tempérament faisait leur liaison, car Édouard était fier d'être protégé par un *grand*, qui imposait, par sa force et son regard, aux plus redoutables du collége, tandis que Simon s'amusait des gentillesses et des singeries de son ami Édouard. L'un combinait, l'autre agissait; de cette association bien entendue d'intelligence et de force, résultait une puissance unique devant laquelle tout le collége s'inclinait.

Simon ne s'inquiétait pas de la politique de sa mère et ne manquait pas d'administrer de rudes corrections au petit Carette qu'on appelait généralement *jésuite*. Son teint pâle, son œil baissé, sa voix même qui ne devait pas se développer plus tard, son apparence timide et sournoise en faisaient le souffre-douleur d'Édouard et de Simon; mais où Édouard employait la raillerie, Simon brutalisait ce petit être méprisable qui livrait aux professeurs les secrets de ses camarades. L'enfant s'était plaint à ses parents, mais l'horloger lui avait répondu :

— Sois aimable avec Simon, et il ne te fera pas de mal; surtout ne t'avise pas d'en parler chez ta tante Le Camus, car en rentrant tu aurais affaire à moi.

Il y a beaucoup d'hommes que la raillerie blesse plus que les mauvais traitements; les enfants, quoiqu'ils redoutent les coups, n'en sont pas moins sensibles aux blessures faites à leur amour-propre. Édouard blessait vivement le petit Carette par des imitations grotesques qui se répétaient dans le collége; celui-ci, se trouvant pris entre deux ennemis qui ne lui laissaient pas de répit, chercha à se venger d'abord d'Édouard en le dénonçant à ses parents, et en lui faisant porter la responsabilité des mauvais traitements dont Simon l'accablait. La famille May et la famille Carette ressentirent l'effet de ces divisions, et la mauvaise réputation d'Édouard auprès de madame Le Camus s'augmenta tous les jours de nouveaux traits, qui retombaient sur la tête de l'innocente madame May.

— Tout le monde se plaint de ton fils, disait la vieille tante à sa nièce; qu'est-ce qu'il a donc dans le sang?

— Il est pourtant bien doux à la maison; il aime à lire, à peindre, à faire de petits théâtres; au contraire, je trouve qu'il ne joue pas assez...

— Tu te trompes, ma nièce; au collége tout le monde le regarde comme un enragé, ses maîtres, ses camarades... Il passe son temps à se battre...

— Édouard est d'une douceur...

— Te voilà avec tes illusions; c'est ainsi que tu as élevé un diable dans un bénitier en croyant avoir un ange à côté de toi... Chacun pense comme moi...

— Mais, ma tante, je connais Édouard; il est léger, mais il a un fonds très-bon...

— Détestable! s'écria madame Le Camus; il n'y a que toi qui penses du bien de lui.

— Je suis fâchée, ma tante, de voir que vous êtes prévenue contre Édouard...

— Prévenue! s'écria madame Le Camus qui s'échauffait. Est-ce lui ou moi qui conduisait la bande dans la chambre aux ferrailles? A-t-il assez saccagé la maison! Demande à M. Brochon ce qu'il pense de ton fils. Tu ne me diras pas qu'un président ne s'y connaît pas... Tu es trop bonne, vois-tu, pour un pareil enfant; tu l'as perdu par la douceur. Ton mari ne vaut pas mieux que toi pour l'éducation; il est trop emporté et trop faible... Ah! je peux dire que je ne suis pas flattée d'avoir un pareil neveu! Heureusement les autres ne lui ressemblent pas.

A chaque visite, madame May constatait, par l'irritation de madame Le Camus, les coups nombreux qu'on avait portés contre son fils, et la pauvre mère rentrait chez elle pleine de chagrin, n'osant même pas s'épancher dans le sein de son mari qu'elle craignait d'irriter; cependant une circonstance survint qui eût pu réhabiliter momentanément Édouard dans l'esprit de sa tante.

VIII

L'ÉTANG DE BEAUREVOIR

A trois lieues d'Origny, M. Le Camus possédait un second château, qui surpasse en magnificences l'abbaye de la Trompardière, et par son étendue, et par son rapport. Le château de Beaurevoir est situé dans une vallée, au pied d'une montagne qui ne laisse rien à l'horizon; on y arrive par des chemins communaux qui feraient honte à la plus pauvre commune de France. Ces chemins, qui semblent des ruelles étroites de vieilles villes, sont appelés *voyettes* et ne méritent pas de titre plus retentissant; certainement, par l'influence considérable que M. Le Camus exerçait dans le pays, il eût pu pousser les conseils municipaux à voter une meilleure route; loin de là, il dépensait toute son autorité à laisser les chemins dans leur état sauvage. Ainsi il éloignait les visiteurs de son château; car, sauf la petite carriole d'osier, aucune voiture ne pouvait se tirer des mares, des ornières et des fossés qui entouraient la propriété de M. Le Camus de salutaires obstacles.

Les voitures pesantes des paysans en sortaient, grâce aux efforts des chevaux solides du pays; mais on avait peine à s'expliquer comment, depuis vingt-cinq ans, la petite carriole d'osier du riche propriétaire et sa maigre jument pouvaient résister à ces chemins creux, bordés de haies vives, hérissés d'obstacles. Jamais il n'arriva d'accidents à M. Le Camus, ni à son domestique, ni à mademoiselle Bec; aussi les paysans, attribuant à la carriole d'osier des ressorts d'enfer, la regardaient passer avec autant de surprise que le char à bancs du Diable.

Si le château était mal entouré par les routes, gêné par la montagne qui lui faisait face, il se développait sur la façade de derrière et sur l'aile de gauche. Une belle grille, d'un travail de serrurerie remarquable, servait de porte et conduisait à une grande cour où logeait le garde. L'avant-cour était séparée du bâtiment par de larges fossés remplis d'une eau saumâtre s'étalant paresseusement entre les murs de deux hauts parapets.

Le château de Beaurevoir montre sa façade avec deux pavillons faisant saillie à chaque aile du bâtiment : sur les deux étages de la maison se détache un clocher en ardoise renfermant une cloche, qui, à d'autres époques, dut sonner la joie et les festins; mais depuis la prise de possession de M. Le Camus, il était défendu de toucher à la grosse corde, qui, descendant à travers la cage d'un vieil escalier carré, était attachée par cinquante tours à un énorme clou. M. Le Camus n'aimait pas qu'on annonçât les repas avec fracas, et plus d'une fois le silence imposé à la cloche lui valut de précieuses économies dont il se faisait une fête intérieure.

A de certaines époques, il ne pouvait se dispenser d'inviter ses parents à venir au château de Beaurevoir, et il se plaisait à les entraîner dans les bois considérables qui entourent le château.

— On dînera à cinq heures précises, disait-il.

Mais, par toutes sortes de détours, il ne ramenait ses hôtes qu'entre six et sept heures du soir. La bande rentrait affamée et ne trouvait rien à se mettre sous la dent. M. Le Camus feignait d'entrer dans une violente colère contre son garde.

— Hein ! hein ! hein ! vous n'avez rien fait pour le dîner ? disait-il.

— Monsieur, répondait le garde, d'accord avec son maître, ne vous voyant pas revenir, j'ai cru que vous aviez poussé jusqu'au village.

M. Le Camus grommelait des *hein* nombreux.

— Tu as bien du fromage, ici ? disait-il à son complice ; à la campagne, du fromage, du vin et du pain, cela suffit.

Le vin semblait fabriqué avec les prunelles sauvages des haies voisines, et tirait les larmes des yeux ; mais personne n'osait se plaindre, M. Le Camus donnant l'exemple de la frugalité.

— Tu aurais bien pu sonner la cloche pour nous avertir, disait M. Le Camus à son garde.

— Ah ! monsieur, vous savez bien qu'elle est fendue malheureusement, et qu'on ne peut plus s'en servir.

La cloche était-elle réellement fendue ? On pouvait le croire en la comparant au bâtiment, dont la toiture s'effondrait, dont les tapisseries étaient moisies, dont les carrelages se disjoignaient. L'humidité semblait telle dans ce château abandonné, que les quelques lits du rez-de-chaussée donnaient des rhumatismes rien qu'à les regarder, tant les draps et les couvertures paraissaient mouillés.

On ne connut que plus tard les inventions admirables de M. Le Camus, qui, craignant que ses parents ne voulussent coucher au château, faisait mouiller, aussitôt leur arrivée, toutes les couchettes de la maison. Il permettait seulement à ses invités de se promener dans les grands jardins, à la condition de ne toucher ni aux fleurs ni aux fruits : dans des accès de générosité, il ordonnait qu'on amenât à Origny les fruits tombés, et en faisait des distributions, sans s'inquiéter s'ils étaient gâtés. A force d'être prié, il permettait de pêcher dans les fossés qui entouraient le château, mais c'était encore une de ses malices favorites dont l'imprudent visiteur était châtié, car M. Le Camus savait que celui qui goûterait de ses belles carpes conserverait toute sa vie une profonde horreur pour le poisson. Les fossés n'avaient pas été nettoyés depuis vingt ans ; il s'y était amassé une boue noirâtre et pestilentielle telle que les poissons s'en imprégnaient la chair ; les carpes vivaient en paix dans cet endroit malsain, et y engraissaient à merveille, mais elles y prenaient des odeurs boueuses si violentes, que ni la cuisson, ni les aromates, ni les piments ne pouvaient chasser cette senteur terrible à faire reculer un malheureux privé de nourriture depuis deux jours.

Il en était ainsi de toutes les productions du château de Beaurevoir : maison, animaux, fleurs, fruits ; M. Le Camus préférait la moisissure, le dépérissement, l'effondrement, aux réparations, à la cueillette, à l'entretien. Le peu de productions qui sortaient saines du château de Beaurevoir revenait à madame Le Camus, qui s'entendait, sans que son mari le sût, avec la femme du garde.

A peu de frais, le riche propriétaire eût pu entretenir son château ; mais il craignait les visites, et il aimait mieux la ruine que les visiteurs. Au premier étage, une immense pièce contenait un billard sur lequel il était défendu de jouer : c'était un de ces billards âgés d'un siècle, grand et large, lourd comme une machine à vapeur, dans les blouses duquel on eût fait tenir un petit enfant. Les flancs de ce vénérable billard de chêne s'ouvraient comme des armoires et pouvaient servir de logement à une avant-garde. Les lourdes et longues queues de chêne n'étaient maniables que pour des géants ; cependant M. Le Camus regardait l'énorme meuble comme une précieuse petite table de laque de Chine. Il frémissait quand quelqu'un s'en approchait, semblable à ces amateurs de curiosités qui, partagés entre le désir de faire admirer leurs tasses de vieux Sèvres et la crainte de les voir briser, ne les confient aux mains des visiteurs qu'avec des sueurs froides.

La *propriété* était la maladie de M. Le Camus, qui ne comprenait pas qu'on pût faire jouir des invités d'une chose qui ne leur appartenait pas. Par amour de la propriété, il traitait son corps comme un anachorète, et se refusait contre l'intempérie des saisons les plus petits soins, dont l'absence contribua sans doute à la violente maladie qui s'empara de lui dans la dernière période de sa vie. Madame Le Camus ignorait l'incurie dans laquelle était tenu le domaine de Beaurevoir, et il fallut plus tard l'activité de mademoiselle Bec pour empêcher le château de tomber en ruines : quatre fois par an elle allait y procéder à d'énormes lessivages pour le service de la maison d'Origny, et elle y emmenait son fils Simon, Édouard May et Thérèse.

Une fois occupée à reconnaître l'état des lieux, à se faire rendre compte des réparations par le garde, à diriger les lessiveuses, elle laissait les enfants courir à leur aise dans le grand jardin qui s'étend à gauche du château. L'amour de la plastique qui dirigeait M. Le Camus dans la décoration de ses propriétés, l'avait amené à placer dans un angle, près du colombier, une statue de plâtre de grandeur naturelle, qu'on appelait *M. le Curé*. C'était un homme assis, habillé de noir des pieds à la tête, en culotte courte, en bas de soie, en habit à la française, coiffé d'un chapeau rond à larges ailes. Il tenait un livre dans lequel il semblait lire assidûment, son autre main s'appuyait sur sa cuisse ; sa figure rose, ses yeux bleus, ses cheveux noirs bouclés en faisaient un charmant personnage si bon et si dévoué que les enfants se permettaient de s'asseoir sur ses genoux. M. Le Camus lui-même s'était pris d'une telle amitié pour cet honnête curé, qu'il avait fait construire au-dessus de sa tête un toit protecteur de fer-blanc, afin que ni la pluie ni la neige ne pussent altérer la fragile enveloppe de plâtre peint qui constituait sa personnalité.

A peine descendus de la carriole, Édouard et Thérèse couraient rendre visite à M. le Curé, qu'ils traitaient en grand-oncle bienveillant : ne le voyant que quatre jours dans l'année, ils ne s'en fatiguaient pas, et chaque visite à la statue était une sorte d'hommage respectueux qui se changeait bientôt en libres familiarités. Aussitôt que mademoiselle Bec était entrée dans le château, Édouard et Thérèse couraient aux arbres fruitiers et les remuaient avec une ardeur qui eût galvanisé les membres paralysés de M. Le Camus s'il avait pu assister à ces maraudages : Thérèse emplissait de fruits son jupon, Édouard ses poches et sa casquette, et ils allaient d'un commun accord faire une première collation sur les genoux de M. le Curé, qui semblait sourire de son regard bleu clair, et n'en continuait pas moins son intéressante lecture. Grimpés tous les deux sur ses cuisses, la figure rayonnante d'exercice, le front en sueur, les cheveux en désordre, la bouche souriante, disposée à croquer les fruits moins brillants que leurs lèvres, les deux enfants se cramponnaient après les bras du bon curé qui devenait un complice innocent de leur gourmandise.

— Regarde la belle pomme, disait Thérèse en faisant reluire aux yeux d'Édouard un fruit rouge et brillant.

Édouard avançait la main.

— Ah! ce n'est pas pour toi, c'est pour M. le Curé. Monsieur le Curé, veux-tu de la pomme?

Et Thérèse approchait le beau fruit des lèvres de l'innocent pasteur.

— M. le Curé n'a pas de couteau, disait Thérèse en mordant dans la pomme et en la séparant par moitiés, qu'elle continuait d'offrir à l'ecclésiastique.

Mais M. le Curé ne se laissait pas tenter par la petite fille d'Ève, qui, pour se venger, le diffamait aussitôt :

— M. le Curé n'a plus de dents, il ne peut pas mordre dans les pommes.

— Moi, je mange la part de M. le Curé, s'écriait Édouard en s'emparant tout à coup de la moitié de pomme que Thérèse présentait à la statue.

— Ah! ce n'est pas bien de manger la part de M. le Curé.

— Tout à l'heure je lui donnerai des fraises.

Pour rendre le brave homme complice de cette *dinette*, Édouard frottait la figure, embarbouillait le nez et les lèvres du curé de jus de fraises et de groseilles. Si M. le Curé n'avait pas eu la figure supérieurement vernie, à la suite de ce repas il fût devenu d'une pâleur mortelle, car Thérèse procédait à sa toilette après la dinette, et lui lavait la figure pour qu'on ne s'aperçût pas qu'il avait tant mangé. C'étaient alors des conversations enfantines, des propos malins que les enfants tenaient à la statue, fiers tous deux d'avoir entraîné un personnage si grave à partager le fruit de leurs rapines. M. le Curé était accusé d'avoir trop mangé, d'être un gourmand, de s'emparer des meilleurs fruits du jardin, de grimper sur les arbres, de les secouer, de casser les branches des noisetiers; enfin tous les dégâts commis par Édouard et Thérèse étaient mis avec une effronterie sans égale sur la tête de l'innocent lecteur de bréviaire.

— M. le Curé a assez mangé, s'écriait Thérèse pour faire cesser le repas. Alors elle entraînait Édouard dans le jardin et saccageait toutes les plates-bandes pour en rapporter d'énormes paquets de fleurs. Assise au pied de la statue, Thérèse faisait des bouquets et les plantait dans l'habit du curé, afin de lui faire oublier les calomnies qu'elle avait tenues sur son compte. Les enfants souhaitaient la fête à M. le Curé, l'embrassaient, tressaient des couronnes dont ils ornaient son chapeau à larges bords : c'était merveille que de les entendre débiter leurs malices à une honnête statue de plâtre qu'ils finissaient par croire animée.

Quant à Simon, d'une nature moins poétique et moins spirituelle, il ne s'inquiétait pas de M. le Curé ni des scènes joyeuses auxquelles il donnait carrière; il assista un jour au banquet qui se donnait en son honneur, mangea une bonne partie des provisions sans en offrir à la statue, et ne comprit pas les malices de ses camarades. Il préférait courir après les animaux de basse-cour, s'introduire dans les poulaillers, tracasser les canards dans leur mare et se faire donner des coups de sabot par un âne boiteux enfermé à l'écurie. Grimper aux arbres, lancer des pierres contre les oies de l'étang, tirer des coups d'un pistolet qu'il avait gardé depuis l'invasion de la chambre aux ferrailles, telle était la conduite de Simon au château, à moins qu'il n'allât se promener dans le village voisin pour y chercher querelle à de petits paysans. Aussi Édouard et Thérèse le laissaient-ils à ses expéditions sans s'inquiéter de le suivre, leur nature ne les poussant pas à se battre, à grimper aux arbres, à tirer des coups de pistolet.

Le repas du curé terminé, d'un commun accord, ils jouaient à la cachette dans les grands bâtiments qui servaient de grange, de fointier, et leur plus grande joie était de s'enterrer dans les bottes de foin, de s'appeler, de se retrouver et de s'embrasser.

A douze ans, il existait entre ces deux enfants une si vive amitié, que Thérèse fut presque malade quand ses parents voulurent l'empêcher de revoir Édouard, à la suite de l'aventure de la chambre aux ferrailles. Madame Cretté-Cussonnière voyait dans cet événement un fait qui témoignait des mauvaises dispositions d'Édouard pour l'avenir; elle ne se souciait pas d'engager une liaison avec madame May, dont la vie modeste et retirée contrastait tristement avec le luxe du marchand de bois. Édouard venant trouver Thérèse, Thérèse allant chez madame May, engageaient toujours les deux familles dans quelques relations ; mais madame Cretté-Cussonnière, de concert avec son mari, redoubla de morgue vis-à-vis de la femme de l'employé, dont la susceptibilité était connue. Il en résulta que madame May défendit à son fils d'aller dans la maison du marchand de bois rendre visite à Thérèse, qui déjà se faisait grande ; mais les enfants, ne pouvant sonder le fossé social qui séparait leurs parents, se retrouvaient toujours aux offices, aux instructions religieuses et à la sortie de pension. A l'âge de Thérèse, la fortune de son père n'avait encore aucun prix pour elle ; le mot *argent* n'entre dans le dictionnaire des femmes qu'entre dix-huit et vingt-deux ans.

Si Thérèse était élevée dans des habitudes de luxe, si sa mère lui enseignait chaque jour un article du code de la coquetterie, l'enfant ne paraissait pas d'intelligence à comprendre la différence de toilette entre une fille pauvre et une demoiselle riche. Elle garda longtemps son insouciance, sa gaieté, ses allures enfantines, et elle finit par faire lever l'interdit qui pesait snr la tête d'Édouard. Tous les dimanches il continua à être admis dans la famille du marchand de bois, et madame Cretté-Cussonnière ne mit plus d'obstacle à ce que Thérèse allât au château de Beaurevoir en compagnie de mademoiselle Bec.

Thérèse fut peut-être sauvée des coquetteries qui rendent toute enfant ridicule en se rencontrant chez sa tante avec Zoé Bonde, l'aînée de la famille. A douze ans, mademoiselle Zoé, longue et mince, se tenait roide, les yeux baissés, sans faire aucun mouvement. Madame Bonde avait enseigné à sa fille l'art *de faire la demoiselle*. A la voir, on eût cru qu'elle s'attendait à recevoir la visite d'un futur, à être demandée en mariage; elle avait attrapé, sans doute en regardant des gravures de modes étalées à la porte de la principale couturière d'Origny, de certains airs de bouche, moitié compassés, moitié souriants, que madame Bonde ne pouvait se lasser de faire admirer, parlant toujours avec enthousiasme *de la bouche en cœur de sa demoiselle*. Plus d'une fois Thérèse avait pris la main de Zoé pour l'entraîner dans le jardin de sa tante; la main et le bras retombaient aussitôt dans une pose immobile longuement étudiée.

— Tu ne veux pas jouer? demandait Thérèse.

Mais il y avait un tel air de mépris sur les lèvres de Zoé, que Thérèse finit par ne plus s'en inquiéter et laissa désormais sa cousine avec les grandes personnes.

Le président Brochon était toute admiration pour cette *demoiselle* si sage qui écoutait, disait-il, les conversations avec fruit : la vérité est que mademoiselle Zoé ne comprenait guère plus les grandes discussions du salon jaune que les poupées fichées sur un pied de bois avec lesquelles elle avait quelque ressemblance. Madame Bonde n'avait pas le sentiment du beau et choisissait, pour sa fille, des étoffes qu'elle disait avoir de l'éclat, et qui n'étaient que voyantes; quoique femme, elle ne comprenait pas la loi de contraste des couleurs, et son œil n'était pas blessé de la dissonance brutale qui existait entre le chapeau bleu de ciel et la robe rose de mademoiselle Zoé. Seulement elle avait remarqué qu'ainsi vêtue sa fille se voyait de loin, et son enthousiasme maternel y puisait de vives satisfactions. L'événement qui arriva au château de Beaurevoir fut, pour madame Bonde, le sujet de longues conversations dans lesquelles la personnalité de Zoé apparut fréquemment.

Au dernier voyage que fit mademoiselle Bec à la maison de campagne, suivant son habitude, elle laissa les enfants s'ébattre dans le jardin. Comme de coutume, Simon errait seul après avoir envoyé des pierres aux oies de l'étang ; après la visite à M. le Curé, Édouard et Thérèse ouvrirent une porte de jardin, quoique la demoiselle de compagnie leur en eût fait la défense formelle. Le jardin était entouré de murs et la porte donnait sur un grand bois longeant un étang appartenant à M. Le Camus ; des allées de hauts peupliers encadraient l'étang, sur lequel flottait une pauvre barque qui se pourrissait tous les jours. Une petite île verdoyante coupait la monotonie de l'étang par quelques arbres qui poussaient à leur fantaisie ; l'étang n'était pas plus souvent curé que les fossés de la cour d'honneur, et les nénuphars, les roseaux, les mille plantes aquatiques étalaient mollement à la surface leurs grandes feuilles paresseuses sur lesquelles se promenaient des milliers d'insectes. Édouard et Thérèse contemplèrent longuement le jeu du soleil dans l'étang, les regards curieux des grenouilles qui sortaient subitement leurs têtes et se replongeaient avec délices dans l'eau trouble. A plat ventre sur le gazon, ils ressentaient délicieusement les caresses d'un soleil ardent et trouvaient plaisir à se mirer dans l'étang, à agiter les roseaux, à tremper leurs mains dans l'eau, à mille fantaisies que la nature inspire. Édouard ayant l'idée d'entrer dans l'étang, ôta ses souliers, ses bas, et retroussa son pantalon au-dessus des genoux ; Thérèse, loin de s'opposer à cette fantaisie, l'y poussait, car elle manifestait le plus grand désir de posséder une grenouille narquoise aux yeux de rubis, qui semblait la défier en paraissant et disparaissant sans cesse.

Pendant qu'Édouard procédait à sa toilette, un troupeau d'oies s'avançait gravement dans l'avenue de peupliers. Qui eût pensé que, malgré l'ordre qui régnait dans leurs rangs, malgré le balancement plein de dignité imprimé à leurs corps, malgré l'apparence de sagesse et de gravité de leurs regards, ces dix oies méditaient un projet audacieux ! Arrivées à la hauteur des enfants, elles s'arrêtèrent brusquement dans l'avenue des peupliers et se mirent à descendre la pente de verdure qui sépare l'allée de l'étang, posant avec précaution leurs larges pattes jaunes sur le tapis d'herbes et de marguerites, sans qu'Édouard et Thérèse se doutassent de leur approche. Se disposant en armée régulière, l'une des oies sembla prendre le commandement et marcha en avant, tandis qu'une autre formait une sorte d'arrière-garde derrière ses huit compagnes qui s'avançaient sur une seule ligne. Depuis longtemps les oies avaient à se venger des coups de pierre que leur envoyait Simon dans son désœuvrement. Peut-être leur faible intelligence ne leur permit-elle pas de distinguer Édouard de Simon; peut-être, tranquilles jusqu'alors, voulurent-elles donner un exemple aux audacieux qui troublaient leur solitude! Sans pousser le moindre cri, le chef des oies s'empara d'un des souliers d'Édouard et se sauva en faisant volte face dans l'avenue des peupliers; mais Thérèse, qui avait vu l'action :

— Édouard, ton soulier, les oies! s'écria-t-elle.

Elle fut punie de cette dénonciation, car l'oie de l'arrière-garde s'avança vers elle menaçante, les ailes frémissantes, poussant un cri de guerre, et lui porta à la main un violent coup de bec. Instinctivement, Thérèse s'était reculée; fuyant un danger pour tomber dans un plus grand encore, elle quitta le gazon, son pied rencontra le terrain gras et argileux, détrempé par les eaux, et elle glissa dans l'étang. Édouard, qui poursuivait l'oie voleuse, entendit le bruit de la chute et accourut en toute hâte se jeter à l'eau : sans raisonner son action, il put saisir encore la main de Thérèse, et, par un effort surhumain, il la redressa et tint sa tête hors de l'eau; puis il poussa des cris de détresse, car le terrain descendait en pente rapide et il se sentait attiré vers le fond de l'étang... Sa main gauche était crispée autour de la taille de Thérèse, tandis que, de la droite, il saisissait les roseaux qu'il étreignait par poignées. La vieille barque était à dix pas de là ; mais comment y arriver avec des angoisses si cruelles, en portant une enfant évanouie ?... Les cris qu'il poussait diminuaient ses forces ; les roseaux se brisaient dans ses mains ; son bras gauche se roidissait en tenant Thérèse ; les efforts violents qu'il faisait pour appuyer sa jambe sur un terrain solide devaient encore aggraver le mal. Il se sentait enfoncer lentement, lentement... et le soleil, à ce moment suprême, semblait briller plus radieux ! Enfin, dans un effort désespéré, Édouard sentit un objet dur ; c'était une grosse pierre provenant d'un égout effondré. Il put y poser ses pieds et respira longuement... Encore quelques enjambées, et il arriverait à la barque ! Il continua de crier au secours ! à force de tâtonnements dans l'eau, il trouva des moellons, et il arriva à temps à la barque, où il déposa Thérèse, d'abord, et se jeta ensuite, non sans frémir, car elle était à moitié remplie d'eau et le choc qu'il venait de lui donner avait cassé le pieu qui la retenait à la rive.

— Au secours, au secours ! cria-t-il une dernière fois en apercevant à l'autre extrémité de l'étang le garde qui faisait sa tournée. Déjà le poids des deux enfants faisait crier les planches, l'eau montait, la barque s'enfonçait... Thérèse était évanouie... Enfin le garde arriva en courant à toute haleine ; il put saisir le bout de corde qui pendait dans l'étang, tira la barque à lui et déposa en jurant Édouard et Thérèse sur le gazon.

IX

LA FAMILLE BONDE

La famille Bonde demeurait dans l'impasse des Chantres qui avoisine la cathédrale. Il était difficile de trouver dans Origny un ménage moins d'accord; les différences entre les deux époux étaient aussi grandes au moral qu'au physique. L'énorme madame Bonde semblait avoir enlevé une grande part dans l'économie de son mari, petit, chétif et fluet. Trois mentons blancs et roses descendaient sur la collerette de madame Bonde, tandis que le petit os pointu du mari aurait pu à peine s'appeler un menton, s'il n'avait offert une courbe assez prononcée qui donnait envie de s'y asseoir comme dans un fauteuil. Les gros yeux bleus de madame Bonde étaient en saillie, ceux de son mari en creux. Si M. Bonde eût été de la même taille que sa femme, on l'eût comparé à un moule dont madame Bonde était le relief, car ses charmes se dessinaient très-accusés en ronde-bosse, sans qu'il soit nécessaire de détailler isolément ces formes imposantes. Au logis, la dame était une tempête; le mari à peine un zéphyr. Assis sur une petite chaise au coin du feu, M. Bonde pouvait passer pour le fils malingre de la grosse personne qui s'agitait, roulait et criait sans cesse. Il résulta de cette union des enfants d'une nature particulière, un fils et une fille qui furent les portraits exacts de leurs parents. Mademoiselle Zoé, maigre et élancée à l'âge de douze ans, prit plus tard un embonpoint considérable; mais Casimir Bonde tenait de son père par son aspect malingre que l'absence d'exercice contribua à maintenir. M. Bonde, le père, avait la manie de la science, et dans ce corps frêle était enfouie une sorte d'encyclopédie qui exerçait une fâcheuse influence dans les maisons où il se trouvait. M. Bonde voulait savoir le *pourquoi* et le *comment* de tout, et il en résultait des lectures immenses dans des livres à la portée des gens du monde, dont le pauvre homme, qui prétendait connaître la chimie, et la physique, et la géologie, et l'histoire naturelle, et l'anatomie, et l'astronomie, et bien d'autres choses encore, ne garda dans son cerveau que quelques phrases banales qui étonnaient les gens d'Origny, mais qui produisirent chez son fils un amalgame de connaissances trop considérables pour un enfant.

Madame Le Camus était étonnée qu'autant de science pût se loger dans une aussi petite enveloppe que celle de M. Bonde; mais il ne digérait pas, pour ainsi dire, ses connaissances. Aussitôt qu'il avait lu un livre, M. Bonde ne réfléchissait pas, et n'absorbait pas le fruit de ses lectures : sa jouissance était de les rendre immédiatement, d'en parler et de se poser en savant. Au bout de huit jours de mariage, madame Bonde signifia à son mari qu'il eût à chercher des auditeurs en ville; tant de science la révoltait.

— Je n'y comprends rien, dit-elle, tu me feras éclater la tête.

Les destinées se déterminent quelquefois par des hasards singuliers; si la femme de Galvani n'eût pas eu mal à la gorge, ce qui nécessita du bouillon de grenouilles, le *galvanisme* n'eût pas été trouvé. Un faiseur de tours de gobelets, se disant physicien ordinaire du roi de Portugal, passa par Origny alors que M. Bonde atteignait sa dix-septième année; la physique amusante intéressa extraordinairement l'esprit candide du jeune homme qui prit quelques leçons du physicien. Pendant trois ans, M. Bonde fit les délices des soirées bourgeoises en transportant ses cartes enchantées, ses gobelets à double fond, dans des maisons où les maîtresses ne savaient à quoi passer leur temps. Au bout de trois ans, les mêmes tours, constamment répétés, firent que M. Bonde lui-même sentit ses succès faiblir, et essaya d'ajouter quelques cordes nouvelles à son arc; s'étant lancé dans la lecture de vieux volumes de physique qu'un prêtre lui donna, il ne trouva pas dans cette science positive de quoi intéresser les bourgeois de la ville. De la physique, il passa à la chimie, car il découvrit à la bibliothèque de la ville un vieux livre de *secrets*, qui le posa dès lors comme un excellent homme de ménage. Il allait dans les maisons, racontant tantôt le moyen de faire mourir les mouches, tantôt le secret de rendre le lustre aux étoffes de soie; il confiait aux maris qu'il était possesseur de pierres magiques pour enlever les taches. Vis-à-vis des mamans, il se faisait fort de raccourcir de moitié les opérations nécessaires au lessivage, en même temps que le linge serait plus blanc. Il voyait de gros bénéfices à tirer des vieux linges, vieux morceaux d'étoffes, peaux de lapins, bouteilles cassées qu'on a l'habitude de vendre pour presque rien au marchand de *ter-loques*. M. Bonde devint le jeune homme à la mode d'Origny, grâce à la rare adresse qu'il eut de ne pas livrer ses *secrets;* mais il parlait avec tant d'assurance de ses découvertes que chacun le croyait. Les mères voyaient dans M. Bonde un trésor pour la famille qui pourrait faire entrer dans son sein un tel savant; c'est ainsi qu'il épousa une fille de bourgeois, qui lui apporta cinquante mille francs et une affection médiocre; mais les parents estimaient à plus de cent mille francs les connaissances de ce jeune homme qui n'allait pas au café, ne dansait pas, et vivait dans les livres.

La noce fut belle et nombreuse en invités; dès le lendemain, la belle-mère de M. Bonde se précipitait dans la chambre à coucher, autant pour satisfaire une ardente curiosité scientifique que pour avoir des nouvelles de sa fille.

— Nous ferons le blanchissage après demain, dit-elle à son gendre ; on a sali énormément de linge à ce repas, et je serai bien aise de connaître un de vos fameux secrets.

— Avec plaisir, chère belle-mère, dit le nouveau marié, qui s'était engagé à livrer tous ses secrets à la nouvelle famille dans laquelle il entrait.

En effet, il rompit aussitôt avec les douces habitudes de la lune de miel pour se livrer à une composition chimique, qui, précipitée dans la lessive, devait en hâter la confection. Son livre de *secrets* à la main, une fiole de l'autre, l'œil allumé par cette importante opération, M. Bonde inspira réellement du respect à sa nouvelle famille. La liqueur est versée dans la cuve, une odeur épouvantable se répand dans la cuisine. L'eau frissonne d'abord, bouillonne au contact de cet élément étranger introduit tout à coup dans une opération domestique.

— Tout va bien ! s'écrie M. Bonde inspiré, pendant que la famille assemblée fronce les narines émues par une telle odeur.

Cependant les vapeurs augmentent, on est obligé de quitter la cuisine ; M. Bonde est au comble de l'enthousiasme.

— Ce sont, dit-il, les miasmes délétères que ma liqueur force impérieusement de sortir du linge.

Enfin, au bout de deux heures, quand la maison est remplie de vapeurs malsaines, pénétrantes et subtiles, qui se glissent partout, ternissent le vernis des meubles, altèrent le tain des glaces, M. Bonde annonce l'heureuse terminaison de l'opération.

Si le mariage avait pu être cassé, M. Bonde serait resté garçon après cette entreprise. Tout le linge fut tacheté de tons rougeâtres mélangés de vert qui firent pousser des exclamations sans nombre à la belle-mère ainsi qu'à la femme du nouveau marié. Ce linge précieux, pour lequel on a tant de respect en province, était perdu pour toujours ; il y avait impossibilité d'utiliser désormais des serviettes et des nappes qui eussent été moins endommagées si on s'en fût servi pour nettoyer des machines à vapeur. Une partie du trousseau de la mariée avait été détruite en un clin d'œil, car le linge gâté par les imaginations chimiques de M. Bonde était du linge merveilleux dont on avait fait étalage pour la noce : de même que ces robes de mariée qui passaient jadis de génération en génération et qu'on ne revêtait qu'une fois, au bal de noces, le linge de table damassé provenait de la grand'mère de madame Bonde qui comprit dès lors à quel étrange savant sa famille l'avait liée pour le reste de ses jours.

— Si je ne me retenais, disait la belle-mère à son gendre, je porterais une plainte au procureur du roi.

— Ce n'est pas de ma faute, disait M. Bonde se retranchant derriere le livre de secrets.

— Oui, monsieur, on pourrait obtenir une séparation de corps, vous avez fait pis que battre ma fille !

— Écoutez-moi, chère belle-mère...

— Ne m'appelez pas chère, monsieur ; je ne suis pas votre chère, je ne vous connais pas...

— Je l'avais lu dans le livre...

— Avec vos grimoires... ôtez-moi ce livre des yeux, il me fait horreur ! Celui qui a composé un livre pareil savait ce qu'il faisait ; vous ne le saviez pas, et vous ne deviez pas vous fier à un sorcier peut-être, qui a juré la perte du linge de ménage... Si vous commencez ainsi, que sera-ce dans la suite ? A qui ai-je donné ma fille, Seigneur ?

— J'avais oublié quelque chose dans l'opération ; voyez,

ma belle-mère, il y a dans le livre : « Après deux heures de macération du linge, en y ajoutant un bouquet de fleurs de lavande et un fiel de grenouille vierge, l'opération sera faite... »

— Mon Dieu, s'ecria la belle-mère en joignant les mains, vous osez encore me parler de votre livre! tenez voilà le cas que j'en fais.

D'un geste prompt, elle s'empara du volume et le jeta dans le feu, où disparurent en fumée tous ces secrets précieux dont M. Bonde déplora constamment la perte.

Cette aventure fit scandale dans la ville, et chacun en tira des conséquences fâcheuses pour l'avenir matrimonial de M. Bonde.

— Vous avez eu tort, M. Bonde, disait le président Brochon au pauvre mari qui ne recueillait que des brocards sur son passage; si madame votre belle-mère eût pensé à vous faire interdire, je ne vous cache pas que je vous aurais condamné.

— Moi que vous croyais si doux, disait madame Le Camus à son nouveau parent. Deux jours après votre mariage, vous allez troubler la tête de ma nièce; voilà bien la jeunesse d'aujourd'hui, elle ne doute de rien.

— J'ai failli en faire une maladie, s'écriait madame Bonde.

Le banquier Crimotel déplorait la perte d'un si beau service de table.

— Il est bon d'être savant, mon neveu, disait madame Le Camus, mais pas trop; la science ne mène à rien dans les ménages... C'est comme cet homme qui voulait monter dans un ballon (montrant sa pendule aéronautique d'un geste), il est tombé sur un toit et s'est enfoncé les côtes... Je n'aurais pas voulu être la femme de cet homme-là, parce qu'après tout un mari est fait pour rester à la maison, pour la conduire, élever honnêtement ses enfants, et s'il s'en va courir les champs à la découverte et qu'on le rapporte broyé, une femme, si méchante qu'elle soit, n'est pas contente.

— Certainement, ma tante, disait M. Bonde.

— C'est une leçon, n'est-ce pas, mon neveu? disait madame Le Camus qui ne désirait que la paix dans les ménages; je pense que vous n'avez plus envie de faire des découvertes.

— Croyez bien, ma tante, que je n'ai pas l'intention de monter en ballon.

— J'en suis certaine; mais toutes les inventions se ressemblent, monsieur Bonde; on a déjà trop inventé. Est-ce que nous ne mangeons pas du pain tous les jours?

— Vous avez raison, madame Le Camus, disait le président Brochon; il en est de même pour les gouvernements... Il y a des gens qui osent encore parler de république.

— Oui, une belle invention que votre république de 89! s'écria madame Le Camus; Dieu garde les honnêtes gens de revoir de pareils excès?

Là-dessus M. Brochon, qui voulait la croix d'honneur, chanta les louanges des Bourbons, et le petit salon jaune retentit d'acclamations en faveur de Louis XVIII. Comme madame Bonde allait embrasser sa tante :

— Ton mari n'est pas méchant, lui dit-elle; qu'il vienne souvent me voir, je le formerai; il entendra M. le président Brochon, et tu verras que tu auras un bon mari.

En effet, pendant plusieurs années, M. Brochon se montra le modèle des époux, et parut se débarrasser de l'habit scientifique sous lequel il s'était montré le lendemain de ses noces; mais la science cachée au dedans du petit homme chétif le tourmentait et demandait un écoulement. Un fils survint, qui sembla enlever une partie des agitations cachées de M. Bonde; émerveillé de la ressemblance qui existait entre lui et cet enfant, M. Bonde s'écria plus d'une fois, seul :

— J'en ferai un savant.

Ce n'était pas qu'il rêvât pour son fils un nom glorieux et les palmes de l'Institut ; M. Bonde n'avait pas de telles ambitions. Grâce à l'éducation qu'il se promettait de faire donner à son fils, M. Bonde espérait pouvoir faire entrer à la maison instruments de physique et de chimie, bibliothèque de livres de secrets merveilleux, sans que sa femme pût s'en offenser. Dans cet espoir, il fit cadeau au petit Casimir de jeux savants, tels que cartes de géographie en jeux de patience ; à deux ans il lui apprit à lire ; à trois ans, l'enfant jouait au piquet avec son père, afin de réfléchir et d'apprendre à compter. M. Bonde s'était lié avec les principaux professeurs du collége, et les invitait en soirée, pour que Casimir, dès son plus jeune âge, entendît des discours sérieux, et pût se pénétrer déjà de quelques mots extraordinaires.

Madame Bonde, qui veillait au maintien de *sa demoiselle* (car elle ne l'appelait jamais *ma fille*), laissait son mari suivre sa pente naturelle ; mais au genre d'occupations que lui ménageait son père, l'enfant qui jouait rarement, qui forçait son faible cerveau à comprendre les paroles ambitieuses et pédantes des professeurs du collége, devint plus chétif encore que M. Bonde. A quatre ans, ses yeux bleu pâle, enfoncés dans des paupières plus bleues que ses yeux, son teint blanc et maladif firent que madame Le Camus s'en affecta.

— Comme tu es pâle, Casimir, dit-elle.

— Je n'absorbe sans doute pas assez d'oxygène, répondit l'enfant.

— Plaît-il ? demanda la tante qui crut entendre parler une langue étrangère.

L'enfant répéta tranquillement :

— Je n'absorbe pas assez d'oxygène.

Madame Le Camus, qui avait la tête baissée, la releva

lentement, et son œil brilla sous son garde-vue de taffetas vert.

— Monsieur Bonde, expliquez-moi un peu ce que me dit Casimir : je n'y comprends rien. Je le trouve pâle.

— Mon fils a raison, ma tante : il sait que l'oxygène absorbé par la respiration change la couleur du sang en le faisant passer d'un rouge foncé à un rouge vermeil.

— Plaît-il ? s'écria madame Le Camus.

— Oui, ma tante, continua M. Bonde, ce changement porte principalement sur l'enveloppe extérieure des globules du sang, seule partie qui soit colorée.

Madame Le Camus toussa afin d'arrêter M. Bonde dans ses démonstrations.

— Je n'avais jamais entendu parler de ça ; jamais, jamais. Grand'maman Eulalie n'avait point bon teint, surtout vers la fin de sa vie ; elle était plutôt jaune que pâle, mais on n'a jamais dit pareille chose de sa figure... Décidément, on veut tout changer aujourd'hui, jusqu'à la conversation, et il est temps que je m'en aille ; car si cela continue, dans dix ans d'ici, je ne comprendrai plus les gens qui me parleront.

— Ma chère tante, dit M. Bonde, pardonnez-moi, ce sont les savants qui parlent ainsi, les médecins.

— Casimir est donc médecin ? s'écria-t-elle ; à quatre ans !

— Pas encore, ma tante, mais déjà mon fils sait certaines choses que peut-être beaucoup de médecins ne savent pas.

— Mon neveu, dit madame Le Camus, vous feriez mieux de laisser courir Casimir au soleil que de lui faire respirer si jeune l'odeur des vieux livres.

— Ma tante, je laisse mon fils suivre son penchant.

— Est-ce vrai, Casimir ? demanda madame Le Camus.

— Oui ; ma tante, et, si vous voulez, je vous dirai lequel vaut mieux d'être mouillé ou sec pendant l'orage.

M. Bonde se frottait les mains.

— Cela ne me servira pas beaucoup, dit madame Le Camus, à moi qui ne sors jamais.

— Mon fils, dit le père, tu pourrais dire plus utilement à ta tante dans quelles parties d'une maison il est le plus dangereux de rester pendant un orage.

— Parce que, dit Casimir en hésitant ; parce que... le clocher...

M. Bonde fit claquer sa langue.

— Il n'est pas question de clocher, mon fils, attention !

— Les sonneurs sont en danger d'être foudroyés, dit Casimir.

— Ah ! mon fils ! tu n'y es pas... Comment, tu offres à ta tante de lui expliquer l'endroit d'une maison où il vaut mieux se tenir l'orage, et tu parles de clocher d'église, de sonneurs. Tu brouilles les questions.

— Laisse-le donc tranquille, cet enfant, dit madame Le Camus.

— Pardonnez, ma tante, quand on pose soi-même les questions, il faut les résoudre... Allons, mon fils, réfléchis... Il n'est pas inutile, vous comprenez, madame Le Camus, de connaître ces particularités ; on peut être si vite tué par la foudre.

— Je n'ai jamais rien fait contre les orages, et vous voyez que je n'en suis pas morte.

— Eh bien, mon fils, as-tu trouvé ? Allons, je vais te poser une autre question, également fort importante pour la sûreté personnelle. Est-il bon de tirer une sonnette pendant l'orage ?

— Oui, papa, dit Casimir.

— Oui ! s'écria M. Bonde ; oui ! tu oses me dire oui, ignorant. Rentre en toi-même. Tu me fais venir la sueur au front... Ma tante, à la maison, mon fils ne se trompe jamais ;

il s'intimide facilement dehors... Dis, mon fils, et que tout soit terminé...

— Non, s'écria l'enfant..

— Non quoi ?

— Non, papa, il ne faut pas sonner les sonnettes pendant l'orage.

— A la bonne heure, reprit M. Bonde rayonnant ; dis-nous pourquoi ?

L'enfant hésitait.

— Parce que... reprit le père.

— Parce que, dit l'enfant.

— Les fils d'archal... mon fils,

— Les fils d'archal, reprit Casimir.

— Les fils d'archal... voyons donc, mon fils, tu fais mourir ton père à petit feu... sont d'excellents conducteurs.

— Conducteurs, reprit Casimir.

— Et... reprit M. Bonde en appuyant fortement sur chaque mot et en les isolant : et... que... la... foudre... en... suivant... ces fils... pourrait... passer... dans... la... main... et... la... blesser... Mon fils, je te ferai donner le fouet, en rentrant, par ta mère.

— Monsieur Bonde, je vous en prie, ne maltraitez pas cet enfant. Comment voulez-vous qu'à quatre ans il connaisse quelque chose aux éclairs, aux sonnettes, aux clochers... Vous voulez donc le rendre simple ? Mademoiselle Bec, donnez-lui un morceau de sucre d'orge.

— Eh bien, ma tante, mon fils n'aura pas le fouet, s'il veut vous dire pourquoi le bois sec brûle mieux le bois vert.

— Alors, dit madame Le Camus, il n'aura pas le fouet, ce n'est pas difficile ; certainement le bois sec brûle mieux que le bois vert.

— Oui, ma tante, dit l'enfant qui croquait un sucre d'orge.

— Dites donc, mademoiselle Bec, reprit madame Le Camus, souriant de la question, M. Bonde veut se moquer de nous, vraiment.

Un pâle sourire passa sur les lèvres de la demoiselle de compagnie, qui, dans le salon jaune, en présence des parents, ne se mêlait jamais à la conversation.

— Je ne suis pas aussi certain que vous, ma tante, que Casimir n'ait pas le fouet.

— Mais, mon neveu, Casimir a répondu comme moi, comme le premier venu, que le bois sec brûle mieux que le frais... Vraiment, monsieur Bonde, M. de La Palice n'en disait pas de meilleures.

— Madame Le Camus, vous répondez par des affirmations, et cela ne signifie rien.

— Comment cela ne signifie rien ?

— Rien, ma tante.

— Monsieur Bonde, vous êtes un malhonnête, je vous en avertis.

— Pourquoi malhonnête ? je n'ai rien dit...

— C'est bien, monsieur, en voilà assez...

— Parce que, primo aucune partie de la chaleur produite n'est employée à convertir l'eau en vapeur ; secundo...

— Assez, monsieur ! vous me fatiguez par vos sottises et vos grossièretés...

— Ma chère tante !

— Tenez, laissez-moi, vous m'agacez, et je me souviendrai longtemps des paroles inconvenantes que vous avez tenues ici.

— Ma tante, vous ne m'avez pas compris ; si vous m'aviez laissé expliquer que les pores du bois sec étant remplis d'air...

Madame Le Camus frappa du pied dans une agitation nerveuse.

— Monsieur Bonde, je vous en prie, s'écria mademoiselle Bec se levant pour reconduire le bourgeois. Voilà votre chapeau, dit-elle.

Et elle ouvrait la porte du salon et poussait doucement M. Bonde dans le corridor.

— Étant secs, continuait M. Bonde hors du salon, les pores fournissent de l'oxygène au feu.

— Oui, monsieur Bonde, disait mademoiselle Bec, certainement.

— Dites-le à madame Le Camus, et elle comprendra tout de suite.

— Vous l'avez trop agitée, il faut que j'aille voir à la calmer.

Et ayant ouvert la porte de la rue, la demoiselle de compagnie congédia M. Bonde.

— Nous allons voir si tu m'as écouté tout à l'heure, dit M. Bonde à son fils en s'arrêtant à la porte. Est-il bon de sonner une sonnette pendant l'orage ?

Casimir regardait piteusement les nuages.

— Quand tu regarderas le ciel ! Cette démonstration n'exige pas qu'il y ait trace de secousses dans les éléments. Réponds-moi.

Machinalement l'enfant avait porté la main à la sonnette de madame Le Camus.

— Est-il bon de sonner une sonnette pendant l'orage ? reprit le père du ton de Barbe-Bleue questionnant sa femme.

L'enfant frissonna et agita involontairement la sonnette de la porte.

— Les fils d'archal... dit le père en donnant un soufflet à son fils, lequel soufflet communiqua un vif ébranlement à la sonnette..., répète avec moi...

— Les fils d'archal, dit l'enfant en tressaillant.

— Clin-clin-clin-clin, répondit la sonnette secouée par Casimir, et rendant un son par syllabe.

— Après? dit M. Bonde.

— Clin-clin.

— Je te ferai entrer ce raisonnement de force... Sont d'excellents conducteurs, dit M. Bonde en tirant l'oreille de son fils.

En effet, le fil d'archal de la sonnette de madame Le Camus prouvait le raisonnement de M. Bonde en conduisant excellemment à l'intérieur les angoisses scientifiques de Casimir.

— Clin-clin-clin-clin-clin-clin, fit la sonnette.

En ce moment mademoiselle Bec ouvrit la porte et trouva Casimir cramponné à la sonnette et l'agitant frénétiquement, avec le secret espoir que le son arrêterait peut-être l'irritation de son père.

— C'est vous, monsieur Bonde, s'écria-t-elle, qui faites un tel tapage... Madame Le Camus s'est presque trouvée mal... Comment oserez-vous vous représenter à ses yeux?

— Ah! galopin! s'écria un moment après M. Bonde en traînant Casimir plus mort que vif; c'est ta faute si madame Le Camus s'est fâchée, tu me le payeras à la maison.

X

MADAME MAY

Quand mademoiselle Bec connut l'accident qui était arrivé à Édouard et à Thérèse au bord de l'étang :

— Il ne faut pas en parler, surtout à ta tante, dit-elle à Thérèse.

Car la demoiselle de compagnie craignait, en même temps que les reproches de madame Le Camus, ceux plus vifs encore des Cretté-Cussonnière, qui ne manqueraient pas de l'accuser d'avoir mal surveillé leur fille unique. Édouard et Thérèse promirent le secret ; mais à peine arrivée à Origny, Thérèse ne put s'empêcher de raconter à sa mère comment elle avait failli être noyée dans l'étang.

Dans son premier emportement, madame Cretté accusa Édouard d'avoir entraîné sa fille auprès de l'eau, et ce secret courut bientôt dans la ville ; cependant madame Le Camus n'en sut rien, la demoiselle de compagnie ayant prié tous les habitués de la maison de ne pas en troubler la tête de la vieille dame. Déjà mademoiselle Bec avait pris assez d'empire dans la maison pour empêcher les bruits du dehors d'y parvenir. La coalition s'augmentait tous les jours à son profit ; sauf madame May, tout le monde en faisait partie.

Madame May se trouva mal quand elle connut, par une indiscrétion, l'événement de Beaurevoir : le danger qu'avait couru son fils, la présence d'esprit qu'il avait déployée pour sauver Thérèse, combattirent en elle et lui firent éprouver de la terreur et de l'admiration en même temps.

— Méchant enfant ! disait-elle en couvrant son fils de baisers, j'ai donc failli ne plus te voir ! Tu ne sais pas quelles nuits pleines d'angoisses j'ai passées depuis que je sais que tu as failli être noyé ; mais Thérèse doit bien t'aimer.

Et madame May se faisait raconter dans les plus petits détails l'aventure ; les sensations qu'avait éprouvées l'enfant, et qu'il traduisait en un récit naïf, faisaient pleurer la mère sensible, dans l'esprit de qui se dessinait ce cruel accident avec les suites les plus fâcheuses. Le mari feignit la plus grande indifférence ; mais au fond il ressentait vivement des émotions qu'il ne laissait jamais paraître à la surface.

— Ma tante aime beaucoup Thérèse, pensait madame

May. Elle doit maintenant être revenue sur le compte d'Édouard, qu'elle traite en enfant terrible, depuis l'aventure de la chambre aux ferrailles.

Alors madame May se sentait glorieuse d'être la mère d'un fils qui avait montré tant de présence d'esprit et de courage. Madame Le Camus devait certainement l'en féliciter ; la demoiselle de compagnie ne pouvait qu'avoir des égards pour Édouard, qui lui avait épargné de vifs chagrins et des reproches trop mérités si les enfants s'étaient noyés par suite du peu de soin qu'elle avait mis à veiller sur eux. Édouard était le sauveur de Thérèse, et madame Cretté-Cussonnière embrasserait celui qui avait sauvé la vie à sa fille.

Ce fut ainsi, par suite de raisonnements naturels, que la timide madame May, qui entrait ordinairement chez sa tante les yeux baissés, releva la tête le dimanche suivant, fière d'amener avec elle son courageux Édouard. Il semblait à la mère heureuse que le petit salon jaune devait être en fête et plus animé que de coutume ; mais rien n'y était changé : toujours la malade dans son fauteuil, toujours mademoiselle Bec, les lèvres pincées, dans l'embrasure de la fenêtre.

Madame Le Camus ne dit rien et se laissa embrasser par Édouard avec sa froideur accoutumée. Madame May était froissée des embrassements amicaux qu'elle donnait à sa tante, et que celle-ci semblait recevoir par habitude, froidement présentant ses joues, comme la patène que donne le prêtre à baiser aux fidèles. D'un côté toute expansion, de l'autre, réserve et indifférence. Combien souffrait madame May de cette réception! Sans oser regarder la demoiselle de compagnie travaillant à un éternel tricot, madame May sentait qu'elle ne lui était pas favorable ; elle la voyait pour ainsi dire sans la voir. Depuis qu'elle avait deviné une adversaire dans mademoiselle Bec, la figure de celle-ci s'était logée dans le cerveau de la bourgeoise, plus aiguë qu'elle ne l'était dans la réalité. Le sang pâle de la demoiselle de compagnie s'était chargé de couleurs bilieuses, ses lunettes d'acier qu'elle portait pour travailler semblaient des lentilles grossissantes qui fouillaient au dedans des consciences et en arrachaient tous les secrets ; ses aiguilles à tricoter, passées dans son faux-tour noir, paraissaient des armes menaçantes. Mademoiselle Bec, déjà grande, s'allongeait encore ; ses mains sèches et ses longs doigts prenaient de la ressemblance avec des mains d'usurier avide ; ses membres secs présentaient des angles menaçants, et sa voix mystérieuse qu'on n'entendait jamais, devait prendre sa liberté en l'absence de madame May, et l'accabler de sarcasmes et de calomnies. Ainsi la timidité exagérée de la bourgeoise, sa sensibilité nerveuse, l'humble position qu'elle occupait, la froideur qu'elle s'exagérait produisaient en elle des observations amères et chagrines qui teintaient plus noirs que la réalité les sentiments de madame Le Camus et de sa demoiselle de compagnie.

Cette belle âme méconnue, qui avait soif d'expansion, était brisée sans cesse par les petitesses du milieu où il lui fallait vivre. Madame Le Camus avait l'habitude, quand elle voulait témoigner de la froideur à quelqu'un, de ne pas parler, sinon à de rares intervalles ; alors le petit salon jaune était plus calme que l'intérieur d'un tombeau. Aucun bruit de la rue ne se faisait entendre ; le seul bruit au dedans était occasionné par le battement du balancier de la pendule. Un tel silence régnait dans l'appartement, qu'on y distinguait les frottements des aiguilles à tricoter de mademoiselle Bec. Ce morne silence était terrible pour madame May qui, intimidée de plus en plus, se laissait aller à des pensées douloureuses et suivait en même temps les pensées secrètes de sa tante.

Si madame Le Camus rompait le silence, c'était pour faire entendre une voix froide et contrariée qui dénotait ses sentiments réels. Alors madame May n'osait plus se lever, elle craignait elle-même de parler, l'embarras s'emparait de toute sa personne et elle se livrait des combats intérieurs afin de prendre le courage de sortir. Plus elle restait et plus elle comprenait la délicatesse de sa situation. Assise sur sa chaise, elle se croyait sur la sellette d'un tribunal, accusée de pensées mauvaises. Bien plus, il lui semblait que chacun devinait son trouble, qu'elle était condamnée sans être entendue. Elle-même souffrait de son propre caractère et se reprochait son manque d'expansion.

Une nuit elle eut un cauchemar dans lequel elle se voyait étendue sur un lit avec les apparences de la mort : son mari se frappait la tête contre les murs, poussait des sanglots déchirants et montrait combien il l'avait aimée. Les menuisiers arrivaient et prenaient mesure de la bière : on l'emportait au cimetière, et toute la ville suivait son convoi en répandant des larmes et en rendant justice à la femme qui avait été un modèle de vertus domestiques. Elle ne pouvait ni parler ni agir ; ses membres étaient garrottés par une puissance inconnue. La fosse creusée, on l'enterrait, elle cherchait à se roidir, elle se tordait convulsivement sans pouvoir se faire entendre. Cet horrible rêve la réveilla et lui causa une telle terreur qu'elle se leva dans la crainte de se rendormir et de retrouver des tableaux plus effrayants encore.

— Ainsi, pensa-t-elle, je vis dans la société, enfermée en moi-même, et ne pouvant donner carrière à l'amitié, à l'expansion qui sont en dedans de moi. On me croit morte à ces sentiments et ils me dévorent ; j'ai des trésors de tendresse, et je ne peux les montrer ! Ce ne sont pas les autres qui sont coupables, c'est moi !

Pour un seul être elle devait mettre au jour ces précieuses délicatesses enfouies aussi profondément que le diamant l'est au fond du charbon. Vis-à-vis de son fils elle ne craignait pas de montrer son ardente amitié, car il ne s'était pas encore pendu aux mamelles du froid égoïsme, le père nourricier de tous les vices.

Les intérêts matériels, l'ambition, la soif de l'argent étaient pour madame May des agents puissants de corruption, dont elle croyait toute l'humanité atteinte ; mais les enfants échappaient à cette maladie, et elle n'avait pas assez de caresses pour un être qui était encore pur. Elle n'accusait pas sa tante de ces odieux vices, mais elle voyait tournoyer autour de madame Le Camus tous les mauvais instincts qui préoccupent l'homme avide de s'enrichir, et elle savait combien sont puissantes les manœuvres à l'aide desquelles l'égoïsme entre dans l'esprit des gens dont il veut s'emparer. Jamais ces tristes réflexions n'avaient eu tant de prise sur madame May que le jour où elle fut si froidement traitée par sa parente. Cette réflexion n'indiquait-elle pas les progrès qu'avaient faits les héritiers dans la maison ? Le rayonnement avec lequel était entrée madame May, les généreux compliments que la belle action d'Édouard méritait, faisaient place maintenant à une tristesse voilée qui augmenta encore quand madame Cretté-Cussonnière, qui arriva peu après, daigna à peine remarquer la présence de madame May. En un instant la physionomie du salon changea ; ce furent des compliments, des attentions pour la tante et mademoiselle Bec, qui forcèrent madame May de se retirer.

De ces trois personnes qui devaient remercier Édouard, aucune n'avait paru porter la moindre attention à son courage et à son sang-froid. Si un sentiment d'envie ou de haine avait pu se glisser dans le cœur de cette femme aimante, elle l'eût ressenti ce jour-là ; mais les chagrins qui avaient élu domicile en elle, s'emparaient immédiatement du moindre frissonnement et le précipitaient dans leur bouillonnement pour l'y fondre, comme l'argenterie que les paysans jetaient autrefois dans la fonte de la cloche de leur paroisse. Aussi n'était-ce pas une fusion brûlante qu'elle entretenait au dedans d'elle-même, mais des écumes et des scories noirâtres qui produisaient des vapeurs malsaines dans ce faible corps. Quelquefois, à force de luttes, elle voulait se montrer telle qu'elle était, et forcer ses parents égoïstes à l'aimer ; mais sa figure maladive, quoique douce, l'expression sérieuse de sa physionomie, dont chaque trait annonçait la réflexion, faisait que son pâle et charmant sourire ne pouvait être compris des natures vulgaires. Alors la pauvre femme se repliait sur elle-même et laissait son esprit reprendre ses habitudes méditatives qui ne trouvaient un épanchement que dans le cœur de son fils.

Sa politesse exquise ne désarmait même pas l'horloger Carette qui jugeait sa parente fière. D'ailleurs madame May craignait cet homme, qui ne regardait pas en face les gens et qui ne parlait jamais que de la succession. Bien des fois il tenta d'amener madame May sur ce terrain, mais elle feignit de ne pas le comprendre et coupa court à cette conversation déplaisante pour elle.

— M. Le Camus baisse, disait l'horloger en remontant la pendule ; il est fort présumable qu'il laissera à madame Le Camus la jouissance de ses biens sa vie durant ; du moins M. Daquin, le notaire, le pense.

Ce mirage perpétuel de l'héritage faisait entrevoir M. Le Camus à ses parents sous des aspects bien différents : les uns le trouvaient maigri, les autres enflé, pâle comme la mort ou rouge comme un apoplectique. On pourrait croire que souvent la Providence se joue des humains, et que les personnes riches et âgées doivent la prolongation de leur

existence aux vœux impies d'héritiers cupides. Cependant
M. Le Camus perdait tous les jours quelques-unes de ses
facultés ; il semblait ne plus vivre que d'une demi-vie, sommeillant perpétuellement et ne paraissant pas reconnaître
ses parents, qui, après être sortis du salon jaune, passaient
dans le cabinet de l'avare et lui présentaient des bonjours
auxquels il ne répondait plus. Un peintre espagnol a laissé
un tableau représentant saint Bonaventure écrivant ses mémoires après sa mort. Dans ce cadavre verdâtre, habillé en
dignitaire de l'Église, sorti du tombeau avec cette amère et
sérieuse tranquillité qu'on souhaiterait aux nombreux faiseurs de mémoires, il y a encore une apparence de vie ; les
chairs sont collées sur les os, mais l'âme est revenue un
moment habiter cette ombre de corps.

Dans son grand fauteuil, M. Le Camus ressemblait, par
son détachement des choses de la terre, à cette belle peinture ; il était immobile et impassible dans ce petit cabinet
de bois gris recouvrant de larges placards, où jadis les
paysans venaient un à un discuter leurs intérêts à tue-tête.
Que de regards avides cherchaient à pénétrer les rideaux
verts derrière les grillages de cuivre qui protégeaient les
titres de propriétés enfermés dans les placards ! Jamais,
pendant la vie active de M. Le Camus, les parents n'avaient
pu entrer dans son cabinet, ouvert seulement aux fermiers,
aux notaires, aux avoués, aux huissiers ; aussi profitaient-
ils de son état d'abattement pour prolonger leurs visites,
étudiant le parquet, le plafond, les placards, les murs,
comme pour flairer si l'avare n'avait pas enfoui des sommes
considérables dans une cachette.

En un clin d'œil la cupidité changeait le masque des héritiers qui, tout à l'heure, la voix doucereuse, l'œil affable
vis-à-vis de madame Le Camus, prenaient, en entrant chez
son mari, des regards curieux et perçants, et ne se gênaient

plus devant ce presque cadavre assoupi dans son immense fauteuil. La convoitise, l'amour de l'argent ne songeaient guère à voiler leurs instincts dans le cabinet du riche propriétaire, qui eût été étonné des passions qu'excitait sa succession. M. Le Camus avait été avare naïvement ; il aimait l'or entassé, la possession de nombreux biens ; il mettait un secret orgueil à passer pour le plus riche de la contrée, tout le monde le savait, lui-même ne s'en cachait pas ; il était né avec cet amour immodéré de l'argent, ne se doutant pas qu'il était possédé d'un des plus gros péchés capitaux. Rien n'aurait pu lui enlever son avarice, qui se manifestait intérieurement et extérieurement, de telle sorte qu'elle était visible pour chacun ; mais cette passion s'avilissait chez les héritiers. Diminuée, rapetissée, elle perdait ses grandes lignes pour se montrer par des côtés bas et mesquins. Aucun d'eux n'était *avare*, tous étaient *intéressés*. Ne pouvant aspirer qu'à un morceau du riche patrimoine du vieillard, ils inspiraient la même tristesse que donne un beau patrimoine vendu aux enchères, et dépecé par une bande d'Auvergnats. Instinctivement, tous avaient au cœur la pensée perpétuelle de voir enlever, par l'âge et la maladie, deux de leurs parents qui aspiraient après la santé et la vie. Pour arriver à leurs fins, les héritiers avaient endossé la robe du mensonge, et leurs comédies donnaient à leurs physionomies des aspects froids et mesquins, qui achevaient de leur enlever ce qu'il y a de plus noble dans la nature humaine. Les animaux qui suivent les armées pour se nourrir de cadavres, obéissent à leur instinct ; les soldats vivants qui les voient au loin ne s'en étonnent pas, et s'écrient :

— En voilà un qui me mangera peut-être demain.

Mais l'hypocrisie dans la société met des sourires fallacieux sur les lèvres de ceux qui attendent une succession. Contrairement aux animaux, ils pourraient combattre leurs mauvais instincts, développer et agrandir leurs qualités natives, et apprendre à dédaigner des richesses trop tôt enlevées.

De tous les héritiers, madame May était la seule qui manifestât des sentiments sincères pour son oncle; elle l'embrassait, lui prenait ses mains refroidies, et, quoiqu'elle comprît que le vieillard n'avait pas conscience de sa tendresse, elle lui prodiguait maintenant de vives marques d'affection qu'elle tenaient renfermées discrètement du *vivant* de M. Le Camus. Peut-être l'indifférence générale qui enveloppait le vieux paralytique amenait-elle chez elle une réaction de sensibilité; peut-être espérait-elle réveiller les sensations engourdies de l'avare à force de tendresses. Pour elle M. Le Camus était toujours en vie, quoiqu'il parût indifférent à tout ce qui se passait autour de lui; elle cherchait à pénétrer le secret mystère des pensées du vieil homme, mort en apparence à toutes les choses de la vie, au jour comme à la nuit. Mademoiselle Bec assistait aux visites que les parents rendaient par politique à M. Le Camus, visites qui ne se prolongeaient guère plus de cinq minutes. Il suffisait à chacun d'aller donner un coup d'œil à l'avare, afin de s'assurer du changement qu'une semaine avait pu amener sur son état; et cet état de fixité, d'immobilité, d'assoupissement complet, de mort apparente, donnait aux héritiers des impatiences qui retombaient sur la tête des médecins d'Origny. Détaché des passions terrestres, M. Le Camus avait marché d'un pas rapide vers la tombe, et s'était tout à coup arrêté comme ces baigneurs qui, plongeant une jambe dans la rivière, trouvent l'eau trop froide et se rhabillent. L'avare qui, toute sa vie, avait été alerte et actif par son peu d'embonpoint, perdit rapidement sa chair et son sang: la peau s'était collée sur les os, la chair était devenue froide. Un souffle faible flottait vacillant dans cette frêle enveloppe; ce n'était plus un homme, c'était un vieux parchemin. Le terrible mot *enfin* avait retenti en même temps chez tous les héritiers; pourtant, depuis un an, M. Le Camus restait dans cette triste situation, non sans quelque analogie avec ces tranquilles momies d'Égypte, indifférentes aux regards des curieux dans les musées. Il causait dans cet état l'agacement que donne le tremblement perpétuel de la flamme d'une veilleuse sans huile; et, sans se croire criminel, plus d'un héritier eût soufflé sur cette apparence de vie qui ne paraissait devoir jamais s'éteindre.

Si mademoiselle Bec n'eût pas reçu déjà de nombreux coups de la destinée, elle eût puisé dans cette maison un amer dédain pour l'humanité, à suivre tous ces regards jaloux de cette existence menacée; mais elle avait pris son parti de lutter contre sa mauvaise fortune, et de faire cause commune avec ceux qui voulaient en même temps la servir et se servir d'elle. Les enfants maltraités dans leur jeunesse par des parents sans pitié, deviennent méchants plus tard; ils n'ont pas goûté les suaves tendresses maternelles. Mademoiselle Bec avait reçu tant de coups du sort, que son caractère s'en était aigri; disposée déjà à de secrètes jalousies par son isolement dans le monde, par sa pauvreté, elle se laissa aller à enfouir les bons sentiments qu'elle avait en petite quantité, et les enterra sous les mauvaises passions qui rôdent sans cesse autour de l'homme. Aussi, n'eut-elle aucune pitié pour madame May, qui seule entrait dans la maison de la rue Chatellux avec des trésors de délicatesse affectueuse; morte à ces sentiments, la demoiselle de compagnie ne pouvait plus les comprendre chez les autres, et ils eussent été palpables, qu'elle ne les eût pas remarqués. Chacun des héritiers n'était autre pour elle qu'un acteur ayant un jeu particulier, et elle rangea l'exquise sensibilité de madame May parmi les moyens de comédie que chacun employait avec plus ou moins d'art.

Un jour, mademoiselle Bec s'aperçut que M. Le Camus n'entendait plus le son de l'or qu'elle avait l'habitude de ranger chaque soir avec bruit dans le coffre du fauteuil.

— Il est perdu, pensa-t-elle.

Et elle alla avertir madame Le Camus, qui vint rendre visite à son mari et ne lui trouva aucun changement dans la physionomie ; seulement, la dernière sensation s'en allait retrouver les autres, parties une à une. Il n'y avait pas trace de souffrance dans les traits amaigris de l'avare : il ne voyait plus, n'entendait plus, ne faisait aucun mouvement, mais il ne souffrait pas... Vers trois heures du matin, le domestique qui couchait dans une chambre attenante au cabinet de M. Le Camus, entendit un grand bruit causé par une chute sur le plancher ; il courut chez son maître et le trouva étendu roide par terre, loin de son fauteuil, tenant serrée dans sa main la clé de l'armoire aux dossiers. Le vieillard était mort. On présuma qu'au moment de rendre le dernier soupir, un éclair de vie avait galvanisé son corps chétif, et lui avait permis de se lever, d'aller à l'armoire, et d'essayer de l'ouvrir pour contempler encore une fois toutes ses propriétés et ses richesses constatées par d'énormes liasses de papiers bien en ordre. Mademoiselle Bec qui fut éveillée la première, aida le domestique à porter le vieillard dans son lit, et il fut convenu qu'on respecterait le repos de madame Le Camus en ne lui portant cette nouvelle que le lendemain matin ; le domestique sortit sans bruit et alla quérir le médecin voisin, car il se pouvait bien que, malgré l'insensibilité et la froideur, un reste de vie animât encore ce pauvre corps. Le médecin déclara la mort certaine ; et mademoiselle Bec, seule en face du cadavre, réfléchit aux conséquences que cet événement pourrait amener dans sa destinée. Elle songea à faire prévenir tout d'abord la famille des Cretté-Cussonnière, afin que ses protégés, ses protecteurs en même temps, pussent montrer un zèle attristé dont serait touchée madame Le Camus ; en conséquence, le domestique fut dépêché chez le marchand de bois, avec une invitation de se rendre immédiatement à la maison mortuaire. Mademoiselle Bec avait calculé que les Cretté-Cussonnière viendraient d'abord, puis les Carette, puis les Bonde : quant aux autres parents, ils apprendraient l'événement par le bruit public et se présenteraient naturellement; mais Séraphine, la cuisinière, dans le trouble qu'occasionne toujours une mort imprévue, moitié par bavardage, moitié par amitié pour madame May, était sortie sans rien dire et avait couru chez celle-ci.

M. Cretté-Cussonnière accueillit froidement la nouvelle de la mort de son oncle, questionna longuement le domestique, alla réveiller sa femme et lui raconta l'événement; madame Cretté, sans se rendre compte des projets de mademoiselle Bec, remit sa visite à l'après-midi; elle ne se levait qu'à onze heures, et elle ne prévoyait pas une assez grande douleur dans la maison de sa tante pour croire sa présence nécessaire.

Quoique Séraphine eût soif de commenter l'événement, madame May, sans l'écouter, jeta un châle sur la modeste robe de toile qu'elle gardait le matin pour faire son ménage, et, la tête troublée, elle suivit la cuisinière, ayant des larmes dans les yeux. La demoiselle de compagnie, préoccupée des mille détails qu'amène une mort dans une maison, ne vit pas entrer madame May, qui ouvrit la porte du salon jaune, dont les rideaux étaient encore tirés.

— Est-ce vous, mademoiselle? demanda madame Le Camus, couchée dans son grand lit. Ah! quelle mauvaise nuit j'ai passée!

— Ma pauvre tante! s'écria madame May en fondant en larmes et en se précipitant au chevet du lit.

— Comment, c'est toi, si matin! dit madame Le Camus étonnée.

Malgré cette question, madame May ne répondait pas.

— Qu'est-ce? Ton garçon encore qui te cause du chagrin?

Surprise, madame May alla tirer les rideaux, qui ne laissaient passer dans la chambre qu'un jour faible et orangé, puis elle revint au lit, regarda sa tante, dont la physionomie n'exprimait pas une nouvelle émotion, et sortit précipitamment de la chambre. Elle craignait d'être victime d'une méprise de Séraphine qui, effrayée d'un malaise de M. Le Camus, l'aurait cru mort. En ce moment, mademoiselle Bec sortait du cabinet mortuaire; elle parut encore plus surprise que madame Le Camus de l'arrivée de madame May.

— Vous sortez de chez madame! lui dit-elle brusquement. Qu'avez-vous fait!

Et, après lui avoir lancé un regard froid, la demoiselle de compagnie entra dans le salon jaune, en fermant la porte de telle façon qu'elle semblait en interdire l'entrée.

Inquiète, ayant entendu un petit verrou se tirer à l'intérieur du salon aussitôt que mademoiselle Bec l'avait quittée, madame May comprt alors qu'il lui était défendu d'arriver maintenant auprès de sa tante, et elle se dirigea vers le cabinet, non sans être émue profondément du spectacle qui l'attendait. Les volets donnant sur la rue étaient fermés, le grand fauteuil vide, une chandelle brûlait sur la table de nuit et envoyait une rougeâtre lueur sur la pâle figure de M. Le Camus.

Madame May alla vers le lit, embrassa son oncle et s'agenouilla à terre. Sa douleur était si profonde qu'elle ne se rendit pas compte du temps qu'elle passa auprès du défunt; mais elle fut tirée des lourdes et poignantes pensées qui se mêlaient à ses prières par le bruit d'allants et venants dans le corridor, d'éclats de voix, de portes ouvertes et d'accents de douleur. Tous les héritiers étaient arrivés les uns après les autres et remplissaient le salon jaune de paroles de consolation pour la vivante, de paroles de regret pour le mort.

Après avoir prévenu madame Le Camus d'un événement auquel elle s'attendait depuis longtemps, mademoiselle Bec avait fait bonne garde autour d'elle, envoyant de nouveau le domestique chez madame Cretté-Cussonnière, et veillant à ce que le marchand de bois entrât le premier chez sa tante. Quant au mort, elle ne s'en inquiétait plus : il était bien mort, le médecin l'avait certifié. Il s'agissait de veiller aux intérêts des vivants. Quand madame May sortit de la chambre de son oncle, où elle avait passé trois heures à prier pour l'âme du défunt, personne ne la remarqua et ne connut la réelle affliction dont elle venait de donner un si poignant témoignage. A son grand regret, elle ne put parvenir auprès de sa tante, qui, après avoir reçu dans la matinée ses parents, voulait rester seule avec son chagrin : quoique l'union des deux époux n'eût jamais amené l'intimité du foyer, en ce moment un nouveau vide se creusait auprès de madame Le Camus. La mort de son mari lui remettait en mémoire la mort de sa fille qu'elle avait tant aimée; elle se sentait plus isolée dans cette grande maison tranquille, dont elle se rappelait avec émotion le mouvement, à dix ans de là. Si une première ride amène chez la femme de trente ans des pensées amères, la mort d'un être qu'on a vu longtemps à ses côtés creuse de pénibles réflexions.

M. Le Camus avait quelques années de plus que sa femme, mais ce n'en était pas moins un avertissement de la nature, qui agitait dans la tête de la veuve des pensées de mort. L'état maladif dans lequel elle se trouvait depuis quelques années la portait à de sombres méditations : plus elle appelait la mort pour la délivrer de ses maux, plus elle la craignait.

9.

Il y avait longtemps déjà que M. Le Camus était éteint; chacun avait tiré de mauvais pronostics de son assoupissement. Les médecins avaient averti sa femme : quelquefois elle songeait vaguement au jour qui la rendrait *libre;* mais la *liberté,* telle que la lui faisait la perte de son mari, devenait maintenant une triste dérision. A quoi bon cette fortune immense dont elle allait avoir la jouissance ? A quoi bon ces châteaux, ces maisons de campagne, ces prairies, ces bois, ces nombreuses récoltes ? Jouir de tous ces biens, clouée pour la vie sur un fauteuil dans le salon jaune qui prenait des tons maussades et chagrins, insupportables suivant certains états d'esprits ! Jeune, madame Le Camus avait eu des projets de vie plus large et plus vivante : elle rêvait au bonheur des fermiers, à l'entretien des malheureux ; elle eût désiré la joie reconnaissante de tous ceux qui l'entouraient. Libérale et douée d'un caractère aimant, elle avait dû rentrer tous ces beaux sentiments devant l'autorité absolue de son mari ; le chagrin avait amené la maladie, la maladie le rétrécissement de ses meilleures facultés ; maintenant son état de corps et d'esprit ne lui permettait plus de réaliser les riants projets de ses premières années de mariage.

Le tyran de sa vie était mort, mais il s'en dressait un second plus redoutable, en ce sens qu'il était plus caché et qu'il agissait avec une profonde habileté.

Mademoiselle Bec succédait à M. Le Camus.

Son premier acte fut une calomnie qui perdit à jamais madame May dans l'esprit de sa tante. Quelque temps après l'enterrement, madame Le Camus se rappela la visite matinale que sa nièce lui avait faite le jour même de la mort de l'avare, qu'elle ignorait encore ; aussi sa surprise avait-elle été grande de voir entrer chez elle madame May à une heure où personne d'habitude ne venait la visiter. L'air abattu de sa pauvre nièce, ses larmes, son départ subit du salon jaune sans donner d'explications, en fournirent une satisfaisante à l'esprit vindicatif de la demoiselle de compagnie.

— Elle ne peut pas vivre un jour tranquille avec son mari, dit mademoiselle Bec à madame Le Camus ; elle était venue certainement pour vous conter les troubles de son affreux intérieur.

Ainsi madame May, par une timidité exagérée, s'était fait une ennemie redoutable dans la personne d'une femme qui devint dès lors une puissance à Origny.

XI

DANGERS D'UN CARACTÈRE IRRITABLE

Dix ans s'écoulèrent après la mort de M. Le Camus, qui amenèrent régulièrement, quatre fois par mois, les dimanches, les mêmes manœuvres et les mêmes comédies de la part des héritiers; mais un fait nouveau montra mademoiselle Bec sous un aspect qui fit frémir les parents intéressés. Le banquier Crimotel, l'homme élégant d'Origny, suspendit tout à coup ses payements. Une faillite en province a l'aspect hideux d'un champ de bataille où les mères cherchent à reconnaître sous des montagnes de cadavres le corps de leur fils. Chacun est atteint par ces désastres subits; ce sont de petits rentiers, d'anciens serviteurs qui ont placé leurs économies chez un homme sûr, et qui, en un jour, se voient enlever le prix de tant d'années de travaux. L'organisation parisienne est un gouffre où s'engloutissent en un clin d'œil de grands malheurs, d'immenses infortunes qui disparaissent en laissant à peine des traces ; mais en province, l'homme ruiné ressemble à ces malheureux qui, tombés dans une rivière peu profonde, sortent la tête de l'eau, crient au secours, disparaissent, reparaissent encore, poussent des plaintes désespérées, s'enfoncent, apparaissent une dernière fois, en laissant dans le cœur des spectateurs épouvantés des sons navrants qui résonnent longtemps dans l'oreille.

La faillite Crimotel entraîna avec elle nombre de malheureux qui plaçaient leurs petites économies chez le banquier ; mademoiselle Bec en fut atteinte. Elle perdit 25,000 francs qu'elle avait placés chez un homme qu'on regardait comme d'une telle probité, qu'il avait son couvert mis chez madame Le Camus aux jours de grande réception. L'importance de la somme éveilla la curiosité des héritiers de madame Le Camus, car on connaissait le chiffre des gages de la demoiselle de compagnie, qui étaient de 500 francs par année. Treize ans s'étaient écoulés depuis l'arrivée de mademoiselle Bec ; les meilleurs calculateurs arrivaient à une somme de 6,500 francs, à supposer que la demoiselle de compagnie n'eût pas dépensé un sou pour sa toilette. On admettait que quelques cadeaux avaient été faits à mademoiselle Bec par les Le Camus ; mais d'après la connaissance du caractère de l'avare et de sa femme, jamais ces cadeaux ne pouvaient atteindre à la somme exorbitante de 19,000 francs. D'ailleurs, Simon Bec coûtait beaucoup d'argent à sa mère : il était au collége et avait la tenue d'un des enfants des meilleures familles de la ville.

Les Bonde et les Carette discutèrent longuement, sans parvenir à trouver la source légitime de cette somme. Tout le monde avait vu la maigre toilette de la demoiselle de compagnie à son arrivée, sa petite malle noire, usée, qui ne paraissait pas contenir d'inscriptions de rentes. Les Cretté-

Cussonnière connaissaient mieux que personne les antécédents de mademoiselle Bec, puisqu'elle leur avait été recommandée par un de leurs parents; on en causa longuement et sournoisement. Depuis longtemps déjà la demoiselle de compagnie veillait à l'entretien des propriétés, aux rentrées, aux arrérages de toutes sortes; elle seule avait des rapports avec les nombreux débiteurs et fermiers de M. Le Camus; trois fois par semaine, le notaire Daquin allait s'entretenir avec elle des intérêts des deux vieillards. L'opinion inquiète des parents s'arrêta à un raisonnement qui était encore une consolation en présence des malversations que mademoiselle Bec pouvait commettre impunément : sans doute les fermiers, pour faire renouveler des baux avantageux, offraient à la demoiselle de compagnie quelques gros pots-de-vin.

Ces bruits d'ailleurs restèrent enfouis comme dans une tombe, aucun des héritiers n'osant les propager dans la ville, dans la crainte que mademoiselle Bec n'en connût l'origine. Mieux valait l'avoir pour amie que pour ennemie : la garde perpétuelle qu'elle montait auprès du fauteuil de madame Le Camus en faisait un adversaire invincible ; elle avait eu l'adresse de se mettre dans les bonnes grâces du président Brochon, si difficile à gouverner. Quel héritier eût été assez imprudent pour demander sur ces faits délicats quelques conseils au terrible magistrat? M. Provendier, l'avoué, le notaire Daquin se montraient d'une soumission absolue vis-à-vis de la demoiselle de compagnie, qui tenait en main les intérêts de la maison Le Camus; il était impossible de s'ouvrir à l'avoué et au notaire, qui attendaient comme une fortune pour leurs études l'ouverture de la succession future. Quoiqu'il existe de secrètes rivalités entre les gens de loi, ainsi que dans toutes les professions, personne n'osait demander de conseil aux confrères de MM. Daquin et Provendier; les gens de loi ont trop de rapports entre eux, et malgré leurs jalousies, leurs intérêts sont trop communs pour qu'on pût se fier à leur discrétion. Leur parler de mademoiselle Bec et des énormes bénéfices qui lui avaient permis de placer 25,000 francs chez le banquier Crimotel, devenait un fait aussi compromettant que d'aller l'en questionner elle-même. Cependant ce secret, dont on ne parlait qu'à voix basse dans chacune des familles d'héritiers, irritait des gens accoutumés à l'indiscrétion. Les Cretté-Cussonnière, par leur position, ne pouvaient s'en ouvrir avec les Carette; les Carette eux-mêmes, quoique leur situation, leurs intérêts fussent les mêmes que ceux des Bonde, n'osaient se confier à eux. A la dernière rencontre qui réunit les deux familles, en sortant de chez la tante, madame Bonde dit à Carette :

— Cette pauvre demoiselle Bec, vous savez ce qui lui arrive?

— Non, de quoi s'agit-il?

— M. Crimotel lui emporte 25,000 francs.

— Ah! quel scélérat que ce Crimotel! s'écria avec une feinte compassion Carette, qui attendait que les Bonde commentassent la nouvelle. Mais ceux-ci n'en avaient garde, et se répandaient seulement en imprécations contre le banquier qui avait pu tromper une si brave demoiselle.

La servante-maîtresse de Cretté-Torchon, seule, se déchaîna avec rage contre mademoiselle Bec, et si l'amour de l'argent n'eût arrêté sa langue, elle eût compromis la demoiselle de compagnie dans tout Origny. L'horloger Carette, le plus insidieux de la famille, avait essayé de parler de la faillite Crimotel à madame Le Camus. Quoique tournant le dos à la demoiselle de compagnie, il s'aperçut, à la réflexion de la glace de la cheminée, du singulier mouvement de lèvres qui s'opéra chez mademoiselle Bec; mais son essai de brûlot avait été lancé avec une telle adresse, que, grâce à son jeu profond d'homme naïf, il ne s'aliéna pas les bonnes grâces de celle qui, à cette heure, occupait plus les esprits que M. Le Camus de son vivant. Un matin que Carette allait remonter la pendule de madame May, il trouva précisément son mari, à qui il posa directement la question ordinaire :

— Vous savez le malheur arrivé à cette pauvre demoiselle Bec?

— Oui, s'écria M. May emporté par l'indignation ; c'est un morceau de la fortune de nos enfants que M. Crimotel a perdu, entendez-vous, monsieur Carette! Prenez-y garde! si cette femme a pu mettre de côté une telle somme du vivant de M. Le Camus, qu'arrivera-t-il maintenant qu'elle a la direction absolue et sans contrôle des biens de la famille!

— Comment, monsieur May... vous dites? reprit avec une feinte surprise l'horloger.

— N'est-ce pas clair ? Je dis que cette femme causera notre ruine à tous, justement par la bassesse que certaines personnes lui témoignent... Il y aurait de la lâcheté à se taire, à laisser accomplir ces dilapidations; mais tout le monde est d'accord avec elle, chacun la flatte, l'accable de caresses mensongères, c'est indigne ! et, faites bien attention à ce que je vous dis, ceux qui prêtent la main à ces connivences en seront les premiers punis...

— Je tombe de mon haut, monsieur May.

— Est-il possible! comment! j'ai le privilège de vous étonner! vous m'étonnez moi-même, monsieur Carette. Allez, personne n'est dupe en cette affaire; chacun travaille sourdement pour se mettre dans les bonnes grâces de cette harpie.

— Que se passe-t-il, mon ami ? s'écria madame May qui, revenant du marché, fut effrayée d'abord des éclats de voix de son mari, et bien plus encore quand elle entendit la fin de la phrase adressée à M. Carette. Elle craignait l'horloger et surtout le caractère violent de son mari. A diverses reprises, et bien avant la faillite de M. Crimotel, M. May avait pronostiqué le fatal résultat qu'entrainerait l'introduction de la demoiselle de compagnie dans la maison Le Camus. Doué d'un grand bon sens, il se rendit compte de l'influence considérable que prenait chaque jour mademoiselle Bec auprès de la vieille tante ; sa droiture se révoltait à ce spectacle, et, pour ne pas éclater en reproches, craignant son caractère emporté, il avait fini par ne plus aller rendre visite à madame Le Camus, à la suite d'une vive discussion politique qui avait amené des mots violents de part et d'autre. Plus d'une fois déjà, la vivacité picarde du sang de la tante s'était réveillée aux contradictions nettes de M. May ; mais huit jours passés loin l'un de l'autre faisaient oublier ces sortes de querelles. M. May était connu pour son franc parler. Jamais il ne déguisait sa pensée sous des paroles flatteuses ; il se servait de l'affirmation ou de la dénégation sans s'inquiéter s'il discutait avec une femme ou avec des personnages d'un plus haut rang que le sien. La parole de M. May était nette, son caractère entier ; de là beaucoup d'ennemis. Ceux qui le connaissaient à fond lui pardonnaient, parce qu'ils savaient le caractère honorable et plein de droiture qui se cachait sous les ronces de sa parole. A diverses reprises, il était survenu des brouilles passagères entre madame Le Camus et M. May à la suite de semblables discussions. Les plus orageuses n'avaient jamais amené une séparation de plus de quinze jours : aussi madame Le Camus fut-elle particulièrement blessée quand le mari de sa nièce cessa tout à coup de venir lui rendre visite.

Ainsi, fatalement, la situation de madame May devenait plus mauvaise vis-à-vis de sa tante : elle le comprenait et elle en souffrait davantage, mais elle n'osait proposer à son mari

de retourner chez madame Le Camus, craignant la vivacité
d'un homme qui s'emportait à la moindre parole ayant forme
de conseil, surtout quand il venait de sa femme. Elle craignait encore bien plus qu'un jour de mauvaise humeur
M. May ne se répandît en reproches cruels contre mademoiselle Bec, en présence de madame Le Camus. La tante était
trop âgée, trop brisée pour rompre son mors ; c'étaient des
paroles inutiles et dangereuses qui lui fermaient à tout jamais la porte de la maison Le Camus. Intérieurement,
M. May souffrait de la position qu'il s'était faite par son caractère altier, et son irritation en redoublait : depuis sa discussion
avec madame Le Camus, deux semaines s'étaient écoulées,
un mois, six mois, un an, et chaque jour ne faisait qu'agrandir le fossé qui séparait le neveu de la tante. Y retourner
tout d'un coup, après une séparation si longue, semblait un
acte de bassesse aux yeux de M. May qui, dans sa franche
loyauté, n'eût jamais consenti à rentrer en bonnes grâces
auprès de la vieille tante par les adulations qu'employaient
ses cohéritiers. Pressé par sa femme, M. May, malgré son
dépit, l'eût peut-être accompagnée le dimanche à la maison
de la rue Chastellux, mais madame May évitait de parler de
madame Le Camus à son mari, car elle eût été obligée de
mentir, sous peine d'augmenter une irritation qui existait
déjà depuis plus d'une année.

Il était rare qu'à chacune de ses visites madame Le Camus
ne lançât pas quelque trait contre M. May; cette rupture
l'avait blessée profondément, et elle faisait retomber sur la
tête de la nièce dévouée les acrimonies qu'elle conservait
contre un neveu rebelle. Aussi, madame May frémit-elle en
entendant son mari causer avec l'horloger des affaires de la
demoiselle de compagnie ; elle avait vu les flatteries basses
dont se servait M. Carette vis-à-vis de mademoiselle Bec ;
plus d'une fois, les dimanches, elles les avait surpris en con-

ciliabules secrets dans le corridor, et il n'était pas douteux que l'horloger, pour s'assurer les bonnes grâces de sa tante, n'eût consenti à servir d'agent secret à la demoiselle de compagnie. Confier ses appréhensions secrètes à l'horloger, c'était les confier à mademoiselle Bec elle-même. Autant eût valu lui exprimer les griefs que la famille pouvait avoir contre elle ; le danger eût été moindre sans doute, une violente attaque de face ayant souvent le privilége d'effrayer un adversaire dangereux, tandis que tout était à craindre d'accusations en arrière, dont le texte devait être altéré à dessein par de lâches ennemis. Madame May réfléchissait à ce danger sans oser arrêter l'impétuosité de paroles de son mari qui, une fois lancé sur ce terrain, ne s'arrêtait plus ; à la mine embarrassée de l'horloger, elle comprenait combien celui-ci était effrayé d'entendre de telles accusations. Habitué à louvoyer, à ne jamais expliquer sa pensée nette, il n'osait défendre la demoiselle de compagnie, et il frémissait de crainte qu'on ne le crût complice de pareilles accusations.

M. May était connu dans la ville par sa brusquerie et sa langue intempérante : certainement il ne manquerait pas, l'après-midi en se promenant, de raconter la conversation du matin, et de répéter les dures vérités qu'il avait fait entendre en face à M. Carette ; mademoiselle Bec l'apprendrait par la voix publique, et l'horloger pourrait être compromis. Aussi M. Carette appelait-il à son secours tous les artifices de langage inventés par la civilisation, pour masquer sa pensée, ne pas répondre et avoir l'air d'approuver son interlocuteur. C'étaient des exclamations, des *oh !* des *ah !* des *vraiment !* des *vous m'étonnez !* des *est-il possible !* des *bah !* tous les mots douteux de la langue, sans compter les signes de tête, les gestes de mains, les clignements d'yeux, les pincements de bouche, les affaissements de corps, les pas en avant, les pas en arrière, la prise et la reprise du chapeau, la sortie du mouchoir de poche, les interruptions occasionnées par une tabatière adroitement ouverte, le frappement des mains l'une contre l'autre, et surtout le remontage perpétuel de l'innocente pendule qui souffrit démesurément de l'indignation de M. May. L'horloger avait peut-être déjà fait sonner six fois les douze heures pour se donner un maintien, et il essayait de couper court à de dangereuses confidences en frappant sur le marbre de la cheminée la clef du cadran, comme pour en faire sortir des ordures accumulées; mais ni les gestes, ni les interruptions, ni le carillon des heures n'arrêtaient M. May qui, le cerveau plein de mademoiselle Bec, sentait son sang bouillonner à mesure qu'il parlait.

En voyant arriver madame May, l'horloger respira comme si un auxiliaire important lui apportait du secours; à ce moment il tenait en main le globe de la pendule, dont le ventre imposant lui servait de bouclier contre les gestes furieux de M. May.

— Madame, auriez-vous la complaisance de me donner un peu d'huile! dit-il à la bourgeoise.

Sans comprendre cette manœuvre, madame May s'y prêta, dans l'espoir que l'opération de la pendule allait empêcher son mari de continuer sa terrible conversation.

— Mais mademoiselle Bec aura un jour de mes nouvelles, reprit M. May; elle ne me connaît pas encore, si elle croit que je la laisserai faire ses orges tranquillement.

— Monsieur Carette, voilà de l'huile et un petit pinceau, dit madame May en rentrant à la hâte.

L'horloger fit un geste de la main pour imposer silence à son interlocuteur.

— Pardonnez-moi, dit-il, il est nécessaire que je consulte le mouvement.

Et il appuya son oreille du côté de la mécanique, comme un médecin qui ausculte un malade.

— Tu ne prends pas garde à tes paroles, dit madame May en s'approchant de son mari et en lui parlant à voix basse.

— Ah! s'écria M. May en éclatant, je ne crains pas qu'on redise à cette demoiselle Bec tout ce que je pense. Je lutterai s'il le faut contre toute la famille pour sauver ta tante des griffes de cette femme... Tant pis si nous sommes déshérités, j'aurai la conscience d'avoir fait mon devoir... Comment, nous resterions tranquilles à regarder une étrangère dévorer tranquillement une pauvre femme malade, sans volonté!... Non, cela ne sera pas, quand tous les présidents Brochon de la terre y prêteraient les mains... Je me moque des avoués et des notaires : ce petit Daquin a l'air de s'entendre avec la demoiselle ; mais on lui fera rendre gorge... il y a une chambre des notaires.

L'horloger ayant essayé de tous les moyens d'interruption :

— Monsieur et madame, j'ai l'honneur de vous saluer.

— Bonjour, dit brusquement le mari.

Madame May alla jusqu'à la porte.

— Je vous en prie, monsieur Carette, ne faites pas attention aux paroles un peu vives de mon mari.

— Certainement, madame, dit l'horloger, qui s'empressa de descendre les escaliers.

— Pourquoi as-tu été reconduire M. Carette ? dit M. May.

— Mon ami, parce que je le reconduis chaque fois... La simple politesse...

— Je te le défends à l'avenir. Ce n'est pas un parent qui entre ici : c'est un homme qui remonte la pendule ; c'est un misérable...

— Je t'en supplie !

— Oh ! si je n'étais pas de ce monde, tu t'entendrais avec lui et tous ces héritiers avides !...

— Voyons, mon ami !...

— Oui, tu plies sous le joug de cette infernale créature qui s'est introduite chez ta tante !

— Je ne lui parle jamais.

— Dans ta famille, vous êtes tous des esprits faibles, sans fermeté ; il n'y a que moi pour avoir du courage...

L'irritation de M. May retombait ainsi sur sa femme, qui payait par ses larmes toutes ces misères de la vie domestique.

XII

UN CAFÉ EN PROVINCE

On a beaucoup reproché au peuple ses habitudes de cabaret ; mais on pourrait faire des reproches non moins fondés à la bourgeoisie, qui dépense au café un temps précieux. En province surtout, beaucoup de gens passent la moitié de leur existence dans les cafés, à fumer, au billard et aux cartes. Plus la ville est petite, plus le séjour au café devient une habitude ; le manque de relations, la paresse, amènent autour d'une table de marbre, tous les jours, à la même heure, pour entendre les mêmes conversations, pour retrouver les mêmes visages, des gens qui, dans leur intérieur, se plaignent d'être condamnés à une vie monotone.

Le principal café d'Origny, fréquenté par des militaires, des employés, de petits rentiers, les jeunes gens de la ville, était situé dans une rue détournée. On y entrait par deux portes indispensables à ces sortes d'établissements : la première était pour ainsi dire officielle, la seconde mystérieuse et sournoise. Les militaires, les petits rentiers ne se gênaient pas pour entrer par la façade; mais les employés, les jeunes gens, se glissaient dans le café par la porte de derrière donnant sur le rempart, afin de n'être pas remarqués. Chaque café possède son groupe d'habitués, personnages importants qui y passent la moitié de leur existence, grands buveurs, grands fumeurs, grands joueurs, qui sont les patrons réels de l'établissement, tranchent les questions politiques, donnent leur avis au jeu sur les coups douteux, et sont traités avec respect par le maître de l'établissement. A Paris, aussi bien qu'en province, on trouve de ces groupes qui ont fait de l'estaminet une sorte de foyer remplaçant toutes les affections domestiques : la conversation ne roule que sur les carambolages surprenants de la veille ou sur des *quinte et quatorze* inattendus; l'œil s'habitue à se circonscrire entre les quatre *bandes* d'un tapis vert de billard, et l'observation de la nature est remplacée par celle des sottes figures d'un jeu de cartes. Cette vie rétrécie, cette atmosphère de tabac, ont le privilége d'endormir les facultés les plus actives de l'homme, et de le ravaler au rang des Chinois abrutis mangeant de l'opium.

A Origny, le groupe principal du café se composait d'un marchand de rouenneries de la grande place, qui continuait en province la vie dissipée de premier commis de magasin à Paris. M. Omer Gentil, riche fils d'un fermier des environs, était un élégant de la ville, en sa qualité de marchand de nouveautés. Faisant quatre fois par an le voyage de Paris, il en rapportait des habits merveilleux, des pantalons d'une coupe singulière, toujours d'une couleur et d'un dessin très-accentués. Le premier, il portait les chapeaux de fantaisie qu'on voit figurer à chaque saison aux vitres des chapeliers parisiens, qui faisaient le désespoir des jeunes gens d'Origny, et tournaient la tête des grisettes de la ville. Autant la toilette de M. Omer Gentil était coquette, autant celle de M. Tur était sévère. Le capitaine Tur appartenait à la compagnie de voltigeurs de la garde nationale; sa redingote exactement boutonnée jusqu'en haut, son col en crinoline, ses énormes moustaches, son teint rubicond, en faisaient un militaire accompli; il buvait et fumait comme s'il eût passé toute sa vie dans les camps; on craignait ses colères politiques dans le café, où personne ne se serait avisé de le contredire. Il regardait de travers ceux qui l'appelaient *monsieur*, et ne répondait qu'au mot de *capitaine*.

Le chapelier Loysel, et l'architecte de la ville, Coqueret, complétaient ce quatuor d'habitués toujours unis, arrivant régulièrement à midi et demi et quittant irrégulièrement leur partie de cartes, suivant les émotions qui les y attachaient. Le chapelier était un joueur enragé, qui ne s'inquiétait guère de sa boutique; une fois attablé, son apprenti venait quelquefois l'appeler cinq ou six fois sans pouvoir l'amener à son magasin. Quant à l'architecte, son principal mérite était de posséder un musée de pipes. Il avait collectionné toutes les pipes de terre de différents modèles, mais il ne les accrochait pas à son mur dans leur blancheur primitive: il fallait qu'elles eussent été fumées et que le tabac eût tracé autour de leur ventre une auréole de bitume. Cette passion n'était pas sans lui imposer quelques sacrifices, car il envoyait des provisions de tabac à la caserne, à l'hôpital et à la prison, pour faire dorer ses pipes par les militaires, les malades et les prisonniers. La question de lignes et de formes ne le préoccupait pas autant que la question de couleur: les nuages noirs, bruns ou dorés, seuls, l'inquiétaient par l'épaisseur de leur empreinte dans la terre de pipe. Ce singulier musée était renfermé dans trois grandes chambres dont on parlait beaucoup dans Origny. Les maîtres d'hôtel recommandaient aux voyageurs de ne pas quitter le pays sans allez voir le musée de M. Coqueret, vantant les bonnes grâces et les manières de ce singulier collectionneur. Un mur tout entier était réservé aux produits de M. Tur qui se glorifiait d'avoir fait cadeau à l'architecte de près de huit cents pipes. Sur un petit écriteau se lisait : *Pipes culottées par le capitaine Tur.*

A côté de ces quatre figures principales qui formaient le groupe le plus saillant du grand café d'Origny, on voyait apparaître, entre midi et une heure, des employés qui se donnaient pour unique récréation de contempler les quatre plus fins joueurs de piquet de la ville. Quelquefois, l'après-midi, Cretté-Lapoupou venait et s'amusait des heures entières avec le bilboquet de l'établissement ; mais ne jouant jamais, ne buvant ni liqueurs, ni café, il était peu considéré du maître de l'estaminet.

Ce fut dans ce café que débuta Simon Bec à sa sortie du collége. Quoiqu'un ancien règlement municipal interdit aux propriétaires d'estaminet de recevoir les jeunes collégiens, déjà Simon y avait mené Édouard à diverses reprises. Les collégiens, aussitôt sortis de leur première jeunesse, quittent sans regret la maraude, la recherche des nids, le jeu de balles, pour s'exercer au billard ; ils se croient devenus hommes aussitôt qu'ils poussent une bille sur le tapis vert. Edouard et Simon avaient fait leurs premières armes sur le vieux billard du château de Beaurevoir ; mais la mauvaise qualité de ce meuble gothique, la difficulté de s'y transporter aussi souvent qu'ils en avaient le désir, firent qu'ils fréquentèrent quelquefois le grand estaminet d'Origny. Edouard y alla pour tenir compagnie à son ami Simon qui avait pris une grande influence sur lui. A l'âge de seize ans, Simon paraissait en avoir vingt ; une moustache déjà accentuée se dessinait sur ses lèvres ; il était grand, fort, robuste, tandis que la croissance, chez Édouard, était encore latente. Simon ne continua pas ses classes, sa mère l'ayant mis en apprentissage chez un orfèvre de la ville; mais il passait plus de temps à l'estaminet qu'à l'atelier, et il avait lié connaissance intime avec les principaux habitués du café et obtenu la faveur de remplacer celui qui manquait à la fameuse partie de piquet à quatre. Il réussit à faire la partie de billard du capitaine Tur, et l'architecte Coqueret voulut bien lui confier quelques pipes.

Au bout d'un mois, Simon, ayant capté la confiance du maître de l'établissement, eut un compte ouvert sur le grand-livre du café, et, à la suite de son nom, écrit en grosses capitales sur le registre, s'accumulèrent d'immenses quantités de liqueurs, de café, de frais de billard, qui formaient un total important. La méthode employée dans ce café est semblable à celle dont on use dans tous les établissements de ce genre. Le manque d'occupations, le besoin de distractions, mettent les cartes dans les mains des habitués, et il arrive qu'une demi-tasse qui, payée, ne coûterait que six sous le matin, peut monter au chiffre effrayant de cinquante francs à la fin de la soirée. Ce mécanisme a besoin d'être expliqué. Un habitué arrive, boit son café et en joue le prix contre une valeur égale; s'il perd, il doit le double ; il continue à jouer et perd encore. En une heure ou deux, il a accumulé le prix de tout ce qui a été bu dans l'estaminet; si, dans la soirée, il rencontre un joueur aussi infortuné que lui, qui doit une somme assez forte, il l'attaque, perd, et fait marquer sur le grand-livre, à son compte, toute la consommation.

Simon, qui était novice au jeu, paya cher son apprentissage : le chapelier, le capitaine, l'architecte étaient de rusés compères qui, sans tromper leur adversaire, possédaient une expérience acquise de longue date; il était rare que le fils de la demoiselle de compagnie ne fût pas victime de leur science. En moins de trois mois, il devait huit cents francs au maître du café, qui lui remit un jour une note sans fin, où se lisaient

à chaque ligne : pour M. Coqueret, pour M. Tur, pour
M. Omer Gentil, et pour bien d'autres encore. Simon, effrayé,
n'osa avouer cette grosse dette à sa mère, et disparut quelques jours du café, ne sachant comment se tirer d'affaire. Il
se promenait assez soucieusement autour de la ville, mécontent de ne plus revoir ses compagnons de jeu, lorsqu'il rencontra un clerc d'avoué qui fréquentait le même estaminet
et qui lui demanda la cause de son absence.

— Je dois trop, dit Simon.

— N'est-ce que cela ? dit l'autre, fais des billets. Je ne paye
pas non plus, mais je fais des billets.

Simon ignorait complétement la valeur des billets ; mais il
trouvait facile d'acquitter sa grosse dette avec quelques mots
d'écriture sur un papier timbré. Il souscrivit au cafetier une
somme de huit cents francs payable à six mois, et il continua
de retourner à l'estaminet, dont le chef passait son temps en
plaintes éternelles sur la dureté des temps et le peu de fonds
qu'il touchait de ses habitués, car ce système de payement
était organisé depuis longtemps de la sorte, sans que la forme
en pût être changée. Les jeunes gens s'instruisaient aux différents jeux, et prenaient pour eux toute la consommation
des vieux habitués qui ne payaient jamais : la jeunesse ne
payait guère plus ; il fallait attendre dix ans, quelquefois
quinze, pour rentrer dans de fortes sommes, que les uns ne
voulaient ou ne pouvaient reconnaître, certains se ruinant,
d'autres étant morts, quelques-uns ayant disparu du pays ;
enfin, les vivants, les riches, les gens mariés, niaient trop
souvent la légitimité de pareilles dettes.

La fille du cafetier était sans cesse occupée à des écritures
plus compliquées que celles d'une maison de banque. Les
joueurs avaient imaginé des reports sur leurs anciens comptes, c'est-à-dire que, pour se libérer et sortir du grand-livre
de la dette, les uns jouaient leurs pertes de la veille, de la

surveille, de quinze jours, d'un mois, d'un an. Un soir, Simon, qui était resté sept heures attablé au jeu, se leva les yeux rougis, le front en sueur, le corps brisé; il sortit précipitamment par la porte de derrière. Son adversaire, le capitaine Tur, était rayonnant au contraire. Il s'avança vers la demoiselle de comptoir :

— M. Simon, dit-il, reprend mon compte de l'année passée. La fille du cafetier appela son père.

— Qu'y a-t-il? dit celui-ci.

— Vous m'avez donné une petite note de six cents et quelques francs, dit M. Tur.

— Oui, capitaine.

— Vous l'inscrirez au nom de M. Simon, je suis quitte avec vous.

— Oh! capitaine, s'écria le cafetier, cela ne se peut pas.

— Vous dites?... J'ai joué et j'ai gagné...

— Un si jeune homme !

— Que m'importe? Mademoiselle, biffez ma dette, je vous prie.

— Alors, dit le cafetier, je n'ai plus qu'à fermer boutique; encore si j'étais payé du billet de huit cents francs que m'a souscrit M. Simon, mais jusque-là je ne veux plus lui faire crédit.

— Mon cher, vous deviez me prévenir; j'ai joué, j'ai gagné, cela ne me regarde pas.

Le lendemain, une affiche manuscrite, placardée sur une des grandes glaces de l'estaminet, annonçait aux habitués qu'il était interdit de jouer les anciennes dettes, et que le cafetier ne reconnaitrait désormais que les comptes de la journée; mais ces ordonnances n'avaient force de loi que pendant une huitaine : bientôt les joueurs recommençaient comme par le passé, et le cafetier avait d'autant plus la main forcée que lui-même prenait part à ces jeux, et qu'il compromettait son autorité par une infraction personnelle à ses propres règlements. Simon finit par oublier complétement sa dette, qu'une simple inscription sur une petite feuille de papier timbré semblait avoir abolie, lorsqu'un jour, en rentrant, il trouva sa mère qui, d'un air sévère, l'engagea à la suivre dans sa chambre.

— Comment, dit-elle, as-tu fait pour devoir huit cents francs au café ?

— Je ne dois rien, répondit Simon qui croyait être libéré par le seul fait de la signature d'un billet.

— Tu ne dois pas ! ose encore le répéter.

— Non, je ne dois rien.

— Menteur ! on m'a présenté ce matin ton billet.

— Ah ! dit Simon dont le calme était revenu.

— Sais-tu que les billets de mineurs ne sont pas valables ?

— Tu vois bien, dit Simon, que je ne dois rien.

— Mais je ne veux pas me compromettre à ce point ; j'ai demandé jusqu'à demain, afin de tâcher d'arranger l'affaire. Demain, si je ne paye pas, ton billet sera protesté ; les gens d'affaires d'Origny le sauront ; on répétera partout que j'ai un fils paresseux, qui passe ses jours et ses nuits à l'estaminet. Le bruit peut en venir aux oreilles de madame Le Camus qui ne t'aime pas. Tu veux donc faire perdre à ta mère sa position... Je suis entourée d'envieux, de méchants, de parents intéressés dont le plus grand bonheur serait de me voir renvoyer de cette maison... Le fils de madame May se conduit mieux que toi, quoiqu'il ait mauvaise réputation ; le voilà entré à l'Hôtel-Dieu comme externe, et toi, tu mets à peine les pieds chez ton patron... Penses-tu que je puisse t'entretenir à ne rien faire et à payer tes débauches ?... Je n'ai pas d'argent, j'ai tout perdu dans la faillite Crimotel. Avec quoi payerai-je cette énorme dette ?... Huit cents francs au café en moins de trois mois, quand tu es nourri, logé, blanchi, et qu'encore, pendant tes trois années d'apprentissage, je te donne cinq francs par semaine... Encore si tu montrais du repentir ! Tu as été entrainé, sans doute, par des vauriens; je suis certaine que tu n'as pas dépensé ces huit cents francs.

— On aura grossi ma note, dit Simon qui ne demandait pas mieux que d'entrer dans le chemin que lui traçait sa mère.

— Tu n'en dois peut-être pas la moitié.

— Le quart tout au plus, dit Simon.

— A la bonne heure ! je me disais aussi comment Simon a-t-il pu dépenser autant dans cette mauvaise maison ?

— J'ai joué et j'ai perdu...

— Avec des personnes qui auront abusé de ta jeunesse, mon pauvre enfant !

— Non, avec le capitaine Tur, avec M. Omer Gentil et d'autres.

— Ce sont pourtant des personnes bien posées, dit mademoiselle Bec.

— Oh ! maintenant, je ne perdrai plus, dit Simon.

La mère crut que son fils se repentait et qu'il renonçait au jeu, tandis que Simon prétendait ne plus perdre désormais par les connaissances qu'il avait acquises au jeu.

Mademoiselle Bec paya le billet; la confiance du cafetier en fut consolidée, et Simon continua de mener le même train à l'estaminet. Seulement, de tout le discours de sa mère, il lui était resté une seule parole, l'éloge d'Édouard qui, après avoir terminé ses études, commençait à suivre le cours de médecine à l'Hôtel-Dieu de la ville. Le hasard les fit se rencontrer, et Simon invita son ancien ami de collège à venir avec lui au café; Édouard, tout jeune encore, d'une nature légère et irréfléchie, accepta, et, quoiqu'il fût moins assidu à l'estaminet que Simon, la jeunesse et les plaisirs faciles du billard et des cartes l'amenèrent trop souvent dans cet endroit. L'idée machiavélique de perdre son ancien camarade et de l'entraîner à une paresse absolue n'entrait pas dans l'esprit de Simon ; mais il n'était pas mécontent, pour le jour où sa mère lui ferait de nouveaux reproches, de ne plus avoir à subir l'éloge de la conduite d'Édouard. Doué d'un esprit railleur, Édouard prit plaisir à se trouver tous les jours avec les grotesques habitués du café où il avait pour victimes le terrible capitaine Tur et le faible Cretté-Lapoupou. Les prétentions élégantes du marchand de nouveautés Omer Gentil le divertissaient, et, pour se lier davantage avec eux, il consentit à faire leur partie; en même temps il suivait assidûment son cours de médecine, à huit heures du matin, et le souvenir de Thérèse ne le quittait pas. La jeune fille était restée en lui profondément, telle qu'il l'avait connue enfant, lorsqu'il la sauva d'une mort certaine : peu à peu leurs relations avaient été rompues par la séparation des deux familles ; mais dans la ville, à la promenade, Édouard ne pouvait la rencontrer sans qu'une douce chaleur montât de son cœur à son visage.

Plus tard des événements eurent lieu qui changèrent la position d'Édouard et le forcèrent à s'occuper sérieusement d'un avenir que la situation de ses parents rendait indispensable. Les coups qui influèrent sur la destinée d'Édouard partirent du café où l'avait entraîné Simon. Le maire d'Origny remit en vigueur un arrêté qui provoquait à neuf heures la fermeture des établissement publics ; l'irritation des joueurs devint d'autant plus vive, qu'à neuf heures précises, le commissaire de police et ses agents ne manquaient pas de se présenter à la porte du café et en chassaient les habitués. On tenta d'enfreindre l'arrêté, mais des procès nombreux furent dirigés contre le maître de l'établissement, avec assez de vigueur pour qu'il pût entrevoir une condamnation pro-

chaine à la prison par suite de plusieurs contraventions.
Cette guerre de l'autorité amena la révolte et la ruse : il fut
convenu qu'à neuf heures, les habitués sortiraient en groupes
apparents par la porte de devant pour rentrer une heure
après par la porte de derrière du café. Cette combinaison
réussit pendant quelque temps ; mais des propos malins, des
dénonciations de voisins parvinrent aux oreilles de l'autorité
qui mit des agents en observation la nuit à la porte de derrière. Le cafetier fut encore condamné, et le président Brochon déclara que les habitués subiraient également les
peines qu'encourait le maître de l'établissement. Tout homme
sortant du café après le coup de neuf heures était justiciable
du tribunal de simple police et passible d'amende.

Les peureux mirent les pouces, ceux qui avaient une tenue
à garder, qui dépendaient des administrations; mais un
parti de rebelles se forma qui résolut de lutter contre les
rigoureux arrêtés municipaux : parmi eux, l'architecte, le
capitaine Tur, le marchand de nouveautés, Simon, le maître
du café et quelques autres ; seulement on donna du prix au
danger : une heure ou deux ne suffirent plus à des hommes
qui risquaient des condamnations. On passa des nuits, on or-
ganisa des soupers chez un maître d'hôtel qui faisait partie
de la conjuration et qui envoyait des provisions secrètes au
café. Pour ne pas éveiller l'attention par des cris et des
éclats de voix, la bande se réunit dans une arrière-pièce qui
ne laissait sortir aucun bruit, et les joueurs, en état d'hostilité permanente, furent atteints d'une fièvre qui ne devait
pas s'arrêter.

Les joueurs ayant reconnu l'inutilité de ces reports qui
rendaient la dette perpétuellement flottante, en arrivèrent à
des enjeux plus considérables. Simon avait un compte ouvert chez le chapelier Loysel ; un soir, de guerre lasse, ce
chapelier, qui avait perdu toute la boisson de la nuit, offrit

à Simon de lui jouer en chapeaux une somme égale à celle qu'il lui devait. Simon gagna une fois, deux fois, trois fois, et se vit bientôt en possession d'une énorme quantité de chapellerie. Désormais il pouvait, jusqu'à la fin de sa vie, avoir un chapeau neuf ou une casquette à la mode, car il gagna au chapelier près de deux mille francs exigibles seulement en produits de son commerce. Une fois lancé dans cette voie nouvelle, il n'y avait plus à s'arrêter : le chapelier devait quelques étoffes au marchand de nouveautés Omer Gentil, qui lui-même avait un compte ouvert chez le fabricant de coiffures. La *nouveauté* fut mise sur le tapis; on jouait des robes, de la lingerie, du drap, contre des chapeaux ou des valeurs fictives, car l'argent apparaissait rarement sur la table de jeu; et il arriva que le marchand chapelier perdit un jour son fonds tout entier.

Simon ne risquait rien à ces commerces : il devait sur parole, et l'importance des sommes qu'il avait pu perdre lui donnait la presque certitude qu'il n'était pas engagé sérieusement avec ses débiteurs. Le capitaine Tur, qui ne perdait jamais, ne se faisait pas faute d'aller le lendemain chez le chapelier essayer des feutres brillants, à longs poils, qu'il ne trouvait ni assez beaux ni assez chers; jouant prudemment, il savait s'arrêter à temps et prenait les gains au sérieux. Il leva de la sorte, chez le marchand de nouveautés, des robes pour sa bonne et sa fille, un habit complet de collégien pour son fils; il renouvela complétement sa lingerie de corps et de table, et se fit faire de longues redingotes militaires dans lesquelles ni l'ampleur du drap ni la finesse n'étaient oubliées. Comme il avait l'esprit gouailleur, une fois sorti du jeu, il ne se gênait pas pour se moquer des imprudents qui compromettaient leur commerce sur le tapis vert.

Les joueurs sont irritables à la déveine : bien souvent le

marchand de nouveautés et le chapelier avaient réfléchi qu'ils faisaient un marché de dupes; eux seuls, avec le cafetier, apportaient des produits sérieux et échangeables. La chance du capitaine, la parole de Simon, les faibles appointements de l'architecte Coqueret, ne pouvaient entrer en balance avec les marchandises que leurs adversaires se pressaient d'enlever le lendemain de leur gain; mais l'habitude les ramenait chaque soir vers le café maudit, où, pour la faible valeur d'une demi-tasse, ils étaient exposés, par la rapidité du jeu, à engloutir des milliers de francs en marchandises. Aussi arrivaient-ils dans un état de mauvaise humeur que la boisson et l'ardeur fébrile du jeu ne faisaient qu'augmenter.

Entre tous les joueurs, le chapelier Loysel semblait la victime : il perdit à lui seul plus que tous ses adversaires, et il était rare qu'il ne sortît pas en endossant toutes les pertes de la soirée. La fortune de joueur d'Omer Gentil était non moins singulière; généralement la déveine s'attachait à ses cartes jusqu'aux deux tiers de la nuit; mais il savait se rattraper à un fil. Comptant sur la fatalité qui pousse les joueurs à se relancer dans le danger dont ils se sont tirés, lorsqu'il avait perdu toute la nuit, et que le petit jour, pointant à travers les rideaux, rendait triste la lumière de la lampe et donnait le frisson du matin aux joueurs fatigués, il proposait un dernier bol de punch, que la compagnie ne savait pas refuser. Quoique ce moyen fût souvent répété, la fatigue, la fraîcheur du matin, le faisaient réussir. On s'attablait de nouveau, on jouait la valeur du bol de punch, et le malheureux Loysel se laissait entraîner à reprendre, partie par partie, toutes les dettes de nuit.

Lassé de ces pertes continuelles, le chapelier Loysel prit un grand parti : il cessa d'assister à ces réunions nocturnes, et résolut de veiller à sa boutique, dont la clientèle se perdait peu à peu. Ainsi que Simon, il se croyait échappé au naufrage, et ne pouvait se figurer qu'il devait autant de chapeaux et de casquettes. Il en avait déjà livré à ses adversaires un nombre suffisant pour se regarder comme libéré ; mais Omer Gentil ne se trouvait pas payé des sommes considérables que le chapelier lui devait. Ne voyant pas revenir son adversaire au café, il l'alla trouver :

— Quand règlerons-nous ? dit-il.

Le chapelier crut qu'il s'agissait d'établir une balance des objets fournis par la maison de nouveautés et par la chapellerie.

— Quand vous voudrez, répondit-il.

En recevant la note d'Omer Gentil, Loyel fut effrayé des additions qui s'élevaient à la somme formidable de sept mille deux cents francs. Il n'y avait pas dans son magasin la moitié de marchandises suffisantes pour payer ce total effrayant.

— Est-il possible ? s'écria-t-il.

Le marchand de nouveautés tira un carnet de sa poche, et montra inscrites, à leur date, les pertes du chapelier au café.

— Vous voulez rire, dit celui-ci en pâlissant.

— Je parle sérieusement ; si vous n'avez pas la somme, vous me ferez des billets.

— Allons, mon cher Omer, vous moquez-vous de moi ? des billets ! On ne m'en fait pas, à moi, et je n'en demande pas.

— Et moi je les exige !

— Je vous donnerai, si vous voulez, une délégation sur Édouard May, qui a perdu un soir cinq cents francs ; une autre sur le fils Bec qui me doit tant que je n'ai pas voulu compter.

— Vous avez tort de ne pas compter ; mais je n'accepte

pas un transport sur ces messieurs, je n'ai affaire qu'à vous.

— Ah! ah! ah! dit le chapelier, qui riait d'une façon pitoyable.

— Comment? s'écria le marchand de nouveautés indigné, vous reniez vos dettes de jeu?

— Mais non.

— Puisque vous ne voulez pas me faire de billets.

— Non plus.

— Cependant j'ai payé, moi! Vous portez une veste dont le drap est sorti de mon magasin.

— Je vous ai livré des chapeaux également.

— Je vous avertis que je veux être payé, monsieur Loysel ; et j'emploierai tous les moyens possibles.

— Jamais personne n'admettra que j'aie perdu plus que mon magasin ne peut vous fournir.

— Voilà donc pourquoi vous ne paraissez plus au café!

Une scène violente s'ensuivit, que toute la ville connut, car le marchand de nouveautés, qui ne voyait plus dans la société qu'un jeu organisé, dit à un huissier qui venait faire de temps en temps quelques courtes apparitions au café :

— Je vous joue les frais de poursuites contre le chapelier Loysel.

Ce mot imprudemment répété par l'huissier terrifia les honnêtes citadins d'Origny : on répéta partout que les maisons de commerce se jouaient en un tour de cartes, et que M. Omer Gentil allait devenir propriétaire de la chapellerie gagnée en un cent de piquet. Le mystificateur Simonnet inventa des perdants et des gagnants : à l'entendre, des bois, des prairies, des fermes avaient servi d'enjeu au café, perdus et gagnés en un clin d'œil. La propriété, devenue flottante, passait de main en main, en cinq minutes, le temps de prendre une demi-tasse. Une société formidable de joueurs s'était formée qui ne respectait rien ; si cette fureur continuait, il n'y avait pas de motifs pour que le maire de la ville d'Origny ne jouât pas les intérêts de la municipalité contre ceux de la ville de Longpont, petite sous-préfecture à trois lieues de là, qui jalousait les prérogatives d'Origny. La France était perdue; pourquoi le roi ne la jouerait-il pas contre l'Angleterre? Un marchand de casquettes avait bien perdu son fonds en une nuit.

Les crédits accordés par le cafetier atteignaient des chiffres énormes; des anecdotes scandaleuses circulaient sur l'estaminet, la ruine des ménages, la perte de la jeunesse. On se disait tout bas les dépenses effrayantes que Simon Bec faisait dans le café, les scènes violentes qui s'étaient passées à diverses reprises entre lui et le cafetier. La malignité publique alla jusqu'à insinuer que le limonadier ayant refusé tout crédit à Simon, celui-ci s'était entendu avec la demoiselle de comptoir et avait imaginé un moyen de paraître payer chaque jour sa consommation : c'est-à-dire qu'il se présentait hardiment au comptoir et déposait sur le marbre une pièce de deux sous sur laquelle la fille du cafetier lui rendait, au préjudice de son père, la monnaie de cinq francs. Les mauvaises mœurs, la débauche, l'orgie, la paresse semblaient avoir élu domicile dans ce café, et toutes ces passions régnaient sur de nombreux sujets. La police municipale n'était pas ménagée dans ces propos : le maire, le commissaire, ses agents, la gendarmerie étaient donc plongés dans une désolante inactivité, que leur surveillance n'avait pu arrêter la ruine de commerçants trop enclins à la fainéantise?

Ces bruits ne pouvaient tarder à parvenir au parquet. Le président Brochon prévint mademoiselle Bec de la conduite de son fils, afin de le tirer d'une fâcheuse position avant que la justice se mêlât de l'affaire. La demoiselle de compagnie, effrayée, fit partir son fils d'Origny, alla trouver le cafetier et régla encore une fois les dettes de Simon ; elle craignait surtout les héritiers que ces folles dépenses devaient alarmer.

Un matin, vers midi, le commissaire de police, en vertu d'ordres du parquet, entra brusquement au moment où les joueurs sans défiance entamaient leur interminable piquet. Édouard May se trouvait là par hasard, car il n'avait pas l'habitude de fréquenter le café. Les livres de l'établissement furent saisis, les cartes, les billards scellés, et la police prit les noms de tous ceux qui se trouvaient à l'estaminet soit accidentellement, soit de coutume. Ce procès occupa longuement les loisirs de la ville, et le président Brochon atteignit à la haute éloquence par sa définition des jeux de commerce et de hasard et des perturbations qu'ils avaient amenées dans une ville si tranquille. Les dettes de ceux pour lesquels il n'avait pas de sympathie furent mises au grand jour, et le président insista surtout sur l'immoralité précoce d'Édouard May, à qui il reprocha, sous forme d'insinuation, les escapades de la chambre aux ferrailles. Il passa sous silence les nombreuses orgies de Simon, qui étaient prouvées à chaque page du registre du cafetier par de longues colonnes de chiffres, mais il retomba de toute la hauteur de son indignation sur Édouard, qui, huit ans auparavant, avait échappé par la fuite à ses foudres, dans le salon de madame Le Camus.

Le cafetier fut condamné à la prison, et dès lors les joueurs, intimidés par le rôle qu'ils avaient eu dans ce procès, se dispersèrent de côté et d'autre.

XIII

DÉPART D'ÉDOUARD

La lecture du grand-livre du café en audience publique compromit plus d'un bourgeois tranquille d'Origny, qui fut victime de l'antipathie ou de la sympathie que lui vouait le président Brochon; mais l'aigrissement du caractère de ce magistrat, qui devait, disait-on, sa mauvaise humeur à de trop longues stations sur des siéges échauffants, fit qu'il prit plaisir à compromettre le plus qu'il lui fut possible d'honnêtes gens dont l'unique tort était d'aller quelquefois prendre un simple délassement d'une demi-heure au café. Cretté-Torchon porta le coup d'être mal vu dans le salon jaune de la rue Chastellux. Madame Le Camus ne pouvait comprendre la domination qu'exerçait une cuisinière sur un homme de sa famille. De méchantes langues, qui cherchaient à répandre le trouble parmi les héritiers, avaient colporté que la cuisinière, en parlant de madame Le Camus, osait l'appeler *sa* tante; il n'en fallait pas plus pour enlever au neveu l'affection d'une vieille parente, élevée dans des principes rigides et qui craignait encore plus un mariage honteux qu'une liaison équivoque avec une femme mal élevée. Cretté-Cussonnière n'avait pas de termes assez méprisants pour un frère enchaîné lâchement par une passion inavouable; aussi parlait-il de son frère, qu'il appelait M. Cretté, avec le regard, la voix dédaigneuse d'un souverain qui s'inquiéterait un moment des amours de sa cuisine. M. May et Cretté-Torchon étaient l'épouvantail de la maison Le Camus, et chacun espérait manger la part de gâteau de ces deux brebis galeuses. Aussi le président Brochon se montra-t-il sans pitié pour Cretté-Torchon, qui apparaissait irrégulièrement à l'estaminet, qui n'y jouait pas, mais dont le nom cependant se trouvait à l'*avoir* du grand-livre.

— Qu'alliez-vous faire, monsieur, dans cette mauvaise maison ? lui demanda le président.

— Je prenais un simple gloria.

— Taisez-vous ! s'écria M. Brochon, qui coupait ainsi la parole aux prévenus, aux témoins, aux avocats, lorsqu'il lui paraissait qu'ils allaient avoir raison.

— Mais, monsieur...

— Allez vous asseoir ! reprit M. Brochon exaspéré, qui avait revêtu pour cette grave affaire une perruque des plus sinistres.

— Ah ! dit à son client l'avocat qui reconnaissait cette toison extravagante pour une de celles que le juge portait afin d'effaroucher les accusés, vous êtes certain de vous voir appliquer le maximum.

Ces cheveux factices servaient de girouette à tout le palais : procureur, greffier, avoués, huissiers, avocats, n'osaient souffler mot quand la tête de M. Brochon était perdue sous les poils hérissés d'un appareil aussi terrible que les dragons peints sur les étendards des Chinois allant en guerre.

Le commencement de l'audience fut marqué par un fait qui terrifia les esprits, et qui montra combien la couleur et les hérissements de la perruque du magistrat étaient en rapport avec la peine qu'il voulait infliger. Un certain mouvement se produisit dans un groupe de femmes : on entendit un cri, et M. Brochon se leva tout d'une pièce, en clignant de l'œil :

— Gendarmes, vous allez conduire immédiatement à la prison cet homme qui vient de pincer sa voisine.

Le gendarme alla vers le groupe remuant, et sembla hésiter d'après les rapports qu'on lui faisait.

— Eh bien, que vous ai-je dit? empoignez cet homme immédiatement et emmenez-le à la prison.

Le gendarme voulut répliquer.

— Brigadier, s'écria M. Brochon, n'oubliez pas de mettre aux arrêts le gendarme qui se permet de me répondre.

Le brigadier fit sortir le gendarme et l'homme qui avait troublé l'audience. On sut plus tard que l'homme accusé par le président soutenait une femme évanouie par suite de la presse et de la chaleur, et que le gendarme hésitait à exécuter un ordre illégal; mais l'homme n'en fit pas moins quelques heures de prison, M. Brochon voulant toujours avoir raison.

Édouard May, de tous les témoins, fut le plus maltraité par le président : il eût été l'accusé principal, que les foudres vengeresses de M. Brochon n'eussent pas été plus terribles. Suivant le juge, qui fit un tableau rembruni du jeu, les parties engagées au café semblaient avoir été provoquées par Édouard; les commerçants auraient été entraînés par Édouard. M. Brochon expliqua le singulier va-et-vient des casquettes du chapelier Loysel échangées contre les étoffes de M. Omer Gentil, et il termina en accusant Édouard de porter sur son dos des habillements gagnés aux cartes. Édouard pâlit et frémit de cette indigne accusation. Sur le bureau circulaire, au-dessous même du président, était sculptée une main de justice ouverte; cette main, qui s'ouvrait dans la direction du président, Édouard eût voulu la voir s'animer et frapper le juge qui se faisait tout à coup son diffamateur. Il fit un pas, mais son regard se voila, l'indignation l'empêcha d'entendre; cependant, à travers le brouillard produit par l'émotion, il croyait voir aux places d'honneur de la petite salle d'audience le sourire méprisant de M. Cretté-Cussonnière qui semblait applaudir au discours de M. Brochon, et à côté du riche marchand de bois, la figure basse de l'horloger Carette, et les profils bourgeois de M. Bonde et de son fils, que leur intimité avec le président avait fait placer au premier rang. Si l'appareil de la justice, l'autorité suprême des personnages en robe noire n'eussent cloué Édouard à sa place, il serait monté près du président, et peut-être eût-il tiré une vengeance immédiate de ces calomnies en donnant un sens animé au symbole de cette main de justice de plâtre, condamnée à un repos éternel; mais, le premier moment passé, Édouard reprit son sang-froid, et traversa fièrement la foule, curieuse de chercher des émotions sur la figure d'un homme qui venait d'être traité si rudement en audience publique; en quelques minutes il était chez sa mère.

— Qu'as-tu? lui dit madame May, frappée de l'émotion de son fils, manifestée par une pâleur extraordinaire.

— Je pars pour Paris...

— Mais pourquoi?

— Ce soir même.

— Que dis-tu?

— Il le faut.

A la concision des paroles de son fils, la mère reconnut que sa résolution était sérieuse. Alors Édouard dit l'offense qu'il avait subie de la part du président de la police correctionnelle, malgré son innocence, et la haine qu'il ressentait pour les gens d'Origny.

— Je ne reviendrai plus ici que riche ou célèbre, s'écria-t-il, afin d'humilier tous ces gens à sentiments si bas.

Édouard, quoique âgé seulement de dix-huit ans, avait été élevé par son père de telle sorte que la réflexion s'était emparée de lui presque malgré lui. M. May ne souffrait pas qu'on parlât au logis, même pendant les heures de repas. Obligé de cacher ses tendances sympathiques extérieures, Édouard, pendant les dix minutes que durait le modeste dîner de la famille, pouvait suivre les orages qui s'accumulaient dans l'esprit de son père, et les mélancolies qui mouillaient les cordes de la voix de madame May, si elle était obligée de parler. Grâce à cette éducation que le hasard donnait au jeune homme, son esprit prit des tendances méditatives et d'observation, qu'un père trop doux eût peut-être converties en bavardages et en paroles inutiles. Édouard subit l'autorité paternelle sans jamais en être blessé : s'il en souffrait quelquefois, c'était à cause de sa mère, dont il voyait les yeux rougis et fatigués par d'abondantes larmes versées en secret ; mais, d'un caractère décidé et entier, Édouard se laissa plier sous les tempêtes de son père sans jamais en être brisé comme l'était sa mère.

Le jour où M. Brochon s'était montré à l'audience d'une rigueur inaccoutumée, M. May rentra chez lui à quatre heures précises pour dîner. Avant son arrivée, sa femme, déjà inquiète de la décision de son fils, ne savait comment l'annoncer à son mari ; mais elle fut saisie de crainte en voyant la physionomie irritée de M. May, qui avait appris dans la ville la scène du tribunal.

— Est-ce ainsi que vous vous conduisez, dit-il rudement à Édouard ? Vous êtes en ce moment le texte de la conversation de tous les bavards... Ah ! vous faites des dettes au café, vous y passez des nuits, vous perdez votre temps, et vous croyez que je vais vous entretenir dans vos débauches... Non, monsieur, c'en est assez ; vous sortirez de chez moi ou vous changerez de conduite.

— On m'a accusé faussement, dit Édouard.

— Êtes-vous allé au café ? répondez franchement.

— Oui, quelquefois.

— Eh bien, monsieur, je n'en veux pas davantage ; le président Brochon a eu raison de vous réprimander.

— Je vous jure, mon père, qu'il ne me réprimandera pas une seconde fois.

— Qu'entendez-vous par là, monsieur ?

— Je pars d'Origny.

— Vous partez ! s'écria le père stupéfait.

— Oui, je quitte le pays.

— Pour aller, s'il vous plaît ?

— A Paris.

— A Paris ! reprit M. May. Et qui est-ce qui vous entretiendra là-bas ?... Vous savez que je n'ai pas de fortune, et que, d'ailleurs, je ne la sacrifierais pas, si j'en avais, à satisfaire vos débauches... Sans doute vous pensez qu'à Paris il est permis de tout faire, qu'il n'y a pas de lois, et que vous y continuerez sans contrôle la vie que vous menez à Origny.

Tout en parlant, M. May s'échauffait, suivant son habitude, et se laissait emporter par ses paroles ; ayant chargé son fils de reproches indignés, il se retourna et attaqua vivement madame May. Elle seule était cause de la mauvaise conduite d'Édouard ; elle l'avait mal élevé, mal dirigé, et allait bientôt en recueillir les tristes fruits. Ensuite, M. May prit à partie son fils et sa femme en même temps ; il les accusa de s'être aliéné l'esprit de madame Le Camus, Édouard par sa mauvaise conduite, sa mère par son amour-propre exagéré. M. May oubliait qu'il avait été le premier à rompre en visière avec mademoiselle Bec, car l'indignation qu'il ressentait en présence de cette gouvernante-maîtresse l'avait poussé à se quereller vivement avec madame Le Camus, à se fâcher, à rompre, et à ne plus retourner chez elle ; mais le droit, la justice, le bon sens étaient mis tout à fait de côté par M. May quand il discutait : alors, il oubliait ses propres actions, ses préceptes, sa manière d'agir, pour tomber dans une exagération fiévreuse et sanguine que tout le monde craignait. Il était aussi dangereux de vouloir discuter ses opinions exaltées que de le laisser continuer en paix. Semblable à ces chevaux emportés, attelés à une voiture, qu'un cocher inexpérimenté laisse courir à l'aventure, recommandant son âme à Dieu et se fiant à un secours ou à un obstacle amené par le hasard, emporté par la discussion, M. May se sentait quelquefois comme brisé contre un mur, et sa parole s'arrêtait subitement, honteuse de ses propres écarts.

— Ah! tu vas à Paris, s'écria-t-il à la fin de son accès ; eh bien, tu peux y emmener ta mère avec toi, et je serai bien débarrassé... Oui, c'est une idée supérieure que tu as eue là, de quitter la ville, et ta mère aussi... Enfin, je serai donc tranquille.

Madame May regardait son mari avec une pitié mélancolique ; elle sentait qu'il ne disait pas vrai, mais elle n'en souffrait pas moins profondément.

— Il y a longtemps, continua M. May, que je veux être seul ; à vous deux vous m'avez empêché de faire mes affaires. J'aurais gagné de l'argent si ta mère n'y avait pas mis obstacle par ses sottes défiances... Eh bien, maintenant, vous pourrez dire en vous en allant que vous enlevez à un homme tous ses soucis, et que votre départ lui donne la fortune. Ah! ah! que je suis heureux, vraiment! vraiment! dit M. May d'un ton qui n'avait pas la sonorité d'une âme satisfaite.

Ayant ainsi parlé, il sortit brusquement en faisant claquer la porte. Le bruit de ses pas dans les escaliers, la façon dont il ouvrit et ferma la porte de la rue, témoignaient assez de sa colère émotionnée ; mais c'était à l'intérieur qu'il laissait une vive émotion. Madame May, un coude sur sa chaise, cachait sa figure dans ses mains fermées, au travers desquelles coulaient des larmes brûlantes.

Edouard, honteux d'avoir provoqué cette scène, s'était retiré dans sa chambre. Quand la pauvre femme dégagea sa tête de ses mains, son regard s'arrêta sur un petit tableau de paysage, exécuté en perles de couleur. Elle regarda longuement le petit sapin vert devant la maison blanche, le toit de tuiles rousses, et un petit chien violet, jappant au-devant d'un homme à redingote bleue qui se disposait à entrer dans la maison.

Certes, ce travail en perles n'avait rien de commun avec la peinture des grands maîtres, ni avec la reproduction de la nature; mais le paysage reportait madame May à trente ans de là, à une époque où, jeune fille, elle avait rempli ce cadre sous la direction de madame Le Camus. Combien avait-elle souffert alors des exigences et de l'avarice de M. Le Camus! Combien avait-elle rêvé de fois, dans le tranquille salon jaune de la rue Chastellux, l'image d'un homme à qui elle associerait sa destinée, sur lequel elle veillerait, dont elle aurait soin, qui ne pourrait rien désirer de sa part sans qu'aussitôt ses vœux fussent accomplis!

Mais les rêveries des jeunes filles disparaissent comme l'oiseau dans l'air, sans laisser de traces. La vie réglée apporte avec elle sa quiétude, les occupations de douze heures bien remplies ne laissent pas à l'esprit ces soucis qui creusent les joues, cernent les yeux, chargent d'amères couleurs la physionomie des gens inquiets dans la société. Chez madame Le Camus, la vie de jeunesse de sa nièce avait été pour ainsi dire monastique : il y avait dans les occupations réglées de la journée quelque chose des détails de l'existence des sœurs de charité et des religieuses; l'état délicat de santé

11.

de madame Le Camus exigeait des habitudes qui ne variaient pas, sauf aux renouvellements des deux grandes saisons, l'hiver et l'été. A cette régularité, madame May gagna une physionomie douce, placide, un teint presque transparent, des yeux d'une pureté de nonne. Sans être jolie, la figure de la jeune fille exhalait un charme de repos, de bonheur et de jeunesse : il y avait dans sa personne une fraîcheur souriante qui attirait à elle et inspirait la sympathie ; mais le mariage détruisit bientôt cette fleur d'adolescence, comme un enfant qui s'empare d'un papillon enlève la poudre précieuse de ses ailes. La jeune fille, élevée par sa tante, vivait comme un oiseau, sans s'inquiéter du lendemain. Le mariage lui ouvrit le livre de l'avenir, si noir et si désolé pour les âmes délicates. Des maximes amères et désespérantes étaient gravées en gros caractères à chaque page de ce livre, et madame May, chaque fois qu'elle le consultait, le fermait le cœur attristé, le corps abattu, et l'inquiétude logée dans mille plis de sa figure jadis si calme.

Avec cette nature d'esprit, il eût fallu à la jeune fille un mari d'une humeur facile, d'une amitié plus démonstrative et plus éloquente ; il lui eût fallu encore une position mieux assise, un train de vie plus confortable. Non pas que ni l'un ni l'autre des époux aimât le luxe ; au contraire, aucune privation ne leur coûta pendant les premières années de leur mariage : on but de l'eau à tous les repas pendant quatre ans, et le ménage s'était décidé à acheter une pièce de vin que le médecin recommandait toujours à la jeune épouse, à cause de sa délicatesse, lorsqu'elle accoucha d'un garçon, ce qui commanda de nouvelles économies dans la maison. Pendant le temps de ses couches seulement, madame May fit venir une femme de ménage, afin de veiller à l'entretien de la maison et à la cuisine ; mais aussitôt relevée elle reprit ses habitudes domestiques, quoiqu'elle nourrît elle-même son enfant.

Ces premières années de mariage avaient été les plus heureuses, le caractère de M. May ne s'étant montré qu'avec l'âge : la pauvre femme, en ce moment de chagrin violent, vit défiler une à une ses premières années chez sa tante, et ses vives joies maternelles suivies de tant de déboires. Son fils était tout pour elle, et son fils songeait à la quitter ! Il y a dans le cœur des mères le sentiment du sacrifice. C'est élever un enfant qui coûte mille peines, mille soins, qui dévore la moitié du sommeil, qui, s'il est malade, donne à tout l'être des secousses plus vives que l'enfantement ; cet enfant qui rattache à la vie, qui cloue la mère auprès du foyer, une pensée amère est attachée à chaque parcelle de joie qu'il procure. Un jour il faudra s'en séparer... telle est la vie. Il ira loin, bien loin, fonder une autre famille, chercher la fortune, et oubliera celle dont la vie s'est passée en dévouements de chaque jour.

Madame May n'avait pas cru ce jour si proche. Édouard n'avait que dix-huit ans ; elle espérait le garder pendant quelques années auprès d'elle à Origny, voir naître le jeune homme, et se développer ses facultés. En un moment ces derniers beaux rêves s'étaient envolés : Édouard avait jeté en avant le mot de Paris. Cette pensée la fit lever subitement de sa chaise et monter à la chambre de son fils.

En entendant des pas résonner sur le parquet, elle s'arrêta émue, comme quelqu'un qui reconnaît le lugubre son de marteau du menuisier, retombant sourdement sur le cercueil d'une personne chérie. On entendait ouvrir les armoires, remuer les meubles, fermer les tiroirs, et ce mouvement inusité confirmait trop bien les paroles d'Édouard pour que la mère ne se recueillît pas avant d'entrer. Cependant elle prit courage.

— Il est donc vrai, dit-elle en ouvrant la porte, tu veux partir !

Une vieille malle était au milieu de la chambre, déjà à moitié pleine de linge et de livres.

— Oui, dit Édouard, il le faut.

— Ah! mon pauvre enfant, tu vas être exposé à bien des désillusions; comment feras-tu pour vivre?

— J'ai du courage, dit Édouard, et je veux faire mon chemin.

— Tu ne sais pas ce qu'il en coûte pour être médecin; si ton père n'avait pas fait de fausses spéculations l'année passée, il ne demanderait pas mieux que de t'aider; il a le caractère violent, mais juste... Tu as eu tort de te froisser de ses paroles un peu brusques, il ne les pense pas.

— Je n'en veux pas à mon père, mais je regarde comme un temps perdu les études que j'ai faites ici à l'hôpital; je n'apprends rien avec ce vieux médecin que la ville garde à cause de son grand âge, mais qui ne sait rien m'enseigner que de vieilles observations sur lesquelles je le trouve en contradiction avec le peu d'auteurs modernes que j'ai lus.

— Tu ne te doutes pas, mon cher enfant, qu'il faut au moins douze cents francs pour vivre à Paris.

— Je les gagnerai, dit Édouard.

— Tu les gagneras! Tu parles bien comme un jeune homme inexpérimenté; rien n'est plus difficile à gagner que douze cents francs. Et puis tu auras des livres à acheter, des instruments pour ton métier, des inscriptions à prendre : jamais tu n'en sortiras.

— J'ai pensé à tout, dit Édouard.

— Je veux bien que tu y aies pensé, mais c'est la réalisation... Ah! pourquoi ne sommes-nous pas plus riches! Tiens, dit-elle en lui présentant une petite bourse brodée en perles, voilà le seul souvenir que je te puisse donner... tu trouveras dedans cent dix-neuf francs. C'est une petite bourse que je faisais pour toi, avec le désir de l'augmenter; e croyais pouvoir aller à une couple de cents francs, mais tu veux partir tout d'un coup!... Prends cet argent, Édouard, et surtout garde bien la bourse, car je l'ai brodée moi-même, il y a bien longtemps... à une époque où j'étais plus heureuse.

En parlant ainsi, la mère se jeta dans les bras de son fils pour cacher l'émotion qui la gagnait; Édouard se sentait attendri, et ses projets faiblissaient. Si sa mère lui eût demandé de rester un an de plus auprès d'elle, il y aurait consenti en ce moment; mais madame May, tout en souffrant vivement du départ de son fils, le jugeait cependant nécessaire.

— Voilà, dit-elle, une demi-douzaine de chemises neuves, et deux autres à devant, plus fines, si tu allais en société. Tu donneras tes chemises ordinaires à ta blanchisseuse, mais celles-ci doivent être confiées à une blanchisseuse de fin. Ah! qui est-ce qui va prendre soin de toi maintenant! Tu n'es pas très-soigneux; tiens, regarde comme ton habit est plié dans la malle : il arrivera à Paris tout chiffonné. Tu ne sais pas, Édouard, ce que c'est qu'une femme qui prend soin de vous à chaque instant, qui veille à la propreté, qui passe tous les jours l'inspection des habits... Voilà pourtant la véritable économie... N'oublie pas cette boîte dans laquelle tu trouveras du fil, un dé, des aiguilles. Aussitôt qu'un bouton s'en va, il faut le remettre; c'est sitôt fait... Allons, ne remue pas la tête... Je te vois déjà dans les rues de Paris, négligé et insouciant dans tes habits. Mon ami, le monde fait grande attention à ces détails; si tu veux réussir, sois toujours propre sans être élégant, quand tu n'aurais pas le goût de la mode... Je t'ai mis là une paire de rasoirs de ton père qui ne s'en sert plus; ils sont excellents; tout est dans ce petit paquet : la savonnette, de la poudre de Windsor. Et puis tu me diras quelles confitures tu préfères.

— Je te remercie, dit Édouard.

— Veux-tu de la groseille ou de la *balossée* ? Étant petit tu aimais tant la *balossée*... D'ailleurs, tu n'en trouverais pas à Paris.

— Je ne voudrais pas t'en priver.

— J'en mange si peu ! dit madame May ; tu en feras ton premier déjeuner du matin ; tu te fais monter du pain par le boulanger, et tu déjeunes avec des confitures pour attendre l'heure de midi ; c'est déjà une économie. Je ne saurais trop te recommander l'économie, mon cher ami ; de là dépend tout ton avenir. Sache t'arrêter dans tes plaisirs comme dans ton appétit ; ne te laisse pas entraîner à la débauche par des compagnons qui semblent aimables et qui, si tu les dépouillais de l'enveloppe souriante que sait prendre le vice, te paraîtraient répugnants. Fréquente les gens de bien, sois modeste avec tes supérieurs, bon avec tes camarades, essaye de devenir plus savant de jour en jour. Chaque soir, étudie avant de te coucher ta conduite de la journée, tâche de te corriger et de te repentir si tu découvres qu'une mauvaise action s'est glissée entre les bonnes... Alors, mon ami, tu deviendras un homme à ce prix, et ta mère sera heureuse ; car, ajouta-t-elle en l'embrassant encore, je n'ai plus que toi sur la terre, j'ai placé tout mon bonheur en toi, et le plus beau jour de ma vie sera celui où j'apprendrai ton premier succès. Quand tu auras du linge déchiré, des chemises, des pantalons, tu en feras un paquet et tu me l'enverras, plutôt que de les porter troués...

La malle était finie.

— Je voudrais te garder encore, dit madame May, mais il faut que tu ailles rendre visite à ta tante, à M. Cretté-Cussionnière et à tous tes parents. Reviens surtout pour l'heure du dîner, tu sais que la diligence part à sept heures précises.

Édouard, qui craignait de se sentir faiblir en présence de

sa mère, profita de cette ouverture pour aller rendre visite à tous les gens de sa connaissance. Il n'avait qu'une préoccupation : depuis longtemps il n'avait pas vu Thérèse, et son image se présentait à lui avec obstination depuis quelques jours. Du moment où la pensée du voyage s'était fixée, il était passé plus souvent dans la rue où demeurait le marchand de bois, afin de rencontrer Thérèse et de la voir; mais il n'avait pu y parvenir. Il quittait Origny avec mélancolie en pensant qu'il ne reverrait de longtemps la jeune fille dont il avait été autrefois le compagnon favori : son départ lui donnait l'occasion d'aller chez les Cretté-Cussonnière, qu'il ne voyait plus depuis longtemps.

Le marchand de bois parut surpris quand Édouard se présenta dans la salle à manger (car les Cussonnière dînaient à quatre heures précises); quant à Thérèse, elle rougit beaucoup.

— J'aurai sans doute, dit Cretté-Cussonnière, quelques commissions à vous donner, pas grand'chose, du reste, cinq ou six lettres et un petit paquet. Je vais me mettre à écrire mes lettres ce soir, mais vous savez, vous les porterez vous-même... en vous promenant... C'est comme ça qu'on apprend à connaître Paris... C'est une grande ville que Paris, monsieur; moi qui vous parle, j'y ai fait trois voyages déjà, et j'ai été bien forcé de m'y retrouver, à cause des lettres dont on m'avait chargé.

— Pardon, mon cousin, si je vous interromps, dit Édouard, mais il serait bon d'écrire vos lettres immédiatement, je pars dans une heure trois quarts.

— Comment, s'écria Cretté-Cussonnière, vous partez sitôt, sans en prévenir d'avance. Ce n'est pas bien, non, ce n'est pas bien; on dirait que vous ne voulez pas rendre service à vos concitoyens...

— Mais, mon cousin...

— Je ne trouve pas votre procédé convenable, car enfin vous pouviez nous demander deux jours à l'avance de préparer nos lettres... Pas du tout, monsieur part brusquement ! Comment voulez-vous que j'écrive mes huit lettres en une heure, surtout après dîner ?

Alors M. Cretté-Cussonnière s'emporta sérieusement contre les personnes qui feignaient de vouloir rendre service sans en avoir l'intention ; il ne pouvait pardonner à Édouard ce manque de complaisance. Madame Cussonnière prit le parti de son mari en chargeant Édouard d'un futur délit, c'est-à-dire que certainement il ne porterait pas ces lettres, une fois arrivé à Paris; qu'il penserait plutôt à se réjouir et à mener la vie de jeune homme.

— Tu ferais aussi bien, dit-elle, de ne pas confier ces lettres à M. Édouard May.

Alors elle rappela la scandaleuse histoire du traître Simonnet, qui était resté à l'état de légende dans la ville d'Origny. Le terrible mystificateur devant partir pour Paris, annonça son départ un mois à l'avance, de telle sorte que les commissions de toute nature, les lettres, les paquets emplirent deux ou trois malles en surtaxe. Suivant l'habitude, pour éviter des frais de commissionnaires et de poste, Simonnet devait remettre lui-même, en mains propres, chacune des lettres et chacun des paquets. Quel ne fut pas l'effroi des gens d'Origny lorsqu'ils virent revenir à leur adresse, par les Messageries, les paquets et les lettres confiés à Simonnet? Non-seulement il y avait un grand retard, mais une dépense inutile, tous les objets envoyés à Paris revenant à Origny. Par des billets adressés à ceux qui lui avaient confié ces messages, Simonnet s'excusait d'être obligé de quitter Paris subitement pour aller plus loin, et ne voulant confier à personne la délicate mission de déposer ces paquets, il les renvoyait à leurs premiers propriétaires.

Simonnet agit avec prudence en ne revenant pas avant un mois dans la ville, car il eût été écharpé, la province ne pardonnant pas une pareille mauvaise volonté dans la distribution des commissions.

Thérèse était sortie pendant le discours de son père ; elle ne revint qu'au moment où Édouard prenait congé de ses parents : ce départ autorisait Édouard à embrasser sa cousine qui paraissait très-émue.

— Tenez, mon cousin, lui dit-elle, voulez-vous accepter ce petit portefeuille, sur lequel j'ai écrit la date du jour où vous m'avez sauvée d'une mort certaine ?

— Je le garderai toujours, Thérèse, croyez-le, dit Édouard, qui sortit le cœur oppressé et le sang à la tête.

— Il n'avait pas cru que le départ lui coûterait autant. En traversant la place, il rencontra son père qui vint à lui.

— Eh bien, veux-tu toujours t'en aller ?

— Oui, mon père, ma malle est faite.

— Voilà soixante francs, n'en dis rien à ta mère ; chaque mois je tâcherai de t'en envoyer autant. Surtout, travaille et sois honnête homme.

La voix de M. May était moins assurée que d'habitude. En ce moment, Édouard comprit la bonté de son père, qui était cachée sous une enveloppe épineuse. Comme on allait dîner, un pâtissier arriva avec un énorme vol-au-vent.

— Qu'est-ce que cela ? dit madame May.

— Il faut bien régaler Édouard pour le dernier jour qu'il passe avec nous, dit le père.

Édouard, suffoqué par l'émotion, pouvait à peine manger. A cette heure seulement, il jugeait ceux qu'il quittait, et pouvait sonder leur cœur par les petits soins dont on l'entourait.

— J'ai mis dans du papier deux pigeons rôtis pour la route, dit madame May.

— Il faut aussi lui donner une demi-bouteille de vin vieux.

Je vous remercie, s'écria Édouard.

— Ce n'est pas la peine, dit M. May, de dépenser son argent à une table d'hôte pour un repas qu'on ne mange pas.

Le conducteur entra :

— Monsieur Édouard, on attèle.

— Allons, mon garçon, viens encore que je t'embrasse, dit madame May, qui pleurait et ne pouvait quitter son fils.

— Ne viendrez-vous pas avec moi jusqu'à la voiture ? demanda Édouard, qui semblait partir pour ne jamais revenir, tant il était ému.

Mais les grelots des chevaux, les coups de fouet, l'appel des voyageurs, le ranimèrent un peu.

— Surtout, travaille, dit le père.

— Ne m'oublie pas, dit la mère.

Et la lourde diligence partit.

XIV

LA VIE D'ÉTUDIANT

Une fois arrivé à Paris, Édouard oublia vite les instructions de ses parents, et mena la vie dissipée à laquelle échappent rarement les étudiants de première année : dix-huit ans, se sentir son maître absolu, dans une ville où tous les plaisirs semblent sortir de chaque pavé, dans un quartier où la vie est facile, où il suffit d'ouvrir sa fenêtre pour rencontrer des vices séduisants qui ne demandent pas mieux que de tenir compagnie à la jeunesse, il est difficile de se soustraire à ces enivrements qui correspondent si bien aux bouillonnements de nouvelles passions. Édouard était tombé par hasard chez un hôtelier natif d'Origny et connaissant parfaitement toute la ville ; dans ce même hôtel demeuraient, pour son malheur, des étudiants qui passaient leur temps à boire, à fumer, à sonner de la trompe, à courir les bals. Édouard fut émerveillé de cette compagnie joyeuse qui l'avait d'abord un peu effrayé les premiers jours, à la table d'hôte, et il se laissa entraîner dans cette vie de dissipations. Le peu d'argent qu'il avait apporté coula rapidement : quand sa bourse fut entièrement plate, étant devenu soucieux, il raconta à un de ses nouveaux camarades comment, en un mois, il avait dépensé tout son avoir en plaisirs, sans que l'hôtelier eût touché un sou de la somme. Cette confidence fit sourire l'étudiant expérimenté.

— Vous avez des habits, dit-il, il faut les vendre.

Et comme ce dialogue se passait à la fenêtre, l'étudiant poussa un *stt* qui fit lever la tête à un homme de la rue. Avant qu'Édouard eût compris le sens de cet appel, l'homme de la rue entra chargé d'un paquet d'habits, de cannes, et un cor de chasse en bandoulière.

— Allons, vieux drôle, je te présente mon ami, qui veut aller ce soir au bal et qui n'a pas d'argent.

Ce ton de familiarité montrait que le précepteur d'Édouard était un ami du marchand.

— Voyons, Édouard, ouvrez votre malle, dit l'étudiant ; je m'en vais vous apprendre comment on fait le commerce dans le quartier Latin, car il n'y a pas d'êtres plus malins que ces damnés marchands d'habits.

Édouard voyait avec une certaine appréhension sa garde-robe épluchée par l'œil connaisseur du juif, qui offrit six francs d'un habit, d'un pantalon et d'un gilet d'une valeur de cent francs.

— Tu vas nous donner quinze francs, dit l'étudiant ; c'est une honte ! autant aller les porter au mont-de-piété.

— Si vous aviez de vieux souliers, dit le marchand, j'irais bien à dix francs.

— Quinze, dit l'étudiant.

— C'est impossible, reprit le marchand, qui fit mine de s'en aller.

— Je te donnerai une vieille paire de bottines avec, dit l'étudiant, mais je veux quinze francs.

— Je ne peux pas, monsieur, vous savez bien que je ne me fais jamais tirer l'oreille ; et il alla vers la porte.

— C'est le plus dur de tous, dit l'étudiant, il m'a acheté cependant pour huit cents francs d'habits. Est-ce ton dernier mot ? je t'avertis que je ne te rappellerai pas.

— Avec cette cravate qui est là pendue, dit le marchand. j'irai à douze francs.

— Va-t'en au diable, dit l'étudiant.

— Ah ! monsieur, vous n'êtes pas juste, dit le marchand en sortant.

— Vous savez, mon cher Édouard, dit l'étudiant, que tous ces marchands s'entendent : il a offert douze francs, ses confrères vont le savoir ; je ne sais quelle franc-maçonnerie existe entre eux, mais les marchands d'habits que nous ferions monter maintenant vous donneraient moins de douze francs. Au fait, nous aurons assez de douze francs pour ce soir.

— Mais je n'ai plus qu'une redingote, dit Édouard.

— N'est-ce que cela ? dit l'étudiant toujours à la fenêtre : *stt ! stt !*

Le marchand n'avait pas quitté la rue, lisant dans les

yeux des jeunes gens qu'ils accepteraient son marché. En un clin d'œil il fut dans la chambre.

— C'est à cause de vous, monsieur, dit-il en soupirant à l'étudiant, que je fais ce marché. En même temps, il dénoua lentement les cordons d'une vieille bourse de cuir, et les pièces de un franc semblaient s'attacher à ses doigts ?

— Vous avez un tailleur à Paris, dit l'étudiant à Édouard ; eh bien, demain, commandez-lui des habits neufs ? Si vous avez besoin d'argent vous les mettrez au mont-de-piété, et chaque mois vous les retirerez ou vous les vendrez à ce brave homme. Maintenant que la connaissance est faite, il ne manquera pas de vous appeler tous les matins en passant.

Ainsi Édouard se laissait aller aux mauvaises relations dont il était entouré, la majeure partie des locataires de l'hôtel garni agissant de la sorte : ce train de vie dura trois mois, pendant lesquels le crédit se montra plein de confiance ; mais le maître d'hôtel, ne recevant pas d'argent, écrivit à M. May, qui fut stupéfait en recevant une note qui n'allait pas à loin de mille francs. Sa colère fut vive et retomba sur la tête de sa femme, comme d'habitude ; madame May pensa d'abord à venir chercher son fils, le croyant perdu à jamais ; c'étaient encore de nouveaux frais pour un ménage modeste. Elle écrivit à Édouard une lettre alarmée, sans colère, mais pleine de reproches qui partaient du cœur ; on sentait son chagrin dans les quelques lignes touchantes qui rappelaient à Édouard ses promesses du départ. Il en fut touché, et comme à cette lettre était joint un petit mandat d'argent sur la poste, dès le soir même Édouard prit le parti de quitter l'hôtel. Il alla s'installer dans une modeste chambre garnie de la rue des Irlandais, derrière le Panthéon, dans un quartier très-solitaire où demeuraient de vrais travailleurs, et dès lors il se livra complétement à l'étude. Le bon marché l'avait conduit dans cet endroit, qui lui fut propice ; au lieu d'un hôtel garni bruyant où la nuit se passait en débauches, il trouva une maison tenue par une vieille fille qui avait pour règle absolue de ne plus ouvrir passé dix heures du soir. Ceux qui demeuraient dans cette maison tranquille se destinaient presque tous aux sciences naturelles, à la chimie, à la pharmacie, à la médecine ; tous travaillaient, se levaient matin, passaient leur journée à la bibliothèque Sainte-Geneviève, pour économiser des frais de chauffage, et leur plus grande distraction était de se promener en discutant sous les ombrages du Jardin des Plantes.

En six mois Édouard oublia bientôt la dissipation qui s'était emparée de lui ; il suivait assidûment les cours de ses professeurs, allait à l'hôpital le matin, et trouvait, dans l'emploi bien disposé de sa journée, un contentement secret qui perçait dans les lettres qu'il écrivait à sa mère. Ses distractions consistaient, avec ses amis, en discussions qui n'avaient pas de terme ; l'anatomie revenait sans cesse, à tous les moments de la vie, même à table. Une ardente curiosité s'était emparée du jeune homme, qui n'avait pas assez de seize heures par jour pour étudier, et qui aurait voulu se quintupler pour pouvoir assister aux visites des divers hôpitaux et écouter les illustres maîtres de la science : aussi Édouard ne faisait-il nulle attention à sa toilette, et montrait-il par là le peu d'égards qu'il avait pour les choses extérieures de la vie.

M. Bonde, qui voulait donner une brillante éducation à son fils, déjà très-savant, l'avait amené tout récemment à Paris, chez un individu qui inondait la province de prospectus et qui se disait l'ancien précepteur des enfants du roi de Portugal. Initiant ses élèves aux plus hautes études, le professeur, en moins de trois ans, donnait la synthèse de toutes les sciences. Par d'ingénieuses réformes, il réduisait à une faible somme de connaissances, en les tassant convenablement, les différentes spécialités qui à elles seules demandent, pour être étudiées, la vie d'un homme.

Le professeur comparait son enseignement ainsi restreint à la petite pelote de nourriture que les animaux ruminent après l'avoir broyée et mâchée lentement. Avant l'opération de la déglutition, cette pelote représentait des quantités considérables; il en était de même de la nouvelle science que le professeur servait toute mâchée, toute broyée à ses élèves.

Un tel homme, inventeur d'un projet pour une langue universelle, devait séduire l'imagination de M. Bonde; aussi, quoique son fils Casimir eût atteint dix-neuf ans, qu'il possédât à fond la lecture encyclopédique des manuels Roret, M. Bonde ne fut pas fâché de donner un dernier tour à cette éducation qui devait d'ailleurs mettre son fils à l'abri des passions de la jeunesse.

M. Bonde rencontra dans le jardin du Luxembourg Édouard, qui se promenait à grands pas, causant avec ses amis et prenant une heure d'exercice après son dîner : c'était son unique récréation, et encore, dans cette promenade semblable à celle de ces anciens moines discuteurs de couvent, les questions physiologiques étaient-elles la base de la conversation. Étudiants, grisettes, emplissaient les allées, dansant déjà avant le bal, chantant les quadrilles de la veille, réveillant par leur joie et leurs rires les oiseaux endormis dans les marronniers. Édouard et ses amis, sans jeter un regard de mépris sur toute cette folle jeunesse, ne se laissaient pas distraire de leur sérieux entretien. Ils étaient entrés dans la science avec l'ardeur que mettent les pompiers à courir à l'incendie, et rien ne pouvait les détourner de leur chemin. Aussi Édouard fut-il affecté vivement d'une lettre de sa mère, qui lui reprochait de continuer *la vie d'étudiant. On* l'avait rencontré dans le Luxembourg, se dirigeant vers *la Chaumière; on* l'avait trouvé pâle et changé; *on jugeait par* l'état de ses vêtements, assez mal ordonnés, du désordre qui existait dans sa vie. Madame May suppliait son fils de revenir à des sentiments meilleurs, de faire que son extérieur ne fût ni choquant ni malpropre; elle souffrait tant de ce qu'*on* lui rapportait, et elle eût été si heureuse d'entendre dire du bien du fils qui seul l'attachait à la vie! Plus tard, Édouard reconnaîtrait la vérité des paroles de sa mère, mais il serait trop tard pour se corriger; les passions auraient ravagé plus encore l'intérieur que l'extérieur. Le cœur de son fils serait fermé à toute idée généreuse, son corps serait plié par la fatigue des vices; alors une vie insupportable remplacerait cette existence si calme et si douce qu'Édouard pouvait se créer en se jetant résolûment dans le travail.

Madame May donnait pour exemple à son fils son ancien camarade de collége, Casimir Bonde, si chétif qu'on ne croyait pas qu'il pût atteindre sa quinzième année; mais à force de soins de famille, le petit homme menait une vie si régulière et si studieuse, que certainement il se préparait le plus bel avenir. On ne parlait à Origny que de sa science et de son entrée à l'École encyclopédique. Édouard devait se modeler sur lui, l'aller voir, s'inspirer de sa tenue, de ses idées scientifiques, et se rappeler surtout que si Casimir Bonde, qui pouvait attendre quelque fortune de ses parents, étudiait avec tant d'acharnement, quel travail ne devait-on pas attendre de lui qui n'avait rien à recueillir de l'héritage compromis de madame Le Camus.

« Quel est cet *on*, répondait Édouard à sa mère, qui va te chagriner par ses mauvais propos? Pourquoi garde-t-il l'anonyme? Te l'a-t-il recommandé? Est-ce une précaution de sa part? Mon dénonciateur est-il plus terrible pour rester masqué? Ta lettre m'a contrarié sur le premier moment; j'en ai ri cinq minutes après. Comment, *on* me fait un crime de me promener au Luxembourg une heure après mon dîner, pour rendre quelque souplesse à mes pauvres jambes fatiguées d'être pliées toute la journée aux cours et à la bibliothèque ? Ah ! si cet *on* m'avait entendu causer avec mes amis, il aurait bien vu que ce n'était pas là la conversation des gens qui vont à *la Chaumière.* Ma chère maman, le Luxembourg est au milieu du quartier Latin ; c'est le seul endroit ombragé où il y ait un peu de verdure et d'air. Tout le monde y va le soir : les grandes dames, les bourgeoises et les bonnes d'enfants. Crois-tu que les grandes dames du faubourg Saint-Germain, les bourgeoises du quartier Dauphine et les bonnes d'enfants aillent à *la Chaumière,* parce qu'elles sont dans le voisinage ? Je suis aussi pur que les grandes dames qui, le soir, assises sous une touffe de lilas, écoutent la musique militaire jouant sur la terrasse. Suis-je réellement aussi pâle et aussi défait que M. *On* l'affirme ? Cela ne serait pas impossible : j'ai beaucoup disséqué ce printemps ; les chaleurs sont venues, et, ne frémis pas trop, nos amphithéâtres ne sentent pas bon ; les travaux de dissection trop prolongés vous verdissent momentanément (qui s'assemble se ressemble), et même quelquefois les étudiants d'un tempérament délicat sont pris de coliques produites par ces odeurs malsaines. Mais cela se passe vite ; on suspend pendant quelque temps ses travaux et il n'en est rien. Pour moi, je ne me trouve ni pâle, ni défait, ni maigre ; je me porte bien, je travaille et je suis heureux. Quant aux vêtements, c'est une autre affaire. Certainement je ne serais pas bien vu dans un bal de sous-préfet, tel que je sors de mes cours ; mais nous sommes tous ainsi élégants à l'École de médecine. Il se glisse bien quelques faquins en habit bleu à boutons d'or, en pantalon collant, en escarpins, qui portent des brillants à la chemise, des diamants aux doigts et des badines à pommes curieusement ouvragées. Ce sont des étudiants, si tu veux, mais qui n'étudient pas ; ils demeurent dans la Chaussée-d'Antin, à une lieue au moins de l'École, et ils y viennent, je ne dirai pas tous les trente-six du mois, mais guère plus que tous les dix-huit. Ces étudiants, qui touchent deux cents francs par mois, dépensent déjà six mille francs pour leur toilette; juge du reste. Ceux qui sont reçus partent de Paris avec quarante ou cinquante mille francs de dettes; il est rare qu'il soient reçus, mais il est certain qu'ils ont des dettes. Tu ne voudrais pas me voir élégant à ce prix. Il est difficile d'avoir quelque soin de ses habits, quand on a été élevé un peu trop doucement, comme tu m'as élevé. Avant de venir à Paris, je trouvais tout en ordre : jamais un grain de poussière sur moi, pas le plus petit accroc, pas un bouton de moins. Aussi suis-je très-gêné maintenant qu'il faut me cirer, me brosser, me raccommoder, et tout cela en cinq minutes. Jamais, je crois, je n'arriverai à coudre un bouton; l'enfilage de l'aiguille, les points, les surjets (ne disais-tu pas ainsi?) me font bondir et perdre un temps précieux, sans arriver à un bon résultat. Heureusement j'ai pour ami un jeune homme qui sera un jour un grand peintre, et qui veut bien me servir de couturière. Il est de Paris, et les Parisiens savent tout faire; peu de femmes sont plus habiles que lui à recoudre les boutons. Une fois que je ne suis pas déchiré, avec des trous aux coudes et des semelles béantes, je me trouve suffisamment bien mis : ce monsieur *On*, après tout, est peut-être un gentilhomme à la mode (tel que je n'en ai jamais vu à Origny), un monsieur Crimotel, sans doute, qui me juge dédaigneusement du haut *de son char qui m'éclabousse*, comme disent les libéraux. Voilà le danger de l'anonyme; je ne peux lutter qu'avec un homme dont la position sociale m'est connue; chaque classe de la société a ses habitudes, ses manies, ses préjugés, que je t'expliquerais facilement si le M. *On* m'était connu.

» Serait-ce par hasard le savant M. Bonde qui aurait répandu ce bruit sur mon compte? Son arrivée à Paris, la comparaison avec son fils Casimir, que tu te plais à regarder comme le prototype de toutes les qualités, cette École encyclopédique, dont le siége est rue de l'Ouest, près du Luxembourg, tout me donne à penser que l'illustre Bonde père, physicien amusant adoré de tout Origny, en conduisant Bonde fils rue de l'Ouest, aura traversé le Luxembourg et m'aura rencontré; lui seul est capable d'avoir ajouté : — dans la direction de la *Grande Chaumière*.

» Nous sommes une dizaine d'amis dévoués qui nous réunissons, les dimanches après midi, pour courir la campagne des environs. Croiras-tu, ma chère maman, à cette vie de cénobite? Tels sont absolument nos seuls plaisirs et nos seules incartades ! Nous allons manger une forte omelette au lard, une grosse soupe à l'oignon, et boire du vin bleu après avoir fait six ou sept lieues; nous n'avons pas d'endroits déterminés : tantôt à Meudon, tantôt à Créteil, ou à Châtenay, ou à Ville-d'Avray. A nous dix, nous savons tout ce qui se fait, ce qui s'imprime et ce qui ne s'imprime pas dans le Paris des sciences, des arts et des lettres. Notre société est en équilibre parfait de poëtes, d'artistes et de savants : si le repas est frugal, la conversation est riche. Chacun apporte son trésor de faits, de nouvelles, de curiosités; pas de bavardages, tous sont intelligents et ne retiennent que des choses utiles ou singulières, ce qui nous dispense, nous autres savants, de perdre un temps considérable à lire les gazettes.

» Ce que tu m'écrivais, ma chère maman, de l'École encyclopédique, de Bonde fils, me surprenait; mais je ne pouvais le vérifier, car tu as oublié de me donner l'adresse de l'homme considérable qui a fondé cette école. Je ne manquai pas d'en parler à notre dîner; voilà pourquoi je ne te réponds que sept jours après ta lettre, arrivée lundi dernier.

» Un de nos amis, un journaliste railleur, qui sait tout, qui rit de tout, qui ne voit dans la société que matière à sarcasmes plaisants, a dit :

« L'École encyclopédique est dirigée par un fou que j'ai entendu faire des cours à la Société philotechnique; il s'appelle Goudrias, il est de Toulouse, plein de feu et de tapage, de paroles et de tempêtes; il écume en expliquant son système de langue universelle; il est de bonne foi, il ne convainc personne, pas même les imbéciles vieillards en bonnets de soie noire, auditeurs assidus de la Société philotechnique. Son école ne marche pas ; cela est fort heureux pour les élèves. On prétend qu'il en a trouvé trois ; soyez certain qu'il va les rendre plus fous que lui. »

» Tels sont, ma chère maman, les renseignements que j'ai pu obtenir sur l'École encyclopédique, dont j'ai pris l'adresse. A mon premier moment de liberté, je suis donc allé rendre visite à Bonde fils, que j'avais perdu de vue depuis cinq ou six ans, et qui m'a paru en effet sous le coup de l'enseignement du Toulousain. Il est pâle, bien pâle, mais d'une pâleur de porcelaine : on croirait que Bonde fils est fabriqué en pâte tendre, transparente, et que le sang n'a jamais pénétré dans ses veines; il m'a regardé d'un air étonné, a ouvert la bouche, ricané faiblement, une sorte de rire blanc, enfin il m'a effrayé. Il portait une sorte de souquenille singulière, vert-pomme rayé noir. M. Goudrias doit avoir également entrepris la réforme des habits, car dans le lointain j'ai aperçu trois élèves costumés de la même façon, ressemblant à des perroquets par l'habit et le regard. Je lui ai demandé où il en était de ses études :

» — Nous travaillons maintenant, m'a-t-il dit d'une voix basse et éteinte, à la réforme de l'orthographe.

» — Monsieur Casimir, s'est écrié une sorte de perroquet vert dont les plumes s'écarquillaient sur la tête, vous allez endosser la robe jaune pour avoir causé avec un étranger.

» Bonde fils s'est sauvé à l'approche du gros perroquet exaspéré, M. Goudrias lui-même, qui m'a mis à la porte de son établissement, en me faisant comprendre que ses élèves ne devaient communiquer leur science à quiconque.

» Adieu, ma chère maman, embrasse pour moi mon père, et plains Bonde fils.

» ÉDOUARD, qui t'aime. »

XV

CONFIDENCES DE SIMON

Édouard était depuis quatre ans à Paris déjà, sans avoir rencontré ni fréquenté les gens de sa province. Perdu dans une des rues les plus solitaires de la montagne Sainte-Geneviève, il descendait rarement jusqu'à la Seine, et n'avait pas passé l'eau plus d'une fois par an. Si les habitants de la rive droite regardent le faubourg Saint-Germain comme un désert, et tremblent de s'aventurer en ce voyage lointain, ceux de la rive gauche ne voient dans les boulevards, dans le quartier de la Chaussée-d'Antin, dans le nombreux commerce, dans les théâtres, dans les élégances et richesses de toute nature qui circulent incessamment du boulevard Montmartre à la Madeleine, que prétexte à plaisirs, à fêtes perpétuelles de jour et de nuit; mais ce sont les petits commerçants seuls de la rive gauche qui sont jaloux de ce luxe plus reluisant à la surface qu'au fond. La noblesse du faubourg Saint-Germain n'a qu'un dédain méprisant pour les fêtes des banquiers, des agents de change, de la riche bourgeoisie, du monde mal élevé ; et les savants n'aiment pas à perdre de vue leur Panthéon, leur Luxembourg, leur Sorbonne, leur Institut. Édouard appartenait à cette race de travailleurs qui, après avoir passé dix ans de leur plus belle jeunesse devant la noire Sorbonne, la trouvent riante malgré son habit sévère, et se trouveraient dépaysés devant les coquetteries architecturales du quartier Breda.

Édouard avait prié sa mère de ne lui envoyer aucune visite, non pas qu'il rougît de ses compatriotes, mais ses études, à mesure qu'il entrait plus profondément dans la science, semblaient s'agrandir toujours, et il avait divisé son temps exactement, de telle sorte qu'une demi-heure perdue eût dérouté tout son système de travail ; d'ailleurs, il demeurait dans un Paris si inconnu, que personne n'avait entendu nommer sa rue, et ne devait se hasarder à venir l'y trouver. Un matin, cependant, à dix heures, peu après son retour de l'hôpital, Édouard déjeunait gaiement de pain et de fruits, marchant par sa chambre, jetant un regard sur un livre de physiologie ouvert, impatient de terminer son frugal déjeuner pour se remettre à la lecture, lorsqu'on frappa à la porte. Édouard ouvrit vivement, croyant que le propriétaire lui montait une lettre de sa mère ; mais il ne fut pas peu surpris en se trouvant devant un jeune homme qui s'écria :

— Enfin je le trouve !

La demi-obscurité de l'antichambre fit qu'Édouard ne reconnut pas d'abord le visiteur.

— Pardon, monsieur, lui dit-il.

— Édouard, tu ne me reconnais donc pas ?

Et l'inconnu entrait avec liberté.

— Je suis Simon ! s'écria-t-il.

— Ah ! Simon ! reprit Édouard, qui parut médiocrement satisfait de cette visite imprévue.

Les deux anciens camarades se regardèrent attentivement dans le premier moment, et Simon Bec, qui était entré d'abord avec sans-façon, fut au moins aussi surpris de la froideur d'Édouard que du changement qui s'était opéré dans son individu. Sa physionomie, douce et rieuse jadis, avait pris un caractère résolu et prononcé qui se lisait dans les yeux et sur la bouche. L'étude, l'observation et la réflexion, en grandissant le beau front d'Édouard, y avaient dessiné des plans et de petites élévations, comme pour se loger dedans. Les yeux enfoncés et brillants comme des yeux de lion au fond d'une sombre caverne, les pommettes saillantes, la couleur parcheminée, disaient clairement que jour et nuit l'esprit et le travail d'Édouard rongeaient la matière, sans danger pour la conservation de l'individu, dont la volonté était marquée dans des lèvres minces exactement closes et s'ouvrant rarement. Les cheveux négligés et souples de l'étudiant s'inclinaient à tous les vents sous la main de leur propriétaire, qui les tourmentait constamment. Chaque cheveu, chez les savants, semble être attaché à une idée qui ne sort du cerveau qu'avec une certaine difficulté; c'est ce qui explique pourquoi les mains de tous les hommes qui pensent sont souvent occupées à tirer les ficelles de ces idées.

De son côté, Édouard regardait Simon et paraissait surpris de voir dans sa mansarde un homme à la mode. La première impression qu'on ressentait devant Simon était produite par l'or : il en avait aux doigts, à la cravate, à la chemise, au gilet, à la pomme de sa canne, sous la forme de chaînes, de broches, de breloques, tous bijoux de forme massive, lourde et voyante; le velours était également prodigué sur les habits de Simon, partout où il avait pu prendre place. Cet or et ce velours paradaient visiblement et faisaient un étalage trop cherché. Les traits de Simon étaient aussi prononcés que sa toilette : d'épais sourcils, de fortes lèvres rouges et sensuelles, des mâchoires de viveur, des joues trop proéminentes sur un cou un peu long, dénotaient de solides appétits pour toutes les jouissances terrestres, et un manque absolu de compréhension des choses intellectuelles. Simon Bec était un garçon à traits réguliers, qui n'avait jamais pensé ; aux yeux de beaucoup de femmes il passait pour beau. Édouard se trouvait plus que laid, se sentait gêné devant son ancien camarade, et se disait :

— Nous ne parlons pas la même langue.

Simon, qui avait été d'abord frappé à l'aspect d'Édouard, retrouva son aplomb en regardant la pauvre chambre aux murs mansardés ; la petite étagère en bois blanc, où se pressaient une vingtaine de volumes presque usés ; le secrétaire de noyer entr'ouvert, qui contenait plus d'os de squelettes que d'argent ; enfin la malle aux habits, constituant tout le mobilier de l'étudiant.

— Tu vas venir déjeuner avec moi, dit Simon, dont le regard s'était accroché à un grand pain coupé reposant dans une armoire, auprès d'un tas de pommes et de poires.

— J'ai déjeuné, dit Édouard, froissé du ton qu'avait mis l'homme aux chaînes d'or dans son invitation.

— Si matin ? ce n'est pas possible ! Tu déjeuneras.

— Je... te... remercie, dit Édouard, qui appuya sur le *te*, et qui le rendit par là plus cruel que le *vous* qui dormait dans sa gorge.

— Il y a, au coin de la rue de l'École-de-Médecine, un café où l'on déjeune très-bien, dit Simon.

— Ah !

— Tu le connais ?

— Oui, dit Édouard.

— C'est là que je veux te mener.

— Oh ! je n'irai pas !

— Est-ce que tu y aurais un petit compte ?

Édouard ne répondit pas et haussa légèrement les épaules.

— Il n'y aurait pas de mal.

— Je ne fais pas de dettes.

— Tu ne fais pas de dettes! s'écria Simon; est-ce vrai? Moi, je dois à Dieu et à Diable, je n'ose plus compter mes créanciers ; comment peux-tu faire ? On ne saurait vivre à Paris à moins d'une vingtaine de mille francs par an.

— Je dépense à peine douze cents francs, dit Édouard, avec mes frais d'école et de livres, et je ne m'en trouve pas plus malheureux.

— Ce n'est pas vivre, dit Simon; allons déjeuner !

— Je ne peux pas, vraiment.

— C'est que je t'emmène de force, si tu ne veux pas me suivre de bonne volonté; tu sais qu'au collège j'en aurais mangé quatre comme toi; la médecine ne me paraît pas t'avoir rendu beaucoup plus solide... Allons, en route... ton chapeau, ta redingote, partons! Aimes-tu le pâté de foie gras ?

— En voilà assez, dit Édouard froidement, j'ai à travailler et je veux rester ici.

Simon parut embarrassé, et fit quelques tours dans la chambre sans répondre.

— Ce n'est pas bien, dit-il ; voilà comme on reçoit les anciens camarades qui viennent vous trouver pour vous demander un service, et qu'on regarde avec fierté du haut de sa grandeur.

— Un service, dit Édouard ; vous aviez un service à me demander ?

— Bon ! tu ne me tutoies plus maintenant ; est-ce parce que je t'ai parlé d'un service à rendre !

— Simon, dit l'étudiant, j'ai des amis très-intimes depuis que je suis homme, ils n'ont rien de caché pour moi, et je n'ai rien de caché pour eux. Notre dévouement, en cas de besoin, serait sans bornes, et je ne les tutoie pas ; j'ai perdu cette habitude à Paris, et je vous prie de ne pas vous en formaliser. Vous dites que vous veniez me demander un service, parlez, je suis tout à vous.

— Eh bien, je suis malade.

— Malade ? s'écria Édouard étonné.

— Très-malade.

— Où souffrez-vous ?

— Là, dit Simon en frappant sur le gousset de son gilet ; je suis malade d'argent.

— Je n'y puis rien, dit Édouard, dont les yeux parcouraient sa modeste chambre, et semblaient dire : Voyez s'il est possible de trouver dans un tel logement quelques économies cachées ?

— Au contraire, tu peux beaucoup, dit Simon ; mais je ne veux te rien dire, puisque tu refuses un déjeuner que je t'offrais de grand cœur.

— Je ne le peux pas, je manquerais un cours.

— Tu me fais l'effet d'un buveur d'eau, dit Simon, et tu ne comprendrais pas ce que j'ai à te confier : au lieu qu'à déjeuner, avec quelques bons verres de vin, on se rappelle sa jeunesse, on se raconte les anciennes farces, on se trouve tout à fait bons amis ; arrivés au café, on oublie de dire *vous* à un ancien camarade, et alors celui-ci peut dire, dans l'expansion, des choses qu'il n'avouerait pas de sang-froid à un buveur d'eau. Voyons, ne me regarde pas ainsi, tu me fais l'effet d'un juge d'instruction.

— Ai-je l'air du président Brochon ? dit Édouard en souriant, pour faire oublier à Simon l'attention pénétrante qu'il avait apportée à l'étudier cinq minutes auparavant.

— Je voudrais bien n'avoir pas d'autres juges à craindre que le père Brochon, dit Simon; mais...

— De quoi s'agit-il?

— C'est grave...

— Enfin?...

— Ma foi! j'en ai dit trop et pas assez, s'écria Simon. Jure-moi que tu ne répéteras à personne ce que je vais te dire, et que quand tu m'auras entendu, si tu peux me tirer de là, tu feras tout ce que tu pourras.

Édouard se pencha par la petite fenêtre étroite.

— Il est, dit-il, dix heures et demie à l'église Saint-Étienne-du-Mont, j'ai une demi-heure à vous écouter, est-ce assez?

— C'est assez pour raconter mon histoire; mais nous ne pourrons pas discuter l'affaire.

— Je vous donnerai un autre rendez-vous pour demain, dit Édouard; cela vous convient-il?

— Comme tu voudras, comme vous voudrez, répondit Simon, dompté par la réserve de son ancien compagnon de classe.

En ce moment, le fils de la demoiselle de compagnie comprit la distance qui le séparait d'Édouard; sans s'expliquer la vie que menait l'étudiant, ses travaux et ses aspirations scientifiques, Simon était frappé de l'austérité qui avait changé la physionomie d'Édouard, et qui imprimait le respect à ceux qui le voyaient pour la première fois. Quoique chétif et maigre, d'une santé frêle en apparence, Édouard était soutenu par une volonté intérieure qui perçait à travers son regard; ses petits yeux, clignotants et rougis au bord des paupières par des travaux de nuit, ne portaient pas de traces de débauche d'une couleur compromettante. Ils s'ouvraient rarement en entier, mais alors ils prenaient une force particulière accentuée et sérieuse qui constitue le *regard médical* particulier aux grands praticiens. C'étaient des éclairs dont l'effet était d'autant plus puissant qu'ils étaient plus rares; après cette explosion du regard, les paupières se rabattaient comme des persiennes que la servante ferme aux approches de la nuit dans l'appartement d'un savant, et il était facile de juger que derrière ces paupières à moitié closes, la réflexion et le recueillement se donnaient rendez-vous.

Simon paraissait embarrassé.

— Vous pouvez tout me dire, dit Édouard, je suis presque médecin.

— Je ne comprends pas, dit Simon, comment vous vivez dans une pareille chambre, cela me serait impossible... J'ai besoin d'un appartement, d'un mobilier, de distractions, de plaisirs, et ma mère se fait tirer l'oreille...

Ici, Simon s'arrêta croyant qu'Édouard allait répondre, mais celui-ci fit un signe de la main qui équivalait à : Continuez...

— Je ne sais pourquoi ma mère m'a fait entrer dans la bijouterie, je n'y avais aucun goût, cet état m'ennuyait... Ouvrier bijoutier ! quelle profession ! C'était vingt mille livres de rente qu'il me fallait... J'aime à m'amuser, à avoir avec moi des amis; j'aime la table, les femmes et le bon vin... Vous comprenez qu'assis sur un tabouret toute la journée dans ma chambre, à monter des pièces d'orfèvrerie, gagnant sept ou huit francs par jour, et travaillant comme un nègre, je réfléchissais souvent combien était pénible ma position... Ce n'est pas en restant ouvrier que je gagnerai vingt mille livres de rente... et je ne peux pas penser à devenir patron. Peut-être, si j'avais été occupé dans un atelier, n'aurais-je pas eu de mauvaises pensées; mais seul dans une chambre petite, un peu moins que celle-ci pourtant on est trop exposé... Le diable m'avait fait loger boulevard du Temple au sixième, sur la rue, avec un petit balcon de quatre pieds carrés. C'est ce maudit balcon qui est cause de tout. Ce balcon s'étendait sur toute la façade, et chacun de mes voisins jouissait d'un balcon semblable au mien. Ah! si je n'avais eu que des voisins! Mais, à côté de moi, demeurait une actrice de la Gaîté qui arrosait ses pots de fleurs toute la journée, et qui était la créature la plus séduisante que j'aie jamais rencontrée. Je ne sais pas comment elle jouait au théâtre, car je ne l'ai jamais entendue parler; elle faisait des rôles muets, mais elle jouait supérieurement la comédie en ville. Cette femme-là m'a dévoré! J'ai tiré de ma mère dix mille francs, qui se sont fondus en une matinée. Je ne lui donnais pas d'argent, mais j'invitais à dîner, à souper, ses camarades de théâtre; on riait, on s'amusait; ce sont de si bons enfants; voilà ce qui me fait regretter de ne pas avoir les vingt mille livres de rente... Ah! la vie est courte avec tout ce monde, on n'a pas le temps de s'ennuyer. Il n'y a que les directeurs qui sont chiens et ladres. Ma petite Léontine ne pouvait pas se contenter des mauvais costumes que fournit le théâtre; je voulais la voir bien habillée. Et, allez donc, le velours, la soie, les broderies d'or, les bijoux! Léontine gagnait soixante francs par mois à son théâtre, et elle avait besoin d'au moins six mille francs de costumes par an. Jugez si ces femmes sont malheureuses! Comptez ma dépense personnelle, les costumes de Titine, la vie à deux; quelque argent qu'elle envoyait à sa mère, les invitations à dîner, les soupers, les parties de campagne avec les camarades de théâtre, la toilette de la ville, un petit appartement au troisième, et vous verrez que nous ne sommes pas loin de vingt mille francs.

— Cela a duré? dit Édouard.

— Un an et demi ; cela dure encore, voilà pourquoi je suis embarrassé de vous dire le reste.

— Je le devine.

— Non, vous ne le devinez pas... Au surplus, je vais vous le dire. Ma mère étant venue un jour tout à coup, dans le le commencement de mon séjour à Paris, je voulus conserver l'apparence de m'occuper de mon état, si cette fantaisie lui reprenait... Je demeurais avec Titine ; mais deux portes donnaient sur le carré, et le portier avait ordre de faire entrer chez moi ceux qui me demanderaient. J'avais donc continué mes relations avec les orfévres, mais je ne travaillais pas et je donnais mon ouvrage à un ouvrier en ville, un petit garçon d'Origny qui a terminé son apprentissage presque en même temps que moi. Un jour Titine me dit :

— Le régisseur du théâtre va lire bientôt un grand drame ; il me donnerait bien un rôle si...

— Quoi ! lui dis-je.

— Ne te fâche pas, mon ami ; je meurs d'envie d'avoir un rôle, il me le faut à tout prix, vois-tu... Amanda, qui est entrée après moi dans la figuration, en a un beau ; Célina Gravier aussi. Voilà qu'elles font les grandes dames avec moi maintenant, elles se moquent de moi, elles m'appellent la muette, parce que je ne parle jamais dans les pièces ; je veux un rôle...

— Vous savez comment on obtient un rôle dans ces théâtres, en flattant les directeurs, les acteurs, les régisseurs, tout le monde, en se montrant bonne fille et en se sacrifiant... Cela me mettait dans une rage ! Et Titine qui commençait à ne plus jouer la comédie avec moi, qui trouvait que je ne faisais rien pour elle ; enfin, je n'avais plus d'argent, j'allais être balancé... Je l'aimais et je l'aime encore ; d'un regard elle m'eût fait sauter par la fenêtre ; elle a une manière de tourner les yeux de côté qui ferait damner. J'appris au café du théâtre, par les artistes, que le régisseur était encore plus avare que passionné, et qu'avec un sacrifice on pourrait bien obtenir un rôle. J'allai le trouver et je lui contai l'envie qu'avait Titine de parler en scène; il me dit :

— Elles sont toutes pareilles : il n'y a pas qu'elle seule, mon cher ami, je suis accablé de demandes ; mais voulez-vous que je fasse tomber ma pièce en donnant des bouts de rôle à Titine? Elle ne sait rien dire, mon cher monsieur, elle n'est pas comédienne, elle est entrée à la Gaité par caprice, et comme elle est belle, on lui a donné soixante francs par mois; mais jamais elle n'a fait d'études, elle n'a seulement pas joué à la banlieue.

Je lui dis combien Titine avait d'esprit, combien elle était drôle, gaie et amusante.

— A la ville, je ne dis pas, mon cher, mais quand il lui faudra dire quatre mots devant la rampe, elle restera la bouche ouverte.

On entendait en ce moment des roulades très-brillantes dans le fond du théâtre, car notre conversation se passait dans les coulisses, avant la répétition.

— Tenez, me dit le régisseur, comment trouvez-vous cette voix ?

— Charmante, répondis-je.

— Que vous êtes naïf, mon cher, c'est tout simplement une *chanteuse de corridor*. Mademoiselle Minette remplit le théâtre de gazouillements; elle imite madame Damoreau tout le jour, nous y avons été pris d'abord. Le directeur lui a donné à chanter un couplet dans une féerie... Cette femme-là, qui a l'air au premier moment de savoir vocaliser, n'est pas capable d'écorcher un pont-neuf de vaudeville. Rien n'est plus commun. Tous les théâtres de Paris ont des chanteuses de corridor qui fatiguent chacun, jusqu'aux pompiers...

Votre Titine, que j'aime beaucoup, ressemble, pour le jeu, à ces fausses chanteuses...

Désespéré, j'allais m'en aller la mort dans l'âme, lorsque le vieux régisseur m'ouvrit un petit coin d'horizon moins rembruni : moyennant quelques leçons particulières et très-pénibles, disait-il, il essayerait de donner des notions de comédie à Titine, si elle pouvait faire quelques sacrifices.

— Et elle aurait le rôle ? m'écriai-je...

— Je m'y engage, dit-il...

Nous convînmes de quinze cents francs pour prix de ces leçons; j'en aurais promis le double ! mais il n'y avait pas vingt francs à la maison, et ma mère ne voulait plus entendre parler de payer mes dettes. Malheureusement un ouvrier rapporta, il y a trois jours, un service d'orfévrerie que mon patron m'avait confié : je l'ai porté au Mont-de-piété, j'en ai tiré deux mille francs. Titine jouera, mais je serai déshonoré.

— Est-ce tout? dit Edouard.

Simon secoua la tête affirmativement.

— Je ne peux rien à votre affaire.

— Si vous le vouliez bien, vous pourriez me sauver.

— Comment ?

— En écrivant à ma mère que je suis malade depuis deux mois, que vous m'avez fait entrer dans une maison de santé fort chère, et que le traitement de la maladie et la pension s'élèvent à deux mille francs.

— C'est impossible, dit Édouard froidement.

— Vous voulez donc me faire passer sur le banc des assises... Un ancien camarade ! Oh ! non, n'est-ce pas ? quand un mot de vous suffirait.

— Je ne peux pas me faire votre complice, dit Édouard.

— Songez qu'avant huit jours mon patron me réclamera son orfévrerie, que tout se découvrira...

— C'est un abus de confiance, dit Édouard sévèrement, vous seriez condamné ; mais votre mère n'est-elle pas là ?

— Eh bien, je vais tout vous dire : ce n'est pas la première fois que ma mère me tire d'un pareil embarras.

— Je suis en retard d'un quart d'heure, dit Édouard, il faut que je sorte.

— Je vous en supplie ! s'écria Simon Bec.

— Votre mère ne me croirait pas, d'ailleurs ; je ne puis rien faire pour vous.

— Vous êtes dur, dit Simon : je vous laisse deux jours de réflexion ; permettez-moi de revenir vous demander conseil.

— Si vous y tenez, venez plus matin, mais je n'ai qu'un seul conseil à vous donner : travaillez à l'avenir et croyez bien que les plaisirs et les débauches ne vous donneront jamais la fortune que vous ambitionnez.

XVI

CE QUE COUTE LA SCIENCE

A cette époque, mademoiselle Bec était au comble de la puissance, car elle eut l'adresse de ne rien changer à ses habitudes, ni à sa toilette. Humble en apparence, vêtue d'habits modestes dont la couleur tirait vers le demi-deuil, on la voyait sans cesse en activité dans les corridors, dans les chambres, dans le jardin de madame Le Camus, marchant sans bruit, ne semblant prêter d'attention qu'à sa besogne, cependant donnant un vif coup d'œil noir qu'elle savait modérer aussitôt, écoutant sans se faire remarquer, et conservant sous les dehors de l'ilotisme la volonté d'un dictateur.

Madame Le Camus montrait un si singulier respect pour elle qu'il semblait être mélangé de crainte; la vieille malade ne manquait pas, chaque dimanche, de faire l'éloge de mademoiselle Bec devant les parents assemblés, et ses louanges avaient l'air d'une leçon.

Madame May fut la première qui s'en aperçut ; la demoiselle de compagnie était toujours présente aux entrevues des parents, afin que sa présence donnât le tour à la conversation. Elle entendait régulièrement quatre fois par mois son propre éloge fait par madame Le Camus, et elle y semblait entièrement indifférente; assise dans l'embrasure de la fenêtre, l'éternel tricot à la main, sa physionomie ne manifestait ni contentement, ni reconnaissance, et les aiguilles d'acier continuaient leur manége régulier.

Un jour, le domestique vint prévenir mademoiselle Bec que deux paysans demandaient instamment à lui parler : c'étaient évidemment des gens qui venaient pour acquisition ou location de terrains, et quoiqu'on fût dans l'habitude de ne recevoir aucun étranger et de ne traiter aucune affaire le dimanche, madame Le Camus engagea elle-même sa demoiselle de compagnie à s'inquiéter de cette visite.

— Vous ne serez pas longtemps, dit-elle, à congédier ces gens, et ma nièce pourra me veiller pendant ce temps.

Mademoiselle Bec ne tenait pas à laisser madame May seule avec sa tante, et elle lui lança un regard sec, défiant et provocateur, qui semblait dire :

— Ne cherchez pas à me nuire, ou vous êtes perdue.

Cette menace ne fut pas comprise par madame May, qui venait chez sa tante sans songer à nuire aux intérêts de mademoiselle Bec.

La conversation, qui pouvait devenir plus intime, alors

que les deux parentes étaient seules, ne changea pas de terrain : madame Le Camus était en train de sermonner madame May à propos de son fils, et elle continua à décrier son séjour à Paris, ses mœurs et jusqu'à l'état qu'il avait choisi. Montée par le président Brochon, qui ne pardonna jamais à Edouard le dénouement de la chambre aux ferrailles, madame Le Camus ne trouvait que des paroles d'amertume contre son neveu, qui, disait-elle ironiquement, ferait un fameux médecin à qui il ne faudrait pas confier sa bête. N'osant attaquer le père si vivement, madame Le Camus se rabattait sur le fils et lui faisait supporter la haine de mademoiselle Bec contre madame May, les griefs rancuniers du président Brochon, le froissement qu'avait subi la vieille tante elle-même, privée des visites de M. May. Aussi, toutes les pitoyables accusations de province, sans cesse rappelées par de perfides intéressés, trouvaient-elles de l'écho dans l'esprit de la vieille tante, qui, chaque dimanche, les jetait à la tête de sa nièce.

— On vous trompe, ma tante! s'écria madame May, que l'indignation emporta et qui ne craignit pas de parler, maintenant qu'elle se trouvait en tête-à-tête avec madame Le Camus, on vous trompe !... Edouard est un travailleur, jamais je n'ai été plus heureuse qu'en lisant ses lettres, je suis fière d'Edouard, ce sont de méchantes gens que ceux qui le calomnient auprès de vous.

— Tu dis ? reprit madame Le Camus un peu étonnée, car personne n'osait lui rompre en visière ouvertement.

— Oui, ma tante, Edouard est un bon fils qui aime tous ses parents, et il ne manque jamais de me demander de vos nouvelles. Je ne suis pas une flatteuse, vous me connaissez, et je crains tellement de ressembler à certaines personnes, que je ne vous dis pas toutes les fois qu'Édouard s'inquiète de vous... Au surplus, j'ai peut-être la lettre sur moi, une lettre que j'ai reçue ce matin, et qui m'a fait tant de plaisir, qu'en sortant de chez vous je vais la relire encore sur les promenades. Dans cette lettre, il y a un mot pour vous. Voulez-vous la voir ?

— C'est bien, dit madame Le Camus en repoussant la lettre : il vaut mieux qu'il travaille que de fainéanter... Ce n'est pas comme le fils de mademoiselle, qui ne fait rien, et qui a l'air d'un prince... L'as-tu vu l'année passée ici? dit la vieille tante en baissant la voix.

— Oui, ma tante, je l'ai rencontré dans la rue.

— Eh bien, reprit madame Le Camus en parlant le plus bas possible, ne répète pas ça, ce garçon-là a des yeux qui me font peur... N'entends-tu pas marcher dans le corridor?

— Non, ma tante, dit madame May qui écouta.

— Je ne me sens pas en sûreté chez moi quand il y couche.

Madame May était incapable de profiter de cette confidence pour presser sa tante et en tirer d'autres confidences qui semblaient rester sur la langue hésitante de madame Le Camus; mais celle-ci, effrayée de sa propre audace, retomba sous le joug :

— Ce n'est pas comme sa mère, dit-elle pour effacer, par l'éloge de mademoiselle Bec, la peinture qu'elle venait de faire de son fils; comme elle me soigne bien, ma nièce ! on dirait que je suis son enfant, je n'ai rien à désirer, tout est prêt à l'instant... Tu sais que je ne peux plus m'occuper de mes quatre-fleurs, mais mademoiselle les prépare peut-être mieux encore que moi... Ainsi pour les raisins... Si je n'avais pas mon rhumatisme qui m'empêche de sortir, et ma vue qui se perd tous les jours, je ne serais pas mécontente de mon sort... On ne trouve pas facilement une femme aussi dévouée que mademoiselle; elle est aux petits soins. Et comme elle entend les affaires ! La maison n'allait pas mieux du vivant de monsieur. Je n'ai plus à m'occuper de rien,

tout est en ordre ; mademoiselle me présente les papiers de
fermages et je les signe... C'est un trésor que Dieu m'a envoyé dans ma triste position, et si je la perdais, je perdrais
beaucoup... Pour ça, jamais une plainte sur sa fatigue : elle
va, elle marche, elle court, et elle prend mieux mes intérêts
que si elle était de la famille... M. Le Camus ne l'aimait pas,
parce qu'il était égoïste et qu'il n'aimait que lui, mais s'il
pouvait revenir, je suis sûre qu'il lui rendrait justice en
voyant combien les affaires sont en ordre. L'arpenteur me le
disait encore ces jours derniers, car mademoiselle l'a beaucoup vu lorsqu'il s'est agi de faire mesurer toutes les propriétés; croirais-tu qu'elle paraissait s'y entendre mieux que
lui ? Elle avait préparé ici de petits cahiers avec une couverture de papier gris, cousus avec du fil rouge. C'était
comme un haut employé de bureau. Je la regardais faire,
émerveillée, et je pensais que cette personne avait manqué
sa vocation par suite de circonstances malheureuses. Pourtant elle aurait été bien placée, ses cahiers étaient si proprement faits... mais il aurait fallu les voir... M. Provendier
n'en revient pas, car elle discute avec notre petit notaire
comme si elle n'avait fait que ça de sa vie... Si les femmes
pouvaient avoir un siége au barreau, me disait M. Brochon,
il n'y a pas quatre jours encore, bien certainement mademoiselle Bec eût fait un bon juge... Tu sais si M. le président a du génie!... Il est fort souffrant de la goutte. Je lui
envoie quelquefois mademoiselle, quoique ce soit une
grande privation pour moi; eh bien ! elle trouve le moyen
de calmer les douleurs de M. Brochon... Le médecin lui-
même n'y comprend rien. Tu penses qu'il faut une fameuse
conversation pour répondre à M. le président.... elle seule à
Origny peut causer avec lui. Sous un air modeste, elle est
très-instruite ; elle m'a parlé un jour de l'histoire de France,
que je connais un peu, car il y a dix ans, quand ma vue me

13.

le permettait, je lisais beaucoup de romans historiques, les demoiselles Précharmant le savent bien. Mademoiselle, qui ne lit jamais, possède à fond toute la suite de ses rois, avec les dates, sans se tromper d'un chiffre... C'est ainsi qu'elle sait faire passer des heures à M. le président : ils parlent ensemble de nos anciens rois ; voilà ce qui prouve l'utilité de la science... Mais elle ne se livre pas à tout le monde, et c'est par la vive amitié qu'elle a pour M. Cretté-Cussonnière et pour sa femme, qu'elle veut bien interroger quelquefois Thérèse sur la géographie... Je pense que ma nièce Thérèse sera une forte voyageuse un jour ; elle a une passion immense pour les pays étrangers, et elle répète les capitales de l'Europe, les fleuves, les mers, les presqu'îles, comme un marin ; mais mademoiselle est encore plus forte qu'elle. Non, jamais je n'ai été plus étonnée que le jour où elle a descendu de sa chambre un petit volume long qui n'avait l'air de rien, et qui était colorié en bleu de ciel, en vert d'eau, en lilas et en d'autres couleurs. Elle appelle cela des cartes muettes, parce que rien n'est écrit dessus ; on s'y reconnaît seulement aux couleurs. Pour moi, c'est un casse-tête qui me fait frémir pour le mal qu'on donne aux enfants aujourd'hui... Thérèse ne s'y connaissait pas, parce qu'il faut une mémoire meilleure que celle des anges, mais mademoiselle a dit tout de suite, en regardant les couleurs.

— Voilà ci et ça, une ville de ce côté, une rivière par là, et des cascades, des forêts, des grottes !

En moins d'une minute, elle peut savoir tout ce qui se passe dans l'univers entier ; elle a donné son fameux cahier à Thérèse, et ses parents étaient dans le ravissement... On m'a déjà dit que les personnes instruites étaient difficiles à vivre ; ce n'est pas vrai, car mademoiselle, sans en avoir l'air, est une de nos premières savantes du département, et elle sait se faire aimer de tout le monde, tant son caractère est égal. Cretté-Lapoupou reste devant elle sans souffler mot, depuis qu'il connait ses vastes connaissances ; la famille Bonde la reçoit comme une sainte, et M. Carette se jetterait dans le feu pour elle.

Madame Le Camus termina son long discours par une phrase ambiguë qui semblait faire comprendre à madame May que, de toute la famille, elle et son mari étaient les seuls à garder une réserve hostile à la demoiselle de compagnie ; puis la vieille tante s'étendit dans son fauteuil, attendant quelques compliments pour son plaidoyer. Elle avait une certaine tendance à admirer ses propres paroles ; parlant beaucoup et longtemps, elle se croyait quelques qualités de l'orateur. C'était un de ses petits défauts ; mais la nature du sujet traité, le reproche déguisé qui avait servi de conclusion au discours, ne permettaient pas à la nièce sincère de complimenter sa tante, ainsi que celle-ci l'eût désiré. Quant à affirmer la science de mademoiselle Bec, madame May s'y serait prêtée volontiers, quoiqu'elle ne reconnût pas dans madame Le Camus un pair capable de juger tant de connaissances. Mais en présence des bassesses des parents vis-à-vis de la demoiselle de compagnie, de la complicité des gens d'affaires, de l'habileté suprême dont la vieille tante faisait tant de cas et qui consistait à l'annihiler complètement et à lui faire donner d'importantes signatures au bas d'actes dont elle ne connaissait pas la teneur, madame May ne pouvait apporter cette servile admiration que ses cohéritiers ne se faisaient pas faute de prodiguer.

Après avoir entendu ce panégyrique, madame May laissa tomber la conversation, et, ne sachant comment la rattacher, prit congé de sa tante, qu'elle venait de froisser une fois de plus. Elle sentit sa faute à la façon dont madame Le Camus se laissa baiser : autant eût valu embrasser un saint de châsse.

— Inflexible caractère, se dit madame May en quittant la maison, où me mènes-tu ? Quoi ! pas la plus petite concession vis-à-vis d'une femme âgée dont le fond est bon ? Il eût été si facile de dire à ma tante quelques mots dans son sentiment, sans s'abaisser jusqu'à louer cette femme qui gouverne la maison. Si ce n'est pas pour moi, que ce soit pour mon fils, à qui il ne reste rien par ma faute.

Le souvenir d'Édouard fit que madame May se remit à lire pour la troisième fois la lettre qu'elle avait reçue le matin même de Paris. Un amant qui ouvre une lettre dans laquelle la femme adorée avoue qu'elle aime, ne prête pas plus d'attention à ces caractères chéris que madame May n'en mettait à analyser les moindres phrases de son fils. Toujours inquiète de le savoir sans ressources loin d'elle, elle cherchait, pour ainsi dire, sous l'écriture, à surprendre la réelle situation d'Édouard. Jamais celui-ci ne s'était plaint. Une fois jeté dans le travail, il en avait été récompensé par des jouissances supérieures à celles de la fortune ; mais comme la mère avait l'esprit inquiet, elle se faisait de Paris une idée étrange qui ne prenait pas de corps, et qui offrait à ses réflexions le résultat pénible d'un mauvais rêve. Si Paris, pour des esprits aventureux, est un Eldorado, un pays de Cocagne, une ville de plaisir et de joies sans fin, ceux qui cherchent à crever ces beaux ballons en voient s'échapper les cris étouffés de la misère, du manque de travail, de la maladie.

Un fait frappa vivement madame May. Des marchands en faillite, des malheureux sans emploi, des misérables et des intrigants quittèrent à différentes époques Origny pour chercher fortune à Paris ; depuis elle n'avait plus reçu de leurs nouvelles. Il y avait donc dans la capitale une telle activité vitale, un tel mouvement et un assez grand concert de voix qui criait : Fortune ! fortune ! pour étouffer les râlements des gens sans position qui luttaient au bas de l'échelle, et qui retombaient dans le gouffre sans que leurs cris pussent être entendus.

Aussi la pauvre mère s'inquiétait-elle auprès des plus humbles familles de ce que devenaient leurs parents qui abandonnaient la province. Il lui semblait qu'il existait une sorte de fraternité entre elle et ces pauvres gens, uniquement parce qu'Édouard respirait le même air que ses compatriotes habitant la capitale. Dans chacune de ses lettres, elle ne manquait pas de constater ces émigrations, pour y intéresser Édouard ; elle avait soin d'y joindre certains détails, pour mieux rappeler le souvenir de ces gens à son fils. Tantôt c'était un petit tailleur parti d'Origny pour s'établir concierge, et qui dans le temps retournait les pantalons d'Édouard. Peut-être son fils l'avait-il rencontré ? Un tel demeurait à Belleville ; un autre avait dû entrer dans l'ébénisterie au faubourg Saint-Antoine. Celui-ci n'avait jamais écrit ; on le supposait inspecteur des garnis ; tel autre était mort dans la misère, laissant sur la paille sa femme et sa fille.

« Il n'est pas possible, écrivait madame May à son fils, que tu ne les rencontres pas ; si tu les voyais, n'oublie pas de me le faire savoir. »

Mais Édouard répondait, sans rassurer sa mère, qu'il demeurait dans un Paris tout particulier, où il lui semblait impossible de voir ces personnes ; d'ailleurs, Paris est immense, dix villes comme Origny tiendraient dans un faubourg de Paris. Édouard ne sortait pas d'un certain réseau de rues ; tout entier à ses études, il ne regardait pas les passants. Ces raisons faisaient que madame May se demandait souvent : — Quelle ville est ce donc que ce Paris où personne ne se voit ?

Sans y prendre garde, et tout en voulant la rassurer, Édouard avait encore rembruni l'esprit de sa mère en lui donnant un léger historique des amis avec lesquels il vivait.

Tous, en effet, étaient partis des positions les plus humbles pour se jeter dans les sciences et les arts : ils avaient dû faire des efforts héroïques pour côtoyer sans vertige les étroits sentiers à pic qui longent le précipice de la misère et n'y pas tomber; mais la petite caravane courageuse n'avait perdu qu'un compagnon en route, une nature faible, prise de découragement tout à coup, qui s'était arrêtée, comme ces soldats de la retraite de Moscou qui se laissaient geler, saisis d'un engourdissement auquel ils ne pouvaient résister. Les autres, après avoir franchi les obstacles les plus dangereux, ne se souvenaient plus déjà de ces luttes formidables de la veille qui devaient se renouveler le lendemain, toujours, jusqu'à la mort, et qui constituent la vie des grands savants, des grands écrivains et des grands artistes. Trois ans après son arrivée à Paris, Édouard comprit la violence de ces combats et leur nécessité : ainsi la société essayait les hommes qui devaient la gouverner. A l'aide de la nature, elle brisait violemment ceux qui n'étaient pas appelés à résister : par toutes sortes de difficultés nouvelles, de barricades, elles les empêchait d'arriver, leur inspirait le dégoût de la science et de l'art, et les rejetait dans les positions inférieures où leur petit génie trouvait à s'exercer.

Ces sortes de connaissances dangereuses sont cachées au début de la science. Une peinture exacte effrayerait peut-être de jeunes hommes qui s'endurcissent plus tard par des épreuves subies à de longs intervalles; mais Édouard les sonda par son esprit réfléchi, et loin de s'en sentir plus faible, il y puisa un grand courage.

— Je réussirai ou j'éclaterai, disait-il à un ami intime, un romancier curieux qui cherchait le pourquoi et le comment de toutes choses et qui se livrait, sous la direction de l'étudiant, à de sérieuses études anatomiques, voulant partir de l'homme extérieur pour arriver à la connaissance de l'homme intérieur.

Ce fut la devise d'Édouard, et il n'entendait pas par *réussir* ce qu'entendent les gens médiocres. Le vulgaire comprend par réussir, la fortune à quelque prix que ce soit, les sentiers battus, la dévotion aux idées reçues, l'apparence de la science plutôt que la science elle-même, l'habileté, l'adresse dans la vie, une existence tranquille, béate, entourée d'honneurs, de dignités et de fortune. Le dictionnaire d'Édouard n'avait pas la même signification : il ne pensait ni à l'argent, ni à la fortune, ni aux places, ni aux dignités. Pour lui, réussir c'était faire des découvertes sur un vaste terrain où tout est à découvrir, apporter des observations, des fait nouveaux, renverser sans pitié les systèmes faux, arriver à un nom glorieux, sans reproche, devant lequel s'inclineraient amis et ennemis, envieux et jaloux, sans *éclater*, disait-il gaiement en matière de conclusion.

Sans se rendre compte d'abord de ce qu'il faisait et de ce qu'il voulait faire, il prit des notes exactes sur les maladies intéressantes qu'il pouvait étudier à l'hôpital. Loin d'y apporter cette légèreté des jeunes étudiants qui se pressent sur les pas du professeur plutôt pour faire acte de présence que pour observer, il entassa dans d'énormes cahiers, chaque soir, tout ce qu'il avait remarqué à la clinique; aussi, un an après, était-il capable d'envoyer à une gazette médicale des *Observations* précises et nettes, qu'on lui payait un franc la colonne, et qui le firent remarquer. Ces débuts furent une grande joie pour madame May, quoiqu'elle n'en comprît pas la portée; mais il régnait une telle conviction dans les lettres de son fils, qu'il était difficile de n'en être pas frappé. Un caractère médiocre n'eût pas écrit de la sorte, car dans chaque phrase se peignait un esprit ardent et entreprenant qui ne manquait pas d'orgueil. Au bout de la deuxième année, Édouard donnait des répétitions d'anatomie à quelques élèves qui ne le payaient pas richement, mais qui l'aidaient à vivre.

Madame May pleurait souvent à sa fenêtre en regardant les nuages, et en étudiant dans leur marche irrésolue le chemin difficile que suivait son fils. Combien maintenant le manque d'aisance la faisait souffrir, pour adoucir la vie d'Édouard! Hélas! plus les années venaient, et plus les faibles ressources dont disposait le ménage semblaient compromises. M. May avait la manie de spéculer sur les maisons ; son grand bonheur était d'occuper des ouvriers, de les faire travailler, de se mêler à eux, de leur donner des conseils, et chaque opération nouvelle amenait souvent une certaine perte, rarement un mince bénéfice.

La ville d'Origny a de faibles ressources : la majorité de la population est dans une condition médiocre ; les quelques fortunes de l'endroit se dispersent et se divisent en petites parts. La ville tend, de jour en jour, à perdre de son importance ; les anciennes grandes maisons ne trouvent ni acheteurs, ni locataires. M. May, sans se rendre compte de l'agonie lente qui a atteint beaucoup de petites villes en France, spéculait sur les maisons et ne songeait pas à l'avenir. C'est ce qui rendait madame May si triste, car l'argent roulant entrait rarement dans le ménage. Le budget de chaque mois amenait des luttes entre elle et son mari ; elle entrevoyait que les spéculations de M. May étaient basées sur un crédit qui devait s'épuiser un jour, et comme son esprit d'ordre ne lui permettait pas d'ouvrir des comptes chez les marchands de la ville pour l'entretien du ménage, la somme de cent francs que M. May accordait à sa femme chaque mois, si modique qu'elle fût, n'en était pas moins sujette à de violentes discussions. Aussi madame May prêchait-elle à son fils l'ordre et l'économie : il était convenu qu'Édouard enverrait tous les quinze jours son linge à Origny, madame May ayant contre les blanchisseuses de Paris des superstitions provinciales ; elle veillait aux moindres déchirures qui se manifestaient, et ne leur laissait pas prendre pied dans le linge. En même temps que le linge, elle ne manquait pas d'envoyer des fruits de toute espèce : pommes, poires, noix, raisins et même des pots de confitures. Édouard invitait des amis encore plus pauvres que lui à ses modestes déjeuners.

— Voilà des pommes qui m'arrivent avec mon linge, disait-il; l'achat de ces fruits, le port, doivent les rendre plus chers qu'à Paris : eh bien, jamais je ne voudrais le dire à ma mère. Rien ne me touche plus que l'envoi de ces pommes et de ces noix, c'est un souvenir qui m'attendrit malgré moi, et devant ces fruits je ne saurais oublier ma famille.

XVII

LA SÉPARATION

Quatre jours après la première visite de Simon, Édouard fut réveillé un matin par son ancien camarade, qui entra défait, la figure empreinte d'une certaine émotion.

— Cette fois, dit-il, il n'y a plus à reculer, lisez.

Et il tendit à Édouard une lettre de son patron qui s'étonnait du retard que mettait Simon à rapporter les pièces d'orfévrerie.

— Je croyais vous avoir dit que je n'y pouvais rien, dit Édouard.

— Oh! je ne vous prierai plus pour moi, j'y ai renoncé; mais si une autre personne vous le demandait ?

— Une autre personne ! s'écria Édouard, qui?

— Tenez, lisez, dit Simon en présentant une seconde lettre à l'adresse d'Édouard.

— Votre mère ! dit Édouard, qui rompit vivement le cachet.

Dès les premiers mots, Édouard comprit que Simon, sans perdre de temps, s'était plaint à mademoiselle Bec d'une fausse maladie qui le tenait couché depuis deux mois, mais avait été adoucie par les soins empressés d'Édouard : par son canal, Simon était entré dans une maison de santé dirigée par un habile médecin qui employait Édouard comme secrétaire dans ses visites, et l'étudiant, en retrouvant son ancien camarade, s'était conduit vis-à-vis de lui comme un frère. Le service de cette maison de santé, tenue sur un grand pied, était admirablement fait; mais, ainsi que dans les entreprises privées, rien ne pouvait remplacer les soins affectueux d'un ami. Édouard se montrait un ami précieux, veillant avec un soin tout particulier sur l'état de santé de Simon, qui avait senti sa maladie fondre, pour ainsi dire, sous tant de soins, et qui lui devrait une convalescence moins pénible et moins longue. Grâce à sa position dans la maison, Édouard avait pu obtenir un certain crédit qui demandait à être comblé immédiatement; car, au bout de quatre mois, le directeur de la maison de santé commençait, après des demandes polies, à se montrer inquiet d'une telle somme avancée; deux mille francs étaient dus et compromettaient la situation d'Édouard dans cette maison, si mademoiselle Bec ne les envoyait immédiatement en un mandat sur un banquier de Paris.

— Que de mensonges ! s'écria Édouard, arrivé seulement au tiers de la lettre.

— Continuez, dit Simon froidement.

— Mais, monsieur, vous me compromettez.

Simon haussa les épaules. Dans la seconde partie, mademoiselle Bec, encore plus effrayée de la maladie de son fils que de la somme exagérée qui lui était réclamée, suppliait Édouard de lui répondre immédiatement et de ne pas lui cacher la véritable position de son fils qu'elle jugeait très-malade, quoiqu'il lui eût écrit une lettre impérieuse ; cependant un doute avait traversé son esprit, et ce doute se manifestait dans une dernière phrase. Aussitôt qu'Édouard aurait répondu, elle promettait d'envoyer la somme par une personne sûre, qui la remettrait elle-même au propriétaire de la maison de santé. Mademoiselle Bec se montrait pleine de reconnaissance pour l'étudiant, dont les premiers succès en médecine se trouvaient constatés par la position qu'il occupait dans la maison de santé, et la demoiselle de compagnie, quoique très-gênée, annonçait qu'elle ferait tout pour augmenter la somme demandée, aussitôt que la réponse d'Édouard lui serait parvenue.

— Je vous trouve bien hardi, monsieur, dit Édouard, de m'avoir rendu, malgré moi, complice de vos désordres. Du reste, tous vos calculs se trouvent renversés par la précaution de madame votre mère.

Simon sourit. Édouard lisait et relisait cette lettre, confondu de l'adresse qu'avait mise Simon à l'envelopper dans ce filet de mensonges.

« Une personne de confiance, lut Édouard, sera chargée de porter cette somme, et la remettra elle-même au directeur de la maison de santé. »

— Eh bien, dit Simon, est-ce là seulement ce qui vous embarrasse ? Nous trouverons bien une de ces maisons de santé borgnes, où j'irai m'installer huit jours, et où je m'entendrai avec le propriétaire, très-heureux de se prêter à la circonstance pour une cinquantaine de francs.

— Et vous avez pu croire, monsieur, que je prêterais les mains à un pareil acte !...

— Voulez-vous que je passe en police correctionnelle ?

— Monsieur, dit Édouard, il peut arriver qu'en ouvrant la *Gazette des Tribunaux* je rencontre le nom d'un homme que j'ai connu jadis, qui se soit laissé entraîner à des actions condamnables : je plaindrai cet homme que ses passions ont conduit devant les tribunaux. Tel eût été votre cas, si vous ne m'aviez pas rendu visite. Le hasard a fait que nous nous soyons trouvés ensemble au collége; depuis, nous n'avons entretenu aucune sorte de liaison, la vie nous a séparés. Vous avez mené une existence pleine de plaisirs à Paris ; moi, j'étais dans cette mansarde à étudier ; il semblait impossible que nous nous rencontrions. Par votre... imprudence, vous tombez au fond d'un abime ; alors vous vous souvenez qu'il existe un certain Édouard May qui fait de la médecine ; vous venez à lui et vous croyez que ses études patientes, ses privations, ses luttes avec la misère vous ont créé en lui un complice naturel; mais, monsieur, si aujourd'hui j'écrivais à madame votre mère, en un clin d'œil je détruirais de mes propres mains mes travaux de quatre années. Vous voyez donc que vous me demandez l'impossible.

— Comment, demanda Simon, une simple lettre, écrite pour sauver un homme, peut-elle détruire votre passé ?

— Je deviens votre complice, je me mens à moi-même, je mens aux autres, je trompe votre mère, je me méprise, je me fais horreur.

Simon fit claquer la langue.

— Nous ne pouvons nous comprendre, monsieur, dit Édouard.

— Vous parlez bien sérieusement d'une affaire légère, dit Simon, mais je vais vous parler plus sérieusement encore. Vous vous rappelez le petit Carette, qu'on appelait au collége le petit jésuite ?

— Oui.

— Le petit Carette est plus adroit que vous ; s'il avait été à

Paris, je ne serais certainement pas venu vous trouver. Il est étudiant en droit ; son père, qui est très-serré, lui donnait à peine de quoi vivre ; mais il connaissait la vie, il écrivait tous les quinze jours à madame Le Camus, il ne la négligeait pas comme vous, et il avait su empaumer ma mère.

— Ah ! vraiment, dit Édouard.

— Qu'est-ce que votre tante vous envoie pour vos étrennes, si je ne suis pas trop indiscret ?

— Rien, dit Édouard.

— Parbleu, vous êtes un neveu ingrat.

— Monsieur...

— Oh ! je ne veux pas vous insulter. Le petit Carette qui passait pour un bon neveu, a touché près de six cents francs, bon an, mal an, de sa tante ; mais il lui souhaitait sa fête, il lui écrivait, il savait la prendre. Dites-moi, une pareille somme ne vous eût-elle pas aidé considérablement ?

— J'aurais pu avancer mes études du double, car j'ai perdu beaucoup de temps à donner des répétitions.

— Vous voyez que vous avez manqué à vos devoirs de bon neveu, et que je n'avais pas tout à fait tort de vous appeler un neveu ingrat.

— J'aime ma tante, dit Édouard, j'ai beaucoup de respect pour elle, mais plutôt que de lui écrire des lettres de flagornerie, d'affecter des sentiments que je n'ai pas, je resterai dans mon humble position ; du reste, je n'ai jamais manqué de lui écrire au jour de l'an.

— Que disiez-vous à ma mère dans ces lettres ?

— Rien.

— D'après mes conseils, le petit Carette ne manquait jamais d'ajouter un post-scriptum pour ma mère ; c'est une femme susceptible, je la connais, et comme je ne suis pas un méchant garçon, j'avais indiqué ce procédé au petit Carette, uniquement parce qu'il avait été mon camarade de collége. Madame Le Camus ne lit pas les lettres qu'on lui envoie, c'est ma mère ; comprenez-vous ?

— Non, dit Édouard.

— Elle fait dans la maison ce qu'elle veut ; je vous dis tout, je joue cartes sur table... Qui sait si une seule de vos lettres est arrivée à votre tante ?

— C'est abominable ! dit Édouard.

— C'est la vie, il faut savoir se soutenir.

— Cependant, dit Édouard, qui prit plaisir à montrer à Simon que la domination de mademoiselle Bec n'était pas si active qu'on ne pût arriver jusqu'auprès de madame Le Camus, je me rappelle maintenant que ma mère remettait elle-même à ma tante mes lettres de bonne année.

— Voilà un beau triomphe ! dit Simon, la lettre n'est pas escamotée, votre tante l'a entre ses mains, elle veut en connaître le contenu, tout va bien ; mais je croyais vous avoir dit que votre tante ne pouvait plus se servir de ses yeux. Qui est-ce qui lui lit dans la maison ? Ma mère, toujours ma mère ; elle peut vous nuire rien que par le son de voix, elle peut supprimer des phrases, elle peut en changer le sens.

— Et vous osez vous dire le fils d'une...

— Calmez-vous, je n'en sais rien ; mais dans une lutte on fait tout pour vaincre un ennemi.

— Un ennemi ! dit Édouard.

— Ne savez-vous pas que votre famille est en hostilité avec toute la maison ? Madame Le Camus exècre votre père, supporte votre mère, et a la plus profonde indifférence pour vous... Votre père remplit la ville de ses attaques contre ma mère ; s'il pouvait la faire renvoyer par madame Le Camus, il n'hésiterait pas. Ma mère cherche à se venger ; a-t-elle raison ? est-elle dans son droit ?

— C'est bien, monsieur, dit Édouard, en voilà assez.

— Permettez-moi de vous importuner encore quelques minutes, je ne serai pas long. Je suis allé l'an dernier à Origny, j'ai pu étudier de près les manœuvres des héritiers, tous ennemis de votre famille ; ma mère ne serait pas contre vous, que vous auriez pour adversaires dangereux vos propres parents. Le simple bon sens indiquait qu'il était prudent de se ménager un allié puissant dans la maison même. Une circonstance toute naturelle se présente de ramener votre tante vers votre famille ; j'ai besoin de vous, vous pouvez d'un mot me rendre un grand service. L'influence de ma mère vous est acquise, sa lettre le prouve, elle vous témoigne de la reconnaissance ; en un moment, vous lavez toutes les fautes de votre père ; une réconciliation, grâce à ma mère, s'opère entre votre tante et votre famille, une part certaine vous revient dans l'héritage, ma mère saura veiller au testament et faire que certains avantages y soient attachés ; tout dépend de vous... Qu'y a-t-il à faire pour sauver votre fortune ? Un petit mot de réponse.

— Vous parlez fort bien, monsieur, dit Édouard, et vous savez présenter les faits avec habileté, mais je n'écrirai pas ce mot.

— C'est de l'entêtement... Ah ! continua Simon, il ne vous serait peut-être pas désagréable de me voir passer devant les tribunaux pour que le scandale se produisant rejaillisse sur ma mère... Je crois lire dans votre pensée... Alors, devant un pareil déshonneur, la mère partagerait la faute de son fils, perdrait sa position, et vous délivrerait d'une ennemie toujours placée auprès de votre tante.. Quand bien même ma mère ne voudrait pas quitter Origny pour cacher sa honte, la voix publique la condamnerait et la forcerait de partir... Oui, je vous comprends.

— Monsieur, dit Édouard, je n'ai pas eu, comme vous, le loisir de calculer toute la portée des événements qu'amènera votre faute ; vous me prêtez là des idées qui n'ont pas eu le temps de naître.

— Je ne vous ai rien caché, dit Simon, parce que je ne vous crains pas, et je vais vous montrer que je n'ai pas besoin de vous... Vous me refusez ce service, tant pis pour vous : demain, ma mère recevra de moi une lettre qui contiendra l'exacte vérité ; elle a préparé cet emprunt de deux mille francs pour ma maladie, elle n'hésitera pas à me les donner pour me tirer de ce mauvais pas ; il y a force majeure, et la police correctionnelle est plus impitoyable que la maladie. Je vous quitte avec l'extrême regret de vous avoir dérangé.

Là-dessus Simon sortit, laissant Édouard frappé de ce cynisme, effrayé du tableau de la situation de ses parents qu'il venait d'entrevoir, accablé d'une foule de pensées tumultueuses qui se pressaient dans son cerveau, portant toutes de petits écriteaux sur lesquels se lisaient : *succession, argent, fortune, héritage*. Jamais, jusque-là, ces pensées n'étaient entrées dans l'esprit d'Édouard, qui obéissait seulement à deux grands mots : *volonté et travail*. C'était là son seul dictionnaire, car chaque homme choisit dans le dictionnaire un mot qui le pousse, le soutient dans la vie et l'aide à faire de grandes choses : les uns déclinent *ambition* toute leur vie ; d'autres conjuguent le verbe *aimer* ; il y en a peu qui ne s'inclinent devant le substantif le plus brillant et le plus rayonnant de la langue, *argent*. Pour Édouard, s'il avait entrevu le mot *argent*, c'était seulement en chimie et à l'état de corps simple, et non pas ce corps compliqué contre lequel tout s'échange dans la vie, depuis la nourriture du corps jusqu'à la nourriture du cœur. Aussi, pour la première fois depuis qu'il s'était lancé dans l'étude, Édouard fut-il préoccupé de sensations nouvelles : il se sentait transporté sur une montagne par un être satanique qui lui soufflait dans l'oreille de mauvaises pensées, et ce personnage diabolique n'était autre que Simon. En ce moment, les millions de madame Le Camus vinrent s'étaler sur la table où il était appuyé, la tête dans les mains, et il se produisit dans ses oreilles un effet analogue au bruissement que cause le sulfate de quinine employé à forte dose. C'était comme une cascade d'écus, de louis, qui jaillissait perpétuellement pour s'entasser et s'amonceler devant lui... Le cerveau, éveillé par ce bruit, créait des châteaux, des palais, des habits de luxe, des chevaux, des femmes, qui toujours tourbillonnaient autour du crâne, et disparaissaient pour être remplacés immédiatement par d'autres figures et d'autres visions.

— Une lettre, monsieur, cria le portier en frappant à la porte de la mansarde.

Seulement alors tous ces rêves s'enfuirent devant la réalité. Édouard n'attendit pas que le portier fût entré, d'un bond il alla ouvrir, espérant trouver dans cette lettre un talisman qui allait le délivrer du trouble où l'avait jeté la visite de Simon. C'était une lettre de madame May. Édouard la reconnut à l'écriture, et brisa le cachet avec la vivacité qu'il aurait mise à se jeter dans les bras de sa mère après une longue absence. Toujours les lettres de madame May étaient remplies de bonnes et simples paroles sachant trouver le cœur de son fils et le réconfortant, quoiqu'il fût plein de courage; mais, dans ce moment, cette lettre arrivait comme une pluie d'été quand la terre altérée se fend sous les rayons du soleil.

« Mon cher ami, disait madame May, nous sommes dans une position difficile; prends courage. Si je te dis nos misères, c'est que je n'ai personne à qui les confier, et que je souffre encore plus de la pensée de ces malheurs que des malheurs eux-mêmes. Il y a huit jours, des ouvriers sont venus à la maison pendant l'absence de ton père; ils voulaient de l'argent, et comme je n'en avais pas, ils m'ont traitée grossièrement. Ton père continue à les faire travailler, repaissant son esprit de chimères, se lançant dans une nouvelle spéculation pour échapper à l'ancienne. Ils m'ont menacée de faire saisir. Si cela arrivait malheureusement, que me resterait-il, mon Dieu ! Ton père est rentré le soir pour dîner, je n'ai pas osé lui parler de ces ouvriers, tant il était de mauvaise humeur ; il le savait sans doute et le craignait ; car depuis quinze jours il était dans un état de surexcitation que je ne lui avais jamais vu. S'il dort, il est agité, se plaint, parle à haute voix, se fâche et me réveille par des éclats de voix qui me font allumer la chandelle, croyant qu'il est réveillé ; mais c'est un mauvais rêve. Tout d'un coup il se lève, m'appelle, m'empêche de m'assoupir et se met à son bureau, faisant des chiffres pendant des heures entières, au froid, à peine vêtu ; et si je m'avise de lui dire de se couvrir, il entre en fureur... Puis il se recouche un peu calmé ; ses appréhensions sont passées, et moi, il m'est impossible de fermer l'œil de la nuit. Depuis que je suis mariée, il en a été à peu près de la sorte ; mais dans ces derniers temps, cela a atteint son comble. Tu sais, mon cher Édouard, que ton père n'est pas difficile pour sa nourriture : depuis qu'il est tracassé, il trouve à redire à tout, rien n'est bon ; il crie après cette pauvre vieille Sophie, qui fait notre ménage depuis si longtemps et qui nous est si dévouée. Il a dit qu'il était mal couché, que Sophie n'entendait rien à son état, qu'elle ne retournait pas les matelas ; tantôt son lit était trop dur, tantôt trop mou ; j'ai été obligée de le faire moi-même, quoique cela me fatigue beaucoup. Enfin les côtés irritables de ton père ont pris le dessus, et ce qu'il y a de bon et généreux en lui s'est enfui ; à table, il ne parle plus, il veut manger en cinq minutes, le plus petit retard l'irrite, il éclate alors en colères qui lui font beaucoup de mal. Jeudi dernier, on a apporté un commandement sur papier timbré; cette fois, je n'ai pu le lui cacher. Alors il est entré en fureur contre moi, il prétend que je l'ai ruiné, que je l'ai gêné dans ses entreprises, que sans moi il serait riche, que depuis notre mariage il est malheureux d'avoir une femme comme moi ; pourquoi? Parce que, doucement, je lui ai dit quelquefois de prendre garde à son caractère exalté, et de ne pas se lancer aveuglément dans des entreprises qui pouvaient compromettre notre petit avoir. Voilà comme ton père me paye du mal que je me suis donné. Ah! mon ami, travaille, travaille; car on est bien malheureux sans argent, et il ne faut pas compter sur les autres. Cependant le commandement était là.

» — Qu'on saisisse si on veut, dit ton père, peu m'importe.

» — Et que deviendrons-nous? lui demandai-je.

» — Tu deviendras ce que tu pourras.

» — Ainsi, m'écriai-je en sanglotant, tu me chasses?

» — Je t'ai déjà dit que tu me gênais; seul je m'en retirerai, je ferai fortune.

» Là-dessus, il sortit. Ah! mon ami, tu ne saurais croire le désespoir qui m'a pris. Après vingt-deux ans de mariage, être traitée de la sorte! Jamais cette idée ne m'était venue en tête. Séparée de mon mari, lui si volontaire, si difficile à vivre, qui ne peut fréquenter en paix personne! Il est comme un enfant, il a besoin de trouver tout préparé... Son intérieur adoucit son humeur, et il me renvoie... J'ai senti comme un froid de glace dans tout le corps, je ne pensais plus, je ne vivais plus... des coups m'auraient fait moins de mal. Ah! que c'est dur! Éperdue, je courus à l'église, je priai Dieu de me venir en aide et je pris une résolution bien amère, c'est de venir te retrouver... Je suis allée chez ma tante, à qui, en d'autre temps, j'aurais pu conter mes chagrins; mais maintenant elle entend difficilement, et cette demoiselle Bec est toujours là !... J'ai embrassé ma tante, qui ne se doutait pas que mes larmes coulaient, et je suis rentrée à la maison. Là, je n'ai pas perdu de temps, j'ai fait ma malle, j'ai préparé du linge... Tu ne saurais croire ce que je souffrais. Quitter Origny où j'ai été élevée, où je connais tout le monde; abandonner ton père à sa triste fortune... mais, puisqu'il le veut, je dois lui obéir... En emportant divers objets qui me viennent de ma mère, je songeais combien elle doit me plaindre de là-haut... Tout à coup ton père est venu et m'a trouvé faisant ma malle.

» — Qu'est-ce que tu fais ?

» — Je t'obéis.

» Cet homme, si dur tout à l'heure, est tombé dans mes bras et a pleuré comme un enfant; cela l'a détendu. Il n'a rien dit, mais il a coupé les ficelles de ma malle et m'a aidée à remettre tout en place. J'ai bien vu sa bonté; s'il n'était pas tracassé par toutes ses affaires, s'il n'avait pas besoin de tant d'activité, il ne s'occuperait plus de ces mauvaises spéculations et pourrait vivre tranquille... Ah ! mon ami, tâche de te dompter, afin de ne pas rendre un jour ta femme aussi malheureuse que je l'ai été toute ma vie... Tu es ma seule consolation, ma seule joie; tâche de réussir, car je ne vis qu'en toi et pour toi, et je ne demande au ciel que ton bonheur dans l'avenir. »

En lisant cette lettre, dont quelques mots étaient noyés dans les larmes, Édouard se sentit aussi ému que sa mère; alors toute la conversation de Simon lui revint en mémoire. S'il avait consenti à lui être utile, les mauvaises dispositions de mademoiselle Bec tombaient, pour être remplacées par une bonne volonté qui pouvait se traduire en services réels. Pour lui, il n'avait pas besoin de sa tante; mais dans la position où se trouvait M. May, avec la menace de la saisie, madame Le Camus pouvait lui venir en aide... N'était-il pas légitime de profiter d'un bien auquel avaient droit ses parents, et qui s'écoulait dans les mains de la demoiselle de compagnie, pour faire face aux désordres et aux folles dépenses de Simon? Qu'allait produire le refus d'Édouard? Certainement Simon chercherait à se venger, en instruisant sa mère de la façon dont il avait été reçu par son ancien camarade. Déjà exposée aux sourdes rancunes de mademoiselle Bec, madame May serait en butte désormais à sa haine profonde, dont l'influence passerait goutte à goutte, comme un poison, dans l'esprit affaibli de la vieille tante. Par sa conduite, Édouard avait consommé la ruine de ses parents, l'héritage seul pouvant les tirer de la misère. Édouard eût voulu tout confier à sa mère, mais après la lettre qu'il venait de recevoir, il ne pouvait pas augmenter son chagrin par ces nouveaux coups du sort, dont il était le premier agent. Dès ce moment Édouard connut les inquiétudes de la vie; une vive et douloureuse lumière frappa ses yeux : sa mère, si maladive, lui fit entrevoir derrière les souffrances physiques des malades qu'il voyait à l'hôpital, tout un cortége, marchant lentement, de souffrances morales.

XVIII

LA FAMILLE BONDE EST VICTIME DE LA RÉFORME DE L'ORTHOGRAPHE

— Madame Le Camus a reçu une lettre de son neveu avant-hier, dit mademoiselle Bec à M. Bonde, un dimanche que presque tous les parents étaient rassemblés, mais il m'a été fort difficile de la lire ; cependant, j'y suis parvenue, sans comprendre quelle plaisanterie avait voulu faire M. Casimir à sa tante.

— Une plaisanterie ! s'écria M. Bonde, mon fils en est incapable ; Casimir a trop de respect pour sa tante pour se permettre de rire devant elle, je lui reprocherais plutôt d'être un peu sérieux.

— Il est certain, dit le président Brochon, que j'ai lu cette lettre, après que mademoiselle Bec a bien voulu me la confier, et j'en suis resté dans la stupéfaction.

— Qu'y a-t-il de particulier ? demanda M. Bonde effrayé.

— Vous pouvez être sûre, ma chère demoiselle, dit madame Bonde, que j'en ferai des reproches à Casimir, pas plus tard que demain.

— Paris est excessivement dangereux pour les jeunes gens, continua M. Brochon ; Casimir fréquente peut-être le fils de madame May.

— Oh ! s'écria madame Bonde, il voudrait donc me faire mourir de chagrin !

— Pourrait-on voir cette lettre ? demanda M. Bonde.

M. Cretté-Cussonnière, qui était présent à cette scène, jouissait de l'embarras de la famille Bonde. Madame Le Camus avait ajouté :

— Cela ne se fait pas.

Dans ces simples paroles il était facile de voir que M. Bonde redescendait aux derniers échelons des bonnes grâces de la vieille tante, ce dont étaient ravis les héritiers, qui craignaient toujours que l'un d'eux n'accaparât à son profit les dispositions de madame Le Camus. L'assiette de viande que la cuisinière distribue aux chats et aux chiens n'excite pas plus de convoitises, de regards ardents, de coups de griffes, de morsures et de grondements jaloux.

Afin de moins fatiguer madame Le Camus, dont les facultés baissaient de jour en jour, mademoiselle Bec avait réglé les visites de la famille d'une heure à deux, et forcément toute la parenté devait s'y rencontrer en même temps. Ce cérémonial gêna d'abord les héritiers, mais ils en reconnurent les avantages. Dans une réunion publique il était moins facile de se nuire les uns aux autres; un dernier reste de pudeur faisait rentrer les plates louanges, les bassesses auprès de la demoiselle de compagnie; par là, la position de chacun devenait plus égale, et les dénonciations, les attaques, les critiques en gardaient plus de mesure. Mais les héritiers n'entraient dans le salon jaune qu'avec des regards inquiets, se mesurant de l'œil et cherchant à connaître si, pendant la huitaine précédente, ceux qui avaient plus particulièrement l'oreille de mademoiselle Bec n'en avaient pas profité pour y couler des calomnies.

A l'attaque imprévue partie de la demoiselle de compagnie, madame Bonde promena un regard sur les visiteurs, qui se trouvaient au grand complet, sauf madame May, qui ne restait jamais plus de dix minutes, et cette inspection ne lui apprit rien. Cretté-Lapoupou ne quittait pas de l'œil le balancier de la pendule, dont tout son corps imitait le mouvement; semblable à ces esprits simples, qu'une mélodie commune remplit d'aise, et qui en témoignent leur satisfaction par des balancements de tête, Cretté-Lapoupou trouvait du charme à imprimer à son frêle corps, plongé dans un fauteuil, un balancement basé sur celui de la pendule. L'horloger Carette, qui aurait dû être touché de cette admiration pour un des produits mécaniques de son art, loin de s'inquiéter de cette gymnastique, cherchait à pénétrer les motifs de l'irritation de mademoiselle Bec à la suite de la lettre de Casimir Bonde. A la mine radieuse de M. Brochon, ceux qui l'avaient vu au tribunal lui retrouvaient l'accent particulier qu'il donnait à sa perruque, peu avant le prononcé du réquisitoire. M. Cretté-Cussonnière jouissait comme le jour où il avait appris définitivement que son frère Cretté-Torchon était chassé honteusement de la maison pour les mauvais propos que la cuisinière avec laquelle il vivait avait tenus sur madame Le Camus. Dans toute cette assemblée, M. Bonde ne surprenait que des regards douteux attendant la communication des pièces pour se tourner contre le coupable et s'associer aux mauvaises dispositions de la demoiselle de compagnie. Celle-ci trouvant l'auditoire préparé, alla ouvrir un petit meuble à tiroirs et en tira une lettre.

— Je vais vous en donner connaissance, madame Bonde. Et elle lut :

« Cher tante, je çuis occupé depuis un an a la filosofi de mosieu Goudrias, notre profeçeur, qui a réformé l'ortograf en son entié ; j'esper que vou seré contente de mé progré, de mêm que mon pèr. La lang été dans lé main de sofistes audasieux qui fesait perdr un tem présieu a l'humanité par l'açemblage de lettr inutil. Un savant proféseur démontr combien on peu économisé d'heur dans la rédacsion dé lettr. L'écritur marchera désormé auçi vite que la parol, par la suprécion de voyel et de conçones sans intéré. Un grand bienfé sera la suprécion de l'*e* mué don le retour fréquen a du géné souven la pensé bouillonnant des filosofes. »

— C'est bien vrai ! s'écria M. Bonde, quelle invention hardie !

Mademoiselle Bec, qui avait mis des conserves pour mieux déchiffrer cette lettre, laissa couler un regard défiant sous les verres et continua au milieu du silence de l'assemblée :

« Dé détracteur méchant voudré arété cet'méthod'... » —

Je l'ai déjà lue plusieurs fois, dit-elle, et c'est à peine si je peux déchiffrer cette mauvaise orthographe.

— Dites orthographe déplorable ! s'écria le président Brochon.

— L'orthographe est donc défectueuse ? hasarda monsieur Cretté-Cussonnière.

— Horrible et sauvage, s'écria le président Brochon.

— Est-il possible, ma chère demoiselle ! disait l'horloger Carette, qui faisait chorus avec l'indignation publique, sans se douter de l'épreuve qui l'attendait.

— Lisez plutôt, dit la demoiselle de compagnie en passant la lettre à l'horloger ; mais celui-ci, qui avait reçu une médiocre éducation, ne raisonna pas les fautes volontaires de Casimir Bonde. Il jeta un coup d'œil sur la lettre et la rendit en même temps à mademoiselle Bec en joignant les mains, comme s'il eût appelé les flèches d'Apollon pour punir l'entreprise insensée de l'élève de Goudrias.

— Vous faites erreur, mademoiselle, s'écria Bonde, effrayé de la situation des esprits et du coup d'œil que lui lançait sa femme ; vous faites erreur, reprit-il, cette orthographe est voulue, mon fils connait l'ancienne ; celle-ci est un progrès.

— Progrès ! s'écria d'une voix faible madame Le Camus, que ce mot faisait frissonner.

— Voyez, monsieur, ce qu'en pense votre tante, continua l'impitoyable mademoiselle Bec qui avait sur le cœur certaines froideurs de madame Bonde ; et dire que votre fils nous annonce que les meilleurs élèves de cette institution sont de tout jeunes enfants de sept ans, qui comprennent d'autant plus vite qu'ils n'ont pas été à même de sucer le poison de l'ancienne orthographe.

— Le malheureux écrit orthographe comme agrafe ! reprit le président Brochon ; si son professeur me tombait sous la main pour quelque délit, je n'hésiterais pas à le condamner au bagne.

M. Bonde ayant fait un geste de surprise :

— Oui, monsieur, au bagne, et à perpétuité.

— M. Brochon, permettez... dit Bonde.

— Non, monsieur, je ne permets pas que des mains profanes touchent à notre ancienne orthographe, à celle de nos pères... orthographe avec un *f*, oh ! oh ! oh ! qu'on mette des *f* à fenêtre, cela se comprend.

— Oui, oui, dit timidement l'horloger, s'imaginant qu'il s'agissait des ferrures, et regardant attentivement les fenêtres du salon jaune.

Cretté-Lapoupou alla vers la croisée et s'écria : — *F*, fenêtre, fenêtre *f*, *f*, *f*; et il tambourinait sur les vitres, en plaquant une petite mélodie de son invention sur les *f* qui se pressaient dans son gosier.

— La philosophie, continua le président, nous enseigne à supporter les peines de la vie ; la plupart des gens que je condamne sont dépourvus de philosophie...

— C'est bien vrai, dit Cretté-Cussonnière; comme vous voyez juste ! monsieur le président.

— La philosophie est un art, reprit M. Bonde pour flatter M. Brochon.

— Et bien, M. Casimir, dit le président, fait de la philosophie une friture.

A ce mot une indignation générale se répandit dans le salon.

— Qu'y a-t-il ? demanda doucement la vieille tante en essayant de regarder par-dessus son abat-jour vert.

— M. le président, cria mademoiselle Bec, prétend que le fils de M. Bonde fait une friture avec la philosophie.

— N'est-ce pas ravaler la plus élevée des sciences aux choses les plus basses de la cuisine que d'ouvrir ce beau mot de philosophie par un *f*; toujours des *f*, il n'y en a pas moins de deux dans cette langue d'Iroquois... ma laveuse de vaisselle elle-même, une personne sans éducation, n'oserait pas employer cet *f* insolent.

L'horloger faisait des signes de tête affirmatifs, n'osant plus parler, car il craignait, dans une pareille discussion, plus singulière pour lui que de l'hébreu, de trahir son ignorance par quelques mots hasardés. M. Cretté-Cussonnière haussait les épaules, pendant qu'un singulier rire s'était emparé de Cretté-Lapoupou, que le nom de friture avait mis en gaieté, et dont le cerveau se tendait pour saisir les rapports des ferrements, de la philosophie, des fenêtres, de l'orthographe et de la friture. L'impitoyable mademoiselle Bec continua :

— Croiriez-vous que M. Casimir engage sa tante à se ranger de son parti, à suivre son exemple et à lui répondre dans ce style ?

— Oh! monsieur Bonde, monsieur Bonde ! s'écria le président.

— D'abord, dit la demoiselle de compagnie, madame Le Camus n'écrit plus depuis longues années. Elle écrirait, qu'elle répondrait comme il faut à l'auteur d'une telle audace ; elle eût même beaucoup souffert si elle avait pu lire cette lettre.

— Il paraît qu'on enseigne cette méthode à de tout jeunes enfants, dit le président ; mais c'est comme si on leur enseignait une langue étrangère ! les malheureux ne sauront plus écrire de leur vie... Ah! leurs familles sont bien à plaindre.

Madame Bonde ne put se contenir plus longtemps.

— Et c'est toi, dit-elle, qui as fourré Casimir dans cet endroit! Ah! que je suis malheureuse ! Toute sa vie, mon mari l'a passée à faire des expériences, et il a fallu qu'il en essayât une sur son propre fils. Monsieur le président, que faut-il faire ?

— Partir pour Paris, madame, déposer une plainte au parquet contre l'homme qui apprend aux enfants à écrire comme des charretiers, et ramener immédiatement votre fils au sein de sa famille, où il puisera de nouveau le suc de la seule orthographe raisonnable, la nôtre, celle de la magistrature, du conseil municipal, du sous-préfet, enfin, l'orthographe de notre roi.

— Toujours de bon conseil, dit mademoiselle Bec au président, après qu'elle eût été reconduire les époux Bonde, vous êtes Minerve elle-même.

M. Brochon leva la main et donna un tour aimable à sa perruque.

— Mais pourquoi conseiller de telles gens incapables de vous comprendre ? A votre place, je garderais mes bons avis pour des personnes qui en valent la peine.

A ce mot, M. Brochon comprit qu'il avait donné trop vite un acte de satisfaction à sa perruque, car dans cette phrase de la demoiselle de compagnie se cachait une amertume mal déguisée des conseils donnés à madame Bonde. En effet, après que la colère des deux époux fut calmée, la surprise causée par l'*exécution* de mademoiselle Bec leur rendit le sang-froid ; jamais ils n'avaient été traités publiquement de la sorte, et le mari soutenait, non sans raison, que l'orthographe de son fils était loin d'être le véritable motif de l'affaire. A force de se creuser l'esprit, M. Bonde comprit, quoique sa femme ne voulût pas admettre ses raisons, que des rapports entre elle et la maison Cretté-Torchon avaient inspiré un vif ressentiment et un désir de vengeance chez mademoiselle Bec.

Les Cretté-Torchon, qui se savaient déshérités par madame Le Camus depuis qu'ils n'étaient plus reçus dans la maison, n'hésitaient pas à répandre les bruits les plus violents contre la demoiselle de compagnie. Les haines des femmes sont plus aiguës que celles des hommes. Mademoiselle Bec et la servante de Cretté, qui, toutes deux, se trouvaient dans des positions non reconnues par la société, savaient trouver leurs endroits faibles; si l'une était maîtresse, l'autre disposait d'immenses revenus qui ne lui appartenaient pas. La calomnie, quand elle s'attaque à des réputations douteuses, rencontre quelquefois la vérité sur son passage; à force d'épier, d'analyser, de rêver au mal, la servante de Cretté, dont la perfidie était la seule occupation, trouva contre mademoiselle Bec des accusations qui ne manquaient pas de réalité, et les sema dans la ville. Ces bruits prirent facilement racine dans le public qui s'intéressait à la maison mystérieuse de la rue Chastellux, et la demoiselle de compagnie ne tarda pas à en être informée, grâce à ses créatures et aux héritiers qui cherchaient à se dévorer entre eux. Ceux qui fréquentaient la maison Cretté-Torchon furent regardés dès lors comme des ennemis, et madame Bonde commit la faute, dans le trouble que lui causaient les bruits publics, d'aller chercher des renseignements auprès de la servante de Cretté.

On ne parlait de rien moins dans la ville que de l'interdiction de madame Le Camus.

Un des plus ardents à la provoquer était M. May qui, dans son intérieur, se laissait emporter à une profonde indignation contre la position que s'était faite la demoiselle de compagnie. Avec l'usufruit des biens de M. Le Camus, sa femme jouissait d'un revenu flottant entre vingt et vingt-cinq mille francs de rente. Le ménage se composait actuellement d'un domestique, d'une cuisinière, de mademoiselle Bec, trois personnes qui conduisaient la maison et qui vaquaient à tous les besoins intérieurs et extérieurs. La vieille jument maigre, dont on ne soupçonnait pas le commencement, semblait n'avoir jamais de fin, et se nourrissait en avoine et en foin des redevances du fermier de la Trompardière. Les deux grandes propriétés, situées hors de la ville, étaient régies par de petits fermiers à moitié jardiniers qui devaient fournir la maison de fruits, de légumes et de fleurs. Il semblait impossible que madame Le Camus, avec sa vie solitaire, avec son faible train de maison, pût dépenser vingt-cinq mille francs de rente. Cependant les héritiers savaient de bonne source que le surplus de la dépense n'entrait pas dans les mains du notaire pour être capitalisé et employé en achats de rentes. Il fallait supposer que madame Le Camus entassait chez elle des sommes considérables, à l'exemple de l'avare défunt, mais cette idée ne prenait pas même la forme d'un doute dans l'esprit des héritiers. Rien, dans la rue Chastellux, n'annonçait une accumulation inutile de sacs d'argent; à l'extérieur, on pouvait voir toujours les clefs sur les portes des chambres. Le mystère qui régnait du vivant de l'avare avait disparu, et le flair merveilleux des gens à héritage qui, par une sorte de seconde vue, voient derrière les armoires les mieux closes, lisent les testaments dans les tiroirs les plus secrets, inspectent les boiseries, trouent les plafonds et les planchers, ce flair était en défaut. Tous, dans le particulier, la tête étendue sur l'oreiller matrimonial, se disaient amèrement :

— Il n'y a rien dans cette maison.

En présence d'une négation douloureuse, se dressait le fantôme de l'interrogation.

— Que deviennent les rentes ?

Et le fantôme répondait avec un ricanement sarcastique :

— Allez le demander à mademoiselle Bec ?

Spectre moqueur qui donnait des conseils aussi difficiles à employer que l'étaient les oracles de Delphes, à tout instant il apparaissait, évoqué par les héritiers, et son cri de : Mademoiselle Bec! constamment répété, faisait l'effet d'une crécelle discordante. Chacun se creusait la tête pour arriver, par des détours pleins de précautions, à entamer cette question auprès de la demoiselle de compagnie, aussi sèche que son nom. Quelques-uns s'armaient de courage, s'enhardissaient, se juraient d'en avoir l'esprit net à la première occasion favorable; mais aussitôt le tintement de la sonnette de madame Le Camus, à peine le costume sombre de la demoiselle de compagnie entrevu, dès son premier regard noir et perçant, les héritiers faisaient amende honorable en eux-mêmes, et, honteux de leur révolte intérieure, se confondaient en sourires, en amitiés, en compliments, en flatteries auprès de leur puissante ennemie.

Même il leur semblait que mademoiselle Bec lisait leurs pensées secrètes, et ils cherchaient à se les faire pardonner par des bassesses caressantes qui augmentaient encore leur honte. Ce n'était plus la pauvre femme entrée dix ans auparavant dans la maison des Le Camus, baissant les yeux devant tous les parents qui l'insultaient par un silence méprisant, qui daignaeint à peine l'honorer d'un regard; c'était maintenant une femme froide et glaciale, relevée par elle-même de la condition de domesticité qu'elle avait accep-tée, forcée par le besoin, et méprisant par un regard fier ceux qui l'avaient dédaignée jadis. Elle seule se tenait droite dans le salon jaune; tous étaient courbés. D'un coup d'œil, elle abaissait tous les regards, d'un geste, elle commandait; les oreilles étaient tendues vers chacun de ses mots; elle ouvrait la bouche, chacun se taisait, et la plus grande faveur était de ramasser sa pelote quand elle tombait. Il y avait de la Maintenon bourgeoise dans cette femme dont la physionomie anguleuse prit des airs de domination, mais qui resta d'une simplicité claustrale dans ses habits. Voulait-elle, par cette sévérité de costume, montrer le point d'où elle était partie, et détourner les soupçons qui devaient naturellement s'attacher à sa gestion des biens de la famille ? C'est ce que tous se demandaient, frappés par la domination de la demoiselle de compagnie.

M. May était le seul qui ne subissait pas le joug de mademoiselle Bec; l'eût-il fréquentée, son caractère indépendant eût pris le dessus; aussi la demoiselle de compagnie conservait-elle au dedans d'elle-même quelque respect pour cet homme fier, qui ne craignait pas de lutter avec elle.

Une affaire d'interdiction est chose grave dans une petite ville, où les intérêts sont si étroitement liés les uns aux autres. Sans doute madame Le Camus était vieille, infirme, incapable de se mêler de la gestion de ses biens, mais qui oserait porter une plainte au parquet où le président exerçait une influence si redoutable ? Peu à peu M. Brochon s'était laissé enlacer par l'habitude, plus dangereuse encore que la demoiselle de compagnie; lui seul avait accès chez madame Le Camus, et mademoiselle Bec avait l'art de le distraire. Aussi ne parlait-il que d'elle à tout propos, la citant comme une *perle*, et détruisant par là les mauvais propos des bourgeois de la ville. L'audacieux qui s'exposerait à déposer une plainte serait évidemment perdu si l'enquête démontrait que madame Le Camus avait encore assez de facultés pour continuer à gérer ses biens ou à les faire gérer. M. May eût osé provoquer cette interdiction, rien que pour faire reconnaître les droits de sa femme et de son fils, qui, d'après l'opinion publique, étaient déshérités. Il s'agissait de prouver que, depuis que mademoiselle Bec était entrée dans la maison, elle s'était emparée de l'esprit faible de madame Le Camus, et l'avait amenée à lui dicter un testament contraire aux droits sacrés de la parenté. Il fallait prouver qu'il y avait eu de la part de la demoiselle de compagnie mauvaise gestion, rentes et sommes dissipées dans une maison sans frais de dépenses : la preuve la plus palpable se trouvait dans la perte subie par mademoiselle Bec lors de la faillite Crimotel, perte étonnante en raison de l'état de pauvreté de mademoiselle Bec lorsqu'elle était entrée dans la maison Le Camus, et que ses modestes appointements ne pouvaient expliquer. Mais le bon sens dans le raisonnement, la vérité qui luit dans la conversation, la simplicité apparente d'une affaire ne s'accordent pas toujours avec les questions légales, les influences qui pèsent sur les tribunaux et les difficultés de procédure. D'un autre côté, madame May faisait tous ses efforts pour détourner son mari de ce rôle dangereux.

— Si nous sommes déshérités, que veux-tu? lui disait-elle avec résignation, nous accepterons ce nouveau coup, mais ne te fais pas de mal à lutter pour des gens qui ne t'en sauront aucun gré... Tu ne penses pas au coup que tu porterais à ma pauvre tante : l'interdiction la tuerait. Les juges, un interrogatoire, elle ne pourrait les supporter... Elle est faible! mais elle comprendrait encore, quoique ses facultés aient baissé, qu'elle est si âgée qu'on veut lui enlever le maniement de ses fonds... Laisse-la vivre en paix : je me reprocherais toute ma vie un pareil acte; toi-même tu en souffrirais si un malheur arrivait... J'aime mieux renoncer à un héritage que de le conquérir par la voie judiciaire... D'ailleurs, si tu ne réussissais pas, tout le monde te jetterait la pierre.

Ainsi, des sentiments de convenance, des raisons de famille se groupaient pour consolider la position de mademoiselle Bec, qui dès lors laissa aller les calomnies de la ville et les méprisa, fière de sa puissance et de la domination qu'elle exerçait sur les héritiers.

XIX

UN EXAMEN A L'ÉCOLE DE MÉDECINE

Un an s'était passé depuis ces événements, quand madame May reçut, au milieu de ces troubles domestiques, quelques consolations par les succès de son fils, qui venait d'obtenir un prix de mille francs proposé par l'Académie de médecine au jeune étudiant qui présenterait dans l'année le mémoire le plus important. Ce premier succès rassura la mère sur l'avenir scientifique d'Édouard, dont la vie semblait dès lors assurée. Avec les cours particuliers d'anatomie qu'il faisait chez lui pour préparer les étudiants à passer leurs examens, il avait trouvé une position presque indépendante, et il put refuser les offres du célèbre professeur Fabas qui lui offrait une place de secrétaire auprès de lui. Au grand regret de madame May, Édouard n'accepta pas l'offre bienveillante de l'illustre praticien, qui semblait par là lui ouvrir une carrière facile, en le chargeant de l'assister dans ses consultations et en l'envoyant auprès de sa nombreuse clientèle : la mère y voyait une tutelle, un patronage éclatant. A cette époque, le nom de Fabas était populaire dans toute la France; malgré les conseils de sa mère et les nombreuses lettres qu'elle lui avait écrites à ce sujet, Édouard resta inébranlable dans ses résolutions.

« M. Fabas, répondait-il à madame May, est certainement un des plus grands médecins de l'époque, mais il est exclusif et m'entraînerait à suivre ses systèmes; je ne le veux pas. Rien n'est plus dangereux que de vivre perpétuellement auprès d'un homme dont on ne peut s'empêcher d'estimer le caractère, mais dont les doctrines absolues vous enveloppent peu à peu. L'affection que ses sentiments déterminent amène fatalement à partager ses principes. M. Fabas est d'autant plus à craindre qu'il a de l'enthousiasme, de l'éloquence et une foi absolue; près de lui, je me laisserais prendre à son feu, à sa volonté, à ses croyances, aux séductions de sa parole; je deviendrais un simple disciple. Heureusement mon indépendance s'est effarouchée de cette domination si douce, et j'ai préféré renoncer à la position facile que me faisait ce grand professeur. Pense, ma chère mère, que mon devoir actuellement est d'étudier avec soumission cinq ou six hommes de génie qui sont à la tête de la science. Secrétaire de M. Fabas, il m'eût fallu l'imiter aveuglément et ne jamais parler des médecins ses antagonistes. Il y a dans notre académie une âcreté qui pousse la plupart de ces hommes de talent à s'entre-déchirer. Comme nous traitons la maladie sans certitude de guérison, en essayant de venir en aide à la nature, le peu de lumières acquises après des travaux inouïs fait que nous nous enfermons dans un coin bien étroit, et que nous défendons ce coin avec acharnement, tant nous avons eu de peine à nous y établir. Les discussions acharnées des académiciens, que je suis avec un grand intérêt, m'ont prouvé leur bonne foi. Ils peuvent se tromper, défendre des sophismes, mais ils y croient. M. Fabas, l'homme le plus humain, d'un caractère excellent à l'intérieur, devient impitoyable quand on discute ses doctrines. Il admet lui seul et pas d'autres. Ceci te semblera de l'orgueil, mais c'est cet orgueil qui soutient tant d'hommes à Paris, qui relève leurs forces épuisées par le travail, et les mène à tenter de grandes entreprises et de grandes découvertes. Demain il n'y aurait plus ni sciences, ni lettres, ni arts, s'il ne naissait de ces sublimes orgueilleux qui bravent par là les nuits sans sommeil, les maladies, les chagrins et toutes les embûches de la vie. M. Fabas nous dit souvent à son cours :

» — Messieurs, l'autre vie, c'est la mémoire que vous laisserez aux hommes qui viendront après vous.

» Ainsi, cet homme se consume de travail, use son corps déjà fatigué, et ne craint pas d'abréger ses jours en se livrant à des travaux que ne peuvent récompenser ni les honneurs, ni l'argent, ni les places. Il est riche, décoré de plusieurs ordres et doyen de la Faculté. Pourquoi ne se repose-t-il pas? Parce qu'il veut laisser un nom dans l'avenir. Et il ne s'illusionne pas sur l'avenir. Il me le disait un jour :

» — C'est cinquante, cent ans tout au plus. Nos travaux seront remplacés par d'autres ; les découvertes en sciences naturelles démoliront nos œuvres plus vite encore que celles de nos devanciers. N'importe, il faut tâcher que la mort nous surprenne dans notre cabinet de travail!

» J'ai beaucoup appris auprès de cet homme si fièrement trempé, et je ne saurais m'empêcher de l'admirer ; mais il me faut aussi étudier ses confrères, et voilà pourquoi j'ai voulu garder ma liberté. »

Pour ne pas épouser trop vivement les doctrines de Fabas, Édouard refusa les propositions du chef d'école, et dut continuer sa dure position de répétiteur d'anatomie, sans nuire toutefois à ses études; aussi fut-il reçu docteur aux applaudissements de toute la jeunesse studieuse du quartier latin, qui fit de son examen une sorte d'ovation. Le nom d'Édouard May était déjà connu de la presque majorité des élèves, et sa thèse fut discutée sérieusement dans les journaux de médecine. D'ordinaire, une thèse n'est qu'une sorte de compilation, de résumé des diverses opinions de divers praticiens : sur mille thèses de doctorat, il en est peu qui ne soient des redites laborieusement cherchées dans les dictionnaires scientifiques. Mais la thèse d'Édouard était pleine de promesses ; elle indiquait un homme nouveau, une intelligence pratique, un travailleur, en même temps qu'elle contenait des inductions qui, sans avoir la valeur d'observations précises, annonçaient une grande audace de regard.

L'amphithéâtre d'anatomie, où commence l'examen, était plein jusqu'aux derniers bancs, comme s'il se fût agi de la rentrée solennelle de l'Académie, après les vacances. Là où d'habitude le futur docteur se trouve en face de trois juges, d'un cadavre et de quelques amis intimes, Édouard pouvait constater, par la présence d'un auditoire nombreux, l'intérêt puissant qui s'attache toujours au travail et à la volonté. Il y avait dans l'assemblée plus d'un étudiant qui, venu par simple curiosité, ne pouvait s'empêcher d'admirer la contenance modeste et la parole convaincue d'Édouard. Si trop souvent des examens se passent pour la forme, devant un tel auditoire, ayant devant eux un disciple médiocre, les examinateurs cherchèrent à créer des difficultés à cet esprit indépendant qui puisait sa confiance dans ses études opiniâtres ; mais, en anatomie, Édouard défiait toute la Faculté, et trois boules blanches furent le prix de ses travaux. Les épreuves n'étant pas terminées immédiatement après, il se fit un grand tumulte dans l'amphithéâtre, car chacun voulait continuer de suivre cet examen intéressant.

Du rez-de-chaussée, où se trouve l'amphithéâtre d'anatomie, on monte au premier étage, à la bibliothèque, où l'examen continue sur la pathologie : les mille étudiants qui avaient assisté à la première épreuve se battaient pour trouver place dans une salle qui ne contenait guère plus de cent personnes. Jamais les écorchés, les squelettes, les portraits d'illustres médecins ne virent une si fiévreuse affluence ; les galeries supérieures craquaient sous le poids de la foule, les bancs et les chaises avaient été jetés dehors, le bureau des examinateurs était flanqué de jeunes têtes de vingt-cinq ans, à moustaches de léopards et à barbes de lions. Une représentation gratuite à l'Opéra n'amène pas de curieux plus enthousiastes. Édouard était ému ; les juges eux-mêmes, dans leurs robes rouges et noires, se rappelaient leurs succès éloignés de trente ans au moins, et jouissaient de l'intérêt qu'excitait cet examen.

Excité par l'émotion publique, Fabas posa à Édouard une question de physiologie, sur laquelle il se réservait de publier prochainement un nouveau livre ; mais Édouard ne répondit pas. Il y eut dans la foule comme un accent de regret de voir succomber le courageux athlète, qui tout à l'heure avait combattu si vaillamment dans l'amphithéâtre ; en même temps des regards ardents de mécontentement s'attachèrent de toutes parts sur le professeur, qui comprit la fâcheuse impression de l'assemblée par un léger murmure.

— Pardon, dit-il en faisant amende honorable, je vous ai posé là une question que vous n'avez pu étudier.

Un murmure plus significatif accueillit ces paroles. Édouard avait pâli et s'était presque évanoui.

— Ouvrez les fenêtres ! s'écria Fabas.

— Ce n'est rien, dit Édouard, la chaleur...

En effet, outre le fardeau de l'examen, Édouard supportait encore tout le poids de l'auditoire, qui s'agitait, comme la mer furieuse, dans l'antichambre, et qui imprimait un mouvement de vagues mourant sur la plage au premier rang des auditeurs. Ayant repris son sang-froid, Édouard, sans se laisser démonter par l'attaque imprévue de son examinateur, prouva que s'il n'avait pu étudier la question, il la devinait. Des applaudissements partis de toutes les mains le laissèrent à peine achever ; les étudiants jouissaient du triomphe de leur camarade plus que si eux-mêmes avaient répondu victorieusement. M. Fabas, qui était en face d'Édouard, ne put contenir son émotion, et il embrassa son élève comme il eût embrassé Esculape. Les chapeaux des étudiants s'agitaient en l'air, les bouches criaient :

— Bravo !

Les mains applaudissaient avec frénésie et s'avançaient pour saisir celles d'Édouard ; jamais cette salle si sévère ne fut témoin d'une pareille ovation.

— Messieurs, s'écria le professseur Fabas, s'il est des moments pénibles dans la science, une telle séance les ferait oublier à jamais. L'Académie de médecine est fière de compter aujourd'hui M. Édouard May au nombre des jeunes docteurs qui ne laisseront pas éteindre le flambeau de la science. Les professeurs et les élèves se souviendront de la séance du 5 février 1829. Vous en sortirez meilleurs. Je porte une croix que l'empereur m'a donnée sur le champ de bataille d'Eylau ; j'ai eu moins de plaisir à la recevoir qu'à donner à notre cher élève son brevet de docteur. J'engage les sténographes à ne rien omettre de cette séance sans exemple, afin que l'Europe entière connaisse par nos gazettes le feu sacré qu'inspire la science médicale à nos élèves. Monsieur Édouard May, je vous invite, comme représentant le plus parfaitement la jeunesse studieuse, à un grand dîner que je donne à vos juges.

Ainsi se passa cet examen qui devait avoir un si doux écho dans le cœur de madame May ; car les journaux de l'arrondissement d'Origny en reproduisirent les détails commentés par les principales feuilles médicales.

Le dîner donné par M. Fabas fut une seconde ovation pour Édouard, dont le cœur naïf s'épanouissait dans la joie d'un premier succès. Un homme qui eût souffert de privations pendant cinq années de travail eût été récompensé et au delà de ses efforts ; mais la science avait toujours paru bonne mère nourrice au jeune étudiant, dont les lèvres s'étaient aussi souvent suspendues à ses mamelles que sa tête s'était reposée tranquillement sur son sein. Si l'esprit est en bouillonnement, le corps reste en repos, et on a raison de comparer la gymnastique de l'intelligence à une matière aussi purificatrice que le sel dont l'action sert à conserver et à vivifier des substances mortes. Sa modestie empêcha Édouard de s'enorgueillir des compliments qui lui furent adressés pendant le repas par les nombreux savants que M. Fabas recevait à sa table. Sans l'avoir éprouvé, Édouard flaira le danger de cette position élevée qu'on lui faisait tout à coup et qui attend souvent au début, dans le Paris intelligent, les jeunes gens remarquables. L'humanité est ainsi faite ; chaque homme nouveau dans les lettres, les arts et les sciences, se sent transporté à une hauteur immense par un aigle qui lui dit :

— Tu es digne de voir le soleil de près.

Au bas, se tient la foule qui applaudit à l'audacieux ; mais l'aigle et son cavalier approchent près du soleil et malheur à celui dont la vue se trouble et faiblit, dont la tête s'égare ; il n'était monté si haut que pour retomber plus bas. La peur le prend, il lâche l'aigle, et son corps vient se broyer sur les rochers.

C'est par cette belle image que Fabas expliqua à Édouard les difficultés de la vie scientifique ; l'illustre professeur, loin d'être blessé du refus d'Édouard d'accepter les fonctions de secrétaire auprès de lui, trouvait dans cette indépendance de caractère un gage de l'avenir du nouveau docteur.

— Vous avez été choyé et caressé par toute la Faculté, lui dit-il, mais prenez garde à ces flatteurs aussi dangereux qu'un coup de poignard. C'est là une épreuve plus difficile que celle de l'examen ; il y a déjà plus d'un jaloux parmi vos

nouveaux amis, et il est certain pour moi que quelques-uns
d'entre eux vous verraient avec plaisir enserré dans les
pattes d'une vanité dangereuse, éblouissante ; c'est alors que
cette terrible vanité, mise adroitement en jeu, vous enlève
dans les nuages et fait miroiter à vos yeux un *moi* réfléchi
par tous les objets... Combien de jeunes gens peuvent supporter le soleil ! Et combien j'en ai vu, brisés au début de
leur carrière, qui promettaient un si bel avenir scientifique.
Un maudit amour-propre les a égarés ; trop confiants dans
une faible personnalité, ils se sont crus les empereurs de la
science, les maîtres du monde ; leur cerveau seul était capable de concevoir de grandes découvertes, et leurs adversaires, ils les regardaient comme des envieux, des jaloux,
des médiocrités. Certainement il ne manque pas de ces médiocrités jalouses, un pied sur l'étrier de la science et l'autre
attardé pour toujours dans la boue ; mais tous ces hommes
de l'Académie, que je combats souvent, et dont je suis loin
de partager les doctrines, n'ont pas fait seulement leur chemin par la voie de l'intrigue. Il en est d'honorables que
j'estime et que je respecte. Un grand génie, un homme à
vastes conceptions, peut révolutionner la science ; mais il
n'en pousse pas tant dans un siècle ! A celui-là, il est permis
de traiter de haut et les arriérés et les hommes qui s'entêtent dans une spécialité, et ceux qui marchent dans le terre
à terre d'observations étroites, et ceux qui se perdent dans
un système nuageux ; mais la jeunesse a trop de penchant
à s'exalter son propre mérite. Le moindre petit fait entrevu
lui semble une immense découverte, elle prend volontiers
une porte bâtarde pour un arc de triomphe et se redresse
comme ces messieurs à plumets qui, galonnés, à la tête d'un
régiment, se courbent sous la porte Saint-Denis. Alors les
railleurs arrivent, les esprits irrités de tant d'amour-propre
se coalisent, les vieux renards de cinquante ans n'ont pas de

peine à déplumer ce pauvre coq qui tout à l'heure sonnait sa fanfare et se dressait sur ses ergots. Bienheureux le coq naïf s'il peut s'en retourner confus au fond de son poulailler. Voilà, mon cher docteur, une partie de la ruse que dresse contre lui-même le jeune homme, sans compter les barricades de ses propres ennemis. J'y aurais peut-être été pris moi-même, qui sait? si je n'étais arrivé dans le Paris scientifique avec une réputation toute faite de chirurgien des armées de l'Empereur, et si mon âge ne m'avait mis en garde contre les bouffées trop vives d'un amour-propre de vingt-cinq ans.

Édouard écoutait avec recueillement ces paroles, de celles qui semblent prendre racine dans le cerveau.

— Que pensez-vous faire? lui dit Fabas, je suis tout à vous, je vous aime, je vous avais deviné à mon cours, et entre les quatre ou cinq sur lesquels mes regards se reposaient d'habitude, vous êtes celui dont je m'inquiétais le plus.

Édouard ne répondit pas.

— Qu'avez-vous résolu?

Le médecin se promenait de long en large dans son cabinet.

— Avez-vous de la fortune?

— Non, dit Édouard.

— Vos parents peuvent-ils vous entretenir encore cinq ou six ans, qui sont les plus difficiles à traverser?

Édouard secoua la tête.

— Je vais vous donner un dernier conseil : vous êtes jeune, bien constitué, il faut quitter Paris... Oh! ne vous inquiétez pas! vous nous resterez et je vous garantis un bon fauteuil de cuir plus tard à l'Académie; mais pour échapper aux amertumes dévorantes de la lutte, quand on n'a pas de fortune, il est bon de ne pas s'enfouir à Paris d'abord et de ne pas y dépenser ce qui reste de belles années de jeunesse...

Les voyages forment les jeunes gens ; plus tard, il serait trop tard. Ah ! je voudrais avoir vos vingt-cinq ans ! Savez-vous ce que j'en ferais ? Je m'embarquerais sur un de ces vaisseaux pour lesquels on nous demande à chaque instant de jeunes docteurs, et j'irais étudier la maladie sous d'autres climats. C'est un voyage d'agrément : il y a des riches, qui dépensent beaucoup d'argent pour tuer leur ennui, qui seraient heureux d'accepter. Généralement ces places sont payées deux cents francs par mois. N'acceptez pas une trop longue traversée, afin d'en faire plusieurs et d'observer de nouveaux pays... A bord, vous aurez peine à dépenser plus de cinquante francs par mois, étant nourri. En deux ans, vous pouvez économiser deux ou trois mille francs. Vous revenez à Paris ayant beaucoup réfléchi ; ne manquez pas d'envoyer des communications à l'Académie ; par là, vous ne laisserez pas oublier votre nom, et je me charge de vous pousser.

Édouard saisit les mains du vieux docteur et les pressa avec effusion.

— Je suis tout décidé, dit-il, et je vous remercie de vos bons conseils.

— Eh bien, mon cher docteur, sans perdre de temps, je vous donnerai des lettres de recommandation pour un de mes amis, médecin au Hàvre, un vieux camarade, qui saura vous distinguer entre les carabins et les officiers de santé qu'on embarque par économie, et qui vous trouvera un beau navire et un brave capitaine. Voici un mot que j'écris à mon éditeur qui vous livrera une bibliothèque de médecine aussi complète que vous le désirerez, pour étudier pendant la traversée.

Ce fut ainsi qu'Édouard, après avoir écrit à ses parents et leur avoir annoncé l'intérêt que lui portait le docteur Fabas, s'embarqua pour le Brésil et accomplit pendant deux ans les instructions du bon docteur.

XX

DÉSHÉRITÉE

Madame Le Camus, après avoir longtemps occupé les esprits d'Origny, semblait perdre de son intérêt par le prolongement d'une maladie lente qui n'offrait aucune pâture à la curiosité publique, lorsqu'un fait, en apparence très-simple, vint réveiller la curiosité. Un médecin, qui lui donnait des soins depuis huit ans, fut remplacé tout à coup par un vieux docteur dont les connaissances médicales passaient pour être au-dessous du médiocre. Mademoiselle Bec dit simplement que madame Le Camus trouvait son précédent médecin trop jeune et qu'elle n'avait jamais eu confiance en lui. Mais cette explication n'arrêta pas les hypothèses. Comment un médecin pouvait-il paraître trop jeune après huit ans d'exercice dans une maison? Pourquoi madame Le Camus l'avait-elle gardé si longtemps puisqu'elle n'avait pas confiance dans son art? et surtout pourquoi mademoiselle Bec avait-elle fait choix d'un vieux praticien qui exerçait à peine et dont les facultés étaient éteintes? M. May fut singulièrement frappé de ces circonstances.

— Madame Le Camus, dit-il à sa femme, doit être très-mal; on veut nous cacher son état, et comme on craint que ce prétendu jeune médecin de quarante ans ne fasse connaître sa réelle position auprès de sa nombreuse clientèle, on a choisi un vieillard endormi qui ne sort plus de chez lui et qui gardera nécessairement le secret.

M. May ne s'était pas trompé, madame Le Camus était au plus mal; lentement, lentement, elle était arrivée à un état de prostration qui ne pouvait tromper ceux qui la voyaient, malgré les précautions de la demoiselle de compagnie. Depuis un mois, le salon jaune ressemblait à une chambre funéraire par l'assoupissement de la vieille tante couchée dans son lit, par les volets de la rue à demi-fermés, par la singulière couleur que donnaient les rideaux orange de la fenêtre et du lit absolument clos, par le demi-silence recommandé à tous les visiteurs. A peine était-il permis aux parents d'aller embrasser, en entrant, leur tante qui gisait sans mouvement dans le lit, la figure décolorée. Mademoiselle Bec quitta dès lors le modeste poste qu'elle avait toujours occupé sur une chaise de paille dans l'embrasure de la fenêtre, pour s'installer dans un fauteuil devant le lit, qu'elle semblait garder. De là elle semblait dire :

— Vous ne verrez votre tante que par ma volonté.

Les visiteurs ne parlaient qu'à voix basse; c'étaient des questions sur la santé de madame Le Camus, qui ne faisaient pas plus connaître la vérité qu'une pierre ne remplit un puits.

— Madame est souffrante.

Tel était le système de réponse adopté par la demoiselle de compagnie. Le plus souvent madame *reposait*; c'était un motif pour ne pas laisser entrer les parents. Pour madame May, madame Le Camus *reposait* depuis un mois, et son mari entrait dans d'immenses irritations lorsqu'elle revenait sans avoir pu pénétrer dans le salon jaune.

— Tu ne peux donc pas forcer la porte? disait-il; tu as le droit de voir ta tante, c'est ton devoir : tu n'as pas de courage... A ta place je ne me laisserais pas intimider par cette femme... C'est un séquestre... Qui sait ce que cette femme peut détourner pendant la maladie? Mais je t'avertis que si tu ne vois pas ta tante à ta prochaine visite, je vais me plaindre au procureur du roi.

M. May parlait facilement de pénétrer auprès de madame Le Camus. Les domestiques de la maison semblaient consignés à la cuisine, personne ne les voyait; c'était mademoiselle Bec elle-même qui ouvrait à chaque coup de sonnette. La froideur glaciale empreinte sur sa physionomie aurait fait rentrer les paroles d'un avocat, et madame May se sentait incapable de lutter contre cette femme qui l'épouvantait. Cependant la maladie empirait tellement qu'un prêtre fut appelé. A cette nouvelle, qui courut aussitôt dans la ville comme le premier son de cloche de la mort de madame Le Camus, madame May courut à l'église et pria Dieu de lui conserver encore sa tante, qui l'avait élevé. Elle revenait de l'église, attristée par les nombreuses pensées qui s'étaient mêlées à ses prières, lorsqu'elle fut arrêtée par un prêtre qui lui dit :

— Ne perdez pas de temps, madame Le Camus veut vous voir avant de mourir.

— C'en est donc fait! dit-elle en fondant en larmes.

Madame May, troublée, courut chez sa tante. La grande porte était ouverte, les domestiques allaient et venaient dans le corridor; on entendait des pas dans le grand escalier. Cette activité, ce mouvement redoublèrent les angoisses de madame May, qui crut arriver trop tard. Elle ouvrit la porte du salon jaune et ne remarqua même pas l'absence extraordinaire de la demoiselle de compagnie.

— Ma tante! s'écria-t-elle, en se précipitant vers le lit. Madame Le Camus tressaillit, ouvrit de grands yeux déjà troublés par les ombres de la mort, et serra les mains de sa nièce.

— Regarde, lui dit-elle en dressant le bras vers une petite commode. Madame May suivit ce geste sans en comprendre la signification.

— Comment vous sentez-vous, ma chère tante? dit-elle. Mais madame Le Camus, sans répondre, remuait la main dans la direction de la commode, et cherchait à faire passer ses paroles dans un geste que l'approche de la mort rendait significatif.

Mademoiselle Bec entra tout à coup, remarqua ce geste, pâlit et prit violemment madame May par la main.

— Vous ne pouvez rester ici, dit-elle d'une voix sourde.

En entendant cette voix, le bras maigre de la vieille tante rentra sous les rideaux comme frappé de terreur. Madame May obéissait à mademoiselle Bec comme une somnambule obéit à un magnétiseur. La main sèche et froide de la demoiselle de compagnie la glaçait. Elle se leva et se laissa conduire sans résistance dans le corridor.

— Que diraient M. Cretté-Cussonnière et les autres parents, s'écria mademoiselle Bec, si je vous laissais seule avec madame Le Camus? Ils ont plus de droits que vous. Vous verrez votre tante tous ensemble et rien de plus.

Sans réfléchir, madame May courba la tête et sortit. Malheureusement son mari n'était pas chez lui, et la pauvre femme se laissa aller à la douleur que lui inspirait la crainte de la mort de sa tante. Vers les cinq heures, M. May rentra pour dîner.

— Ta tante est au plus bas, dit-il, on vient de l'administrer.

— Pauvre femme! je m'en vais te préparer à manger, et je cours chez ma tante.

— Il est bien temps, dit M. May, elle n'a plus sa connaissance : si tu y étais allée depuis quelques jours, comme je te l'avais commandé!

Alors madame May fit le récit de ce qui s'était passé le matin, de sa singulière entrevue avec sa tante, et de la manière dont la demoiselle de compagnie l'avait traitée.

— Comment! s'écria le mari indigné, tu es sortie, tu n'as pas osé résister à cette femme?

Madame May ne répondait rien.

— Malheureuse! tu as perdu l'héritage de ta tante par ta faute... En un instant tu rattrapais le terrain que tu as perdu, petit à petit, depuis dix ans... Tu ne comprends donc pas qu'à sa dernière heure, madame Le Camus se repentait de nous avoir traités si injustement pendant sa vie... Vite, cours à la maison, il en est encore temps... Ce meuble qu'elle montrait, tu ne l'as donc pas compris, renferme ses dernières volontés, un testament... Il est peut-être trop tard; mais va vite.

— C'est impossible, dit madame May, ma tante n'écrit plus depuis un an.

— Pourquoi étendait-elle le bras vers ce meuble? Pourquoi mademoiselle Bec a-t-elle pâli? Il faut organiser une surveillance active autour de la maison en même temps qu'au dedans... Qui sait si ta tante passera la nuit! Tu vas aller chez elle et tu y resteras.

— Je ne demande pas mieux que de ne pas quitter ma tante; mais si mademoiselle Bec me renvoie...

— C'est incroyable, s'écria le mari, tu ne connais donc pas tes droits de parenté? Je les ferai soutenir au besoin par le commissaire de police... Ma parole, ces femmes ont la tête d'une faiblesse! Tu resteras auprès de ta tante, dans le salon, et tu ne la quitteras pas, quoi qu'il arrive; je ne te donne rien à surveiller, cependant il te sera facile de voir si la demoiselle de compagnie ouvrait les meubles et cherchait à dérober quelques papiers... Un testament est dans la commode, sois-en certaine... J'irai prévenir les autres parents; maintenant que le drame touche à sa fin, ils ne craindront plus de blesser mademoiselle Bec... Ah! ce sera vraiment curieux de voir comme cette femme sera traitée après la mort de ta tante par tous ces gens qui ont fait tant de bassesses auprès d'elle ! J'aurai soin qu'il y ait assez de monde dans la maison pour qu'on ne puisse rien cacher dans les autres pièces... Un testament est si vite détruit... Il faut que chaque mouvement de cette créature soit surveillé. Je la crois capable de tout... Au dehors, il sera nécessaire de veiller également, afin que nul objet ne puisse sortir de la maison... Ah ! si je n'étais pas là, je vois que vous laisseriez mettre la maison au pillage.

Madame May hésitait encore à se retrouver en présence de mademoiselle Bec, malgré les ordres de son mari.

— Je te mènerai jusqu'à la porte, dit celui-ci.

Il était sept heures du soir, la nuit commençait à venir, la rue Chastellux était dans le plus grand silence; M. May fut très-surpris d'apercevoir un certain mouvement devant la porte de madame Le Camus. La plupart des héritiers étaient rassemblés et affectaient une profonde douleur.

— Notre tante est morte, s'écrièrent-ils d'une voix qui démentait l'affliction dont ils faisaient parade.

Madame May se précipita dans le salon, où deux bougies qui brûlaient près des rideaux exactement tirés attestaient la présence d'un mort. La servante à genoux fondait en larmes; dans un coin, Cretté-Lapoupou considérait avec méditation les rideaux fermés derrière lesquels il reconstruisait peut-être l'image vivante de sa tante. La vérité est que les deux bougies seules causaient sa stupéfaction; dans le désordre que cause une mort dans une maison, la cuisinière avait allumé les fameuses bougies roses et bleues qui reposaient depuis une cinquantaine d'années sous globe sur la cheminée, et ce simple fait préoccupait Cretté-Lapoupou, qui s'intéressait plus à ces bougies qu'à la chute d'un empire.

Seule, madame May témoignait une douleur réelle. Agenouillée, elle priait pour l'âme de la morte et elle n'entendait ni les sanglots de la domestique, qui ne pouvaient entrer dans cette chambre sans éclater, ni les allées et venues de mademoiselle Bec et des héritiers, qui jetaient un coup d'œil dans l'appartement et se retiraient.

— Madame May a bien du chagrin pour une personne déshéritée, disait-on dans le groupe des parents installés dans l'ancien cabinet de M. Le Camus.

— Elle pleure son héritage, dit M. Cretté-Cussionnière.

Il n'y eut pas une voix en faveur de madame May, qui portait la moitié des rancunes qu'excitait son mari dans la ville.

Quelques-uns des héritiers jouissaient par avance de la chute de mademoiselle Bec à la mort de sa maîtresse : la femme qui les avait tant humiliés perdait tout pouvoir en même temps que s'envolait la vie de madame Le Camus. Mais chacun fut étonné du regard fier que conservait encore mademoiselle Bec, renversée tout à coup par cet événement de la haute position qu'elle occupait. En remarquant que Cretté-Cussonnière n'avait pas changé de manière d'agir vis-à-vis de la demoiselle de compagnie, ceux qui étaient décidés à lui jeter la pierre devinrent inquiets, ne pouvant comprendre les égards que le riche et orgueilleux marchand de bois témoignait encore à une inférieure. Madame Le Camus était là, à deux pas, étendue morte sur un lit ; elle n'avait plus à subir les conseils de sa demoiselle de compagnie ; celle-ci ne pouvait rien changer au testament et aux dernières volontés de la mourante. Ce mystère préoccupait les héritiers qui réglèrent leur conduite sur celle de M. Cretté-Cussonnière, homme important, qui réussissait habituellement dans ses entreprises, dont la fortune s'augmentait tous les jours, et qui, par ses succès, s'était fait une réputation d'habileté.

Au contraire des autres héritiers, madame May fut prise

en ce moment d'un sentiment de pitié pour son ennemie déchue : la généreuse femme, loin de s'attaquer à un adversaire terrassé, regarda mademoiselle Bec, non pas avec affection, mais avec des yeux qui semblaient dire :

— Vous m'avez ruinée, vous m'avez enlevé l'affection de ma tante; en ce moment suprême, j'oublie tout et je ne me joins pas à ces plats courtisans qui maintenant vont vous renier.

Mademoiselle Bec comprit-elle les sentiments secrets qui agitaient les uns et les autres? Avait-elle réfléchi longuement à la situation dans laquelle la plongeait la mort de madame Le Camus? Sa physionomie froide gardait ses inquiétudes intérieures; rien, dans sa démarche, dans ses actions, ne dénotait le moindre trouble. Elle allait et venait, comme par le passé, dans la maison, portant sur sa figure ce mélange de fierté et d'humilité dont les héritiers avides subissaient l'influence.

Mais ce fut madame May qui subit les dédains amassés contre mademoiselle Bec, et qui n'avaient pu être dépensés. Quand elle sortit de la chambre mortuaire, et qu'elle se trouva au milieu du groupe des parents, un passage se forma jusqu'à la porte de la rue. Les uns se détournaient pour ne pas la saluer, les autres feignaient de causer et la regardaient en dessous pour jouir de sa confusion. Depuis la mort de la vieille tante, madame May n'était plus une parente pour eux : elle n'héritait pas !

Du vivant de madame Le Camus, on pouvait feindre de supporter sa nièce, car la vieille tante, par un singulier retour, pouvait lui rendre son amitié et changer les dispositions testamentaires; mais le soir du décès, Cretté-Cussonnière fut informé par mademoiselle Bec que le testament était celui déposé, huit ans auparavant, chez le notaire Daquin, et auquel la mourante n'avait pas songé à faire de modifications. Madame May, en traversant cette foule de parents, vit sur tous les visages le mot *déshéritée*, comme le condamné ramené à l'audience lit sa condamnation sur la figure froide du président. Aucune pensée d'intérêt ne s'était mêlée jusque-là au profond chagrin que lui causait la mort de sa tante; mais elle fut si vivement humiliée de la contenance des héritiers à son égard qu'elle ne put s'empêcher de regretter, en ce moment, la perte de l'héritage, non pour elle, mais pour son fils qui entrait durement dans la vie réelle, sans fortune, et qui était à cette heure loin de la France, pour gagner quelques mille francs. Elle eût voulu avoir Édouard auprès d'elle pour échapper aux récriminations de son mari qui rejetait sur sa tête la perte de la succession; en présence de son fils, elle pouvait pleurer sa tante, maintenant elle craignait de rentrer chez elle, et comment cacher à son mari les dédains qu'elle avait subis? Lui-même n'allait-il pas être obligé de les supporter en public? Il lui semblait que dans sa physionomie se lisaient les humiliations qui avaient laissé des meurtrissures. Cependant il fallait rentrer; mais elle fut surprise du calme de M. May qui avait appris en ville la mort de madame Le Camus et qui la plaignait réellement.

De même que la mort rend les traits plus calmes, agrandit la physionomie et laisse souvent à l'enveloppe matérielle une expression de tranquillité qui fait croire que les inquiétudes et les chagrins se sont envolés avec le dernier souffle, M. May, ennemi irréconciliable de madame Le Camus depuis dix ans, la voyait maintenant sous un jour meilleur.

— C'était une brave femme, dit-il, qui a beaucoup souffert dans sa vie.

Cette parole fit plus de bien à madame May que si elle avait été nommée légataire universelle. Elle rentrait tremblante, craignant des récriminations violentes dont elle souffrait par avance, et au lieu de dénigrer la morte, le mari se mettait à l'unisson des sentiments de sa femme. Les deux époux passèrent la soirée à se rappeler les bonnes qualités que l'état maladif de madame Le Camus avaient étouffées depuis longtemps. Pas un mot relatif à leurs intérêts ne fut prononcé par ces déshérités qui pouvaient se plaindre, tandis que la succession fut un thème de conversation dans toutes les familles des héritiers qui oubliaient déjà leur tante.

Le lendemain, le notaire Daquin arriva chez M. May vers neuf heures.

— Je viens, madame, dit-il, vous donner connaissance des dispositions de madame Le Camus en votre faveur.

Madame May crut que la tête lui tournait; elle n'entendit pas un mot du testament qui lui léguait la part à laquelle elle avait droit en sa qualité de nièce. Son vingtième comprenait des terres, des bois, des maisons, une part des fermes, des moulins, des maisons de campagne dont le catalogue détaillé dura près d'un quart d'heure, sans que madame May l'entendît.

Pendant que le notaire lisait, l'image de la vieille tante planait dans le modeste intérieur, et souriait de la surprise de la nièce. Sans la présence de M. Daquin, madame May se serait crue le jouet d'un rêve. La maladie, la perfidie des héritiers, les dissensions entre M. May et sa tante, la haine de mademoiselle Bec n'avaient pu mordre sur la volonté de madame Le Camus. La nature impérieuse de la défunte, dont avait tant souffert la pauvre femme dans sa jeunesse, était devenue une qualité dans les dernières années de son existence. Ni les compliments, ni les flatteries, ni les visites intéressées, ni les bassesses, ni les mensonges, ni les attaques perfides n'avaient eu prise sur ce caractère plein de droiture. Toutes les mauvaises passions s'étaient brisées contre l'abat-jour vert qui cachait à la société des yeux rougis, fatigués par les amertumes et les mensonges de la vie. La maladie avait brisé le corps de madame Le Camus, mais l'esprit avait profité d'une partie de ses forces, de même qu'un aveugle a le sens de l'ouïe plus développé qu'un autre homme. Combien la malade, en vertu de la délicatesse d'organes qui est refusée aux êtres pleins de santé, avait dû souffrir des comédies qui se jouaient autour de son fauteuil !

Le legs de madame May le prouvait ; sa tante n'avait désiré que la tranquillité dans ses dernières années. Peu lui importait ce qui se disait autour d'elle, derrière et dehors : les pensées des héritiers lui étaient indifférentes ; elle voulait que son testament témoignât de sa droiture d'esprit. Alors la fausse domination de mademoiselle Bec disparaissait : c'était la demoiselle de compagnie qui était jouée ; son travail souterrain de dix années, en faveur de ses favoris, échouait tout à coup.

Ainsi, dans un siége, des mineurs passent des mois entiers à creuser le roc et à établir des galeries souterraines pour miner une ville assiégée : encore un coup de pioche, et ils auront réussi, lorsque tout à coup le vide apparaît, une contre-mine est dévoilée, les imprudents assiégeants tombent frappés par leurs adversaires.

— C'est un testament admirable, madame, dit le notaire Daquin ; le partage a été fait avec une prudence et une justice que je souhaiterais à tous les testaments. M. Provendier ne sera pas content, il n'y a pas l'ombre d'un procès possible.

Quand le notaire fut parti :

— Allons voir ta tante encore une fois, dit M. May à sa femme.

XXI

LE PARTAGE

Aussitôt que le décès de madame Le Camus fut connu des héritiers, ils abandonnèrent la maison mortuaire autant par crainte que par intérêt. Ceux-là même qui plus d'une fois avaient souhaité la mort de leur parente, avaient peur de veiller le corps, et maintenant l'inspection de leurs titres de propriétés les conduisait chez le notaire, chez l'avoué de la famille, chez l'arpenteur, qui avait divisé également chaque lot de l'héritage. De la vieille tante, il n'en était plus question ; mais ses biens étaient déjà discutés et analysés comme s'ils eussent pu être mis en vente le lendemain. L'arpenteur chargé du travail de la succession ne vit jamais autant de monde dans son cabinet : chacun voulait connaître la situation topographique des terres et des bois, leur rapport approximatif; le notaire Daquin était ensuite visité par la même procession, curieuse de s'informer des moyens de vente, de location, de la situation des baux et des fermages.

Pendant les deux jours qui suivirent le décès, madame May resta seule à veiller sa tante : personne autre que son mari ne vint donner un dernier baiser à la morte. Mademoiselle Bec, aussitôt que les scellés furent apposés, se retira dans sa chambre du premier étage et ne reparut pas. Cette solitude complète, le silence habituel de la rue Chastellux, où les voitures ne passent pas, convenait à madame May, qui, depuis sa jeunesse, ne s'était jamais trouvée seule avec sa tante. Assise auprès du lit, elle repassait dans sa tête l'existence pénible de madame Le Camus : de temps en temps, elle se levait, écartait le rideau et regardait la morte, comme si elle avait veillé une malade à qui le médecin a ordonné de faire prendre des potions tous les quarts d'heure. Alors les larmes coulaient des yeux de la nièce affectueuse, qui ne pouvait s'imaginer avoir perdu sa parente. Il lui semblait que madame Le Camus l'appelait, faisait un mouvement et sortait de son sommeil ; mais la décoloration complète, les traits tirés, les yeux fermés, le calme verdâtre de la physionomie la rappelaient aussitôt à la réalité.

Vers le soir, la cuisinière voulut remplacer madame May, qui refusa de prendre du repos.

— Demain, dit-elle, je ne la verrai plus... jamais... je veux la veiller encore...

En présence d'une telle douleur, la cuisinière eut la délicatesse de se retirer dans l'antichambre et d'y passer la nuit, afin de laisser seule auprès du corps celle qui désirait accomplir ses devoirs de parente jusqu'au dernier moment. Les larmes cessent de couler devant un tiers ; les esprits sensibles ne pleurent que dans la solitude, toute manifestation de chagrin s'arrête en public ; la cuisinère le devina et sortit.

Le lendemain matin, madame May fut troublée par un coup de sonnette brutal dont elle comprit la signification. Le jeûne qu'elle s'était imposé la veille, la fatigue de la nuit, les regards en arrière qu'elle avait portés sur l'existence de sa tante, avaient affaibli son corps et rendu ses sensations plus vives et plus nettes. Qui pouvait venir à six heures du matin, sinon les porteurs du cercueil ? Une dernière fois, elle embrassa sa tante, et se retira, pour ne pas assister à l'opération brutale du dépôt du corps dans la bière. Elle rentra chez elle et alla se jeter sur un lit pour se préparer par deux heures de repos à accompagner le convoi à l'église.

A dix heures, la ville d'Origny était en révolution par la nombreuse quantité de personnes habillées de noir qu'un enterrement dérange de leurs habitudes. Les héritiers arrivaient de tous les points du département, car les deux successions du mari et de la femme furent représentées au convoi, non par respect pour la mémoire de la défunte, mais parce que la mort de madame Le Camus, usufruitière des biens de son mari, appelait nécessairement à Origny les légataires du premier défunt. Tous les parents étrangers à la ville descendirent à la maison Le Camus et s'y installèrent pour quelques jours, trouvant une certaine économie à y prendre leurs repas et à goûter les vins de la cave, dont il se fit une énorme consommation.

En revenant du convoi, l'horloger Carette, qui était étendu sur une vieille bergère à tapisserie vert pâle, dit :

— Je m'étonne s'il y a beaucoup de crin là dedans. Le crin vaut cher aujourd'hui.

L'assemblée, tout en se plaignant du peu de parti qu'on pouvait tirer des meubles de la salle à manger, se montra satisfaite quand un des convives voulut bien quitter un moment la table pour découper avec son couteau un des coins de la tapisserie. Cette déchirure produisit, au grand plaisir des héritiers, un crin épais, serré par un long usage, dont le tassement même annonçait l'abondance. Tous les objets mobiliers étaient passés ainsi comme en inventaire public, une heure après l'enterrement de madame Le Camus. Cette conversation révoltait madame May, qui se retira dans le salon jaune pour y évoquer encore une fois l'ombre de sa tante;

comme elle allait entrer, elle entendit madame Cretté-Cussonnière qui disait :

— Que ferons-nous de ces drogues ?

— Tu les mettras au grenier, répondit son mari.

Madame May aperçut les deux époux regardant avec mépris les portraits au pastel. Cette conversation surprise lui causa un vif serrement de cœur qu'elle chercha à dissimuler à son entrée.

— Vous regardez nos portraits, lui dit madame Cretté-Cussonnière ; ma tante me les a donnés par testament.

Ce simple fait dénotait que par instants madame Le Camus avait été victime des flatteries des héritiers ; les Cretté-Cussonnière, dont l'esprit s'ingéniait à complaire à leur parente, avaient remarqué quelle religion elle portait à ses aïeux, et un de leurs motifs favoris de conversation fut de s'enthousiasmer devant ces profils au crayon qu'ils tenaient pour d'affreuses caricatures. Au contraire, madame May eût voulu s'entourer de ces présidents de bailliage, de ces conseillers en habits à boutons d'acier, de ces bisaïeules à énormes bonnets de dentelles, de ces tricoteuses assidues que le peintre avait représentées avec leur chat favori. C'eût été pour elle un musée plus précieux que les plus riches collections de l'Europe ; l'image de sa tante eût plané sans cesse autour de ces petits encadrements noirs. Madame May eût abandonné la moitié de sa succession pour conserver les pastels ; mais ils étaient légués à madame Cretté-Cussonnière, qui parlait de les mettre au grenier en qualité de *drogues*. Madame May n'osa proposer à sa cousine de les lui céder, et pour la première fois de sa vie une mauvaise pensée lui fit espérer de racheter ces portraits, si une épidémie subite enlevait la famille Cretté-Cussonnière.

La lecture publique du testament reporta l'attention des héritiers sur mademoiselle Bec, à qui madame Le Camus avait fait un simple legs de 500 francs. Ainsi, quinze ans passés dans cette maison avec un dévouement absolu, une retraite presque claustrale, étaient récompensés par cette faible somme, qui, jointe à un legs semblable de M. Le Camus, constituait une gratification dérisoire de 1,000 francs. La cuisinière en avait autant, et se trouvait, par ce legs, l'égale de la demoiselle de compagnie. Si M. Cretté-Cussonnière, qui s'était posé en défenseur de mademoiselle Bec, parlait avec amertume de ce don, les Bonde, les Carette et les autres membres de la dynastie des Cretté n'étaient pas médiocrement satisfaits que leur part ne fût pas diminuée par les libéralités de la défunte tante.

— Elle a joui assez longtemps de nos rentes.

Tel était le cri général produit par l'indignation de ne pas retrouver dans la maison plus de sommes en argent; car, malgré les questions adressées de toutes parts au notaire de la famille, il fut impossible de comprendre comment avaient pu être dépensés, depuis la mort de M. Le Camus, les 20 à 22,000 francs de rente dont jouissait sa veuve. En même temps que l'accusatrice faillite du banquier Crimotel revenait à tout propos, on citait des banquiers de villes des environs chez lesquels il était à peu près certain que mademoiselle Bec avait fait des placements isolés, dispersant d'un côté et d'autre *son butin*, ainsi que le dit madame Bonde, pour moins effrayer les héritiers par l'accumulation d'une grosse et unique somme, au cas où ceux-ci s'aviseraient de vouloir étudier judiciairement les *économies* de la demoiselle de compagnie. On se racontait maintenant à haute voix la vie scandaleuse de Simon Bec, qui avait été rencontré à Paris par des personnes d'Origny, étonnées de voir aux Champs-Elysées un coupé élégant conduit par le fils de la demoiselle de compagnie. Le bruit public accordait au moins la moitié des rentes de madame Le Camus à ce débauché et dissipateur dont la vie se passait en orgies; mais il semblait impossible d'intenter une action judiciaire contre mademoiselle Bec pour lui faire rendre gorge. C'était un procès très-délicat. Le plus grand châtiment venait de la main de madame Le Camus, et de ce legs minime qui montrait combien la vieille tante avait été peu satisfaite du dévouement apparent de mademoiselle Bec. Cette femme, dont quelques-uns exagéraient l'état de faiblesse d'esprit, semblait sortir en ce moment de sa tombe fraîchement creusée pour montrer son bon sens.

— Je n'ai pas été victime de votre cupidité, de vos manœuvres basses, de vos perfidies de parents à parents, semblait-elle crier; j'ai été juste, mon testament le révèle.

Mademoiselle Bec entendait peut-être la même voix qui lui disait :

— Je vous ai laissé diriger ma fortune, surveiller mes biens, régler mes affaires, vous en avez largement profité pendant ma vie. Je le savais, voilà pourquoi vous n'êtes pas sur mon testament. Les 500 francs que je vous lègue serviront à vous acheter des habillements de deuil, reprenait l'ombre d'une voix mélancolique et sarcastique.

Quand le premier épanouissement de l'inspection du cahier de l'arpenteur, relatif aux biens, fut passé, les héritiers reconnurent avec une certaine terreur la griffe de mademoiselle Bec dans tous les contrats. Par la nature des baux à longue date, il était impossible que la demoiselle de compagnie n'eût pas touché d'énormes pots-de-vin, en accordant généralement des délais de neuf ans pour le fermage de biens avantageux. Sur le papier, coloriés tendrement, et mesurés par un compas méthodique, les propriétés, bois, prés, vignes, terres labourables, jardins et autres, représentaient des sommes assez considérables pour chacun des héritiers; mais la longueur des baux empêchait la réalisation des capitaux ou entraînait des pertes s'il fallait procéder à la vente immédiate. Les fortunes territoriales ne produisent que de très faibles intérêts, deux et demi pour cent au plus, quelquefois moins. A cette époque déjà, les capitaux ne voulaient plus rester à la campagne; ils se déplaisaient enfouis dans la terre et ils cherchaient un emploi dans le séjour plus agréable des grandes villes. Les héritiers s'aperçurent combien avait été dangereuse l'influence de mademoiselle Bec dans la maison; les petites parts comme celle de madame May, évaluée une cinquantaine de mille francs, produisirent des rentes excessivement faibles par la nature des locations, et il était impossible de vendre sans s'exposer à une perte d'un cinquième, par suite de la longueur des baux. Le mieux était encore de se résigner et d'attendre, au lieu d'intenter un procès douteux à la demoiselle de compagnie pour cause de mauvaise gestion.

Cependant la mort de la veuve se passa sans amener d'autres dissensions. Les héritiers du mari et de la femme se jalousaient; quoique le partage des biens eût été opéré par le testament particulier de chacun des époux, certains objets sans valeur, qui formaient discussion, devinrent des ferments de discorde : entre autres la statue de *M. le curé* du château de la Trompardière. Le château appartenait aux héritiers de M. Le Camus, mais les meubles devaient être vendus pour le compte des héritiers de madame. Le jour où le juge de paix alla lever les scellés pour faire l'inventaire en présence des ayants-droit, un des parents du côté du mari se mêla aux héritiers du côté de la femme, sous le prétexte d'aller visiter la propriété. Quand le greffier voulut coucher M. *le curé* sur son procès-verbal, l'héritier du mari s'y opposa en déclarant que M. *le curé* était un immeuble, qu'il appartenait au château, non par la protection qu'il y répandait par sa présence, mais par un morceau de fer qui traversait ses jambes et s'engageait dans un socle de pierre, lequel socle était appuyé sur des assises de pierre enterrées.

M. le curé, la main sur les genoux, tenant de l'autre son bréviaire, continuait paisiblement sa lecture en homme dédaigneux des questions d'intérêt privé; les discussions étaient cependant très-vives de part et d'autre, car les héritiers de madame Le Camus soutenaient que si le brave curé n'avait pas été assujéti solidement sur son siége par une barre de fer intérieure, depuis longtemps la fragile enveloppe de plâtre de l'ecclésiastique eût été renversée par les vents du nord, et que toute image, profane ou sacrée, ne pouvait se tenir debout dans un jardin qu'à l'aide de ces armatures cachées. Le ministre de conciliation, dont la physionomie bienveillante eût dû désarmer ces adversaires intéressés, allait être témoin de dissensions vives et âpres; il était question de procès, lorsque le juge de paix se rappela qu'un pressoir étant dans le même cas que *M. le curé*, attaché par des barres de fer au mur, il devait amener les mêmes discussions. Pour trancher la difficulté, le pressoir fut cédé aux héritiers de madame Le Camus et *M. le curé* aux héritiers de monsieur.

Le scandale de la chambre aux ferrailles, occasionné douze ans auparavant par Edouard May et ses camarades, fut cause que les habitants d'Origny et les gens des environs se pressèrent à la vente des objets mobiliers de la rue Chastellux. Les trésors enfouis, les armes précieuses, les tableaux de prix, les défroques d'église, les vieilles tapisseries dont l'opinion publique avait exagéré la valeur, le souvenir de l'avare, le mystère qui entourait cette maison, les nombreux héritiers de cette fortune disséminée, firent que les vieilleries poussiéreuses, les meubles cassés, les tableaux d'auberge, tous objets auxquels une durée de cent cinquante ans donnait l'apparence de reliques, furent vendus à des prix exorbitants.

Un an après la mort de madame Le Camus, Edouard, revenu du Brésil, put venir embrasser ses parents et assister à la messe du bout de l'an de sa tante. Toujours il avait conservé, au fond de son cœur, le souvenir de Thérèse, qu'il voyait blonde et rose près de se noyer.

Le docteur Fabas promettait à Edouard une place de médecin dans un hôpital de Paris. Pendant la route, Edouard se laissa aller aux idées heureuses que lui promettait l'avenir. Il vivrait heureux, d'une vie facile, avec sa place et la belle clientèle que tout hôpital apporte. La vie de garçon le fatiguait : pourquoi n'épouserait-il pas la jeune fille dont l'image s'était conservée en lui si fraîche et si pure ? Sans en rien dire à sa mère, sa première visite fut pour M. Cretté-Cussonnière ; mais, à peine entré dans le salon, une image passa devant les yeux d'Edouard : Thérèse, mariée depuis la mort de madame Le Camus, était grosse de six mois. Le portrait qu'Edouard portait dans son cœur fut brisé en mille morceaux. La jeune femme ne ressemblait plus à la jeune fille : elle était devenue un vivant portrait de sa mère. L'intérêt avait tiré sa figure ; elle ne parla que de la succession : les mots *rente* et *argent* semblaient être les seuls de sa conversation. Elle paraissait ne plus se souvenir des jeux de son enfance et du péril dont Edouard l'avait tirée. Elle parla beaucoup de son mari, qui lui avait apporté une belle fortune. Le jeune médecin sortit, trouvant l'humanité souffrante plus intéressante que l'humanité riche et bien portante.

Avant de quitter la ville, il alla visiter le cimetière. Le gardien auquel il s'adressa le reconnut.

— Ah ! c'est vous, monsieur Edouard ! vous venez voir votre tante... Ce ne sont pas les riches qui ont le plus de visites... Tous les gens de la ville qui ont hérité de madame Le Camus ne viennent jamais... Dans le bas du cimetière vous trouverez un petit carré de gazon avec des pots de fleurs et une croix de fer... Madame May vient une fois par semaine, et, sans votre père qui apporte des fleurs, la tombe serait la plus abandonnée du cimetière.

Août 1855 à mai 1856.

FIN.

TABLE DES CHAPITRES

Chap. I. — Le salon jaune. 3
— II. — La demoiselle de compagnie. 25
— III. — La chambre aux ferrailles. 39
— IV. — M. le président Brochon. 61
— V. — Bruits publics concernant le trésor des Le Camus. 83
— VI. — Dynastie des Cretté. 97
— VII. — Mesdemoiselles Précharmant. 109
— VIII. — L'étang de Beaurevoir. 125
— IX. — La famille Bonde. 139
— X. — Madame May. 155
— XI. — Dangers d'un caractère irascible. 173
— XII. — Un café en province.
— XIII. — Départ d'Édouard. 203
— XIV. — La vie d'étudiant. 221
— XV. — Confidences de Simon. 233
— XVI. — Ce que coûte la science. 247
— XVII. — La séparation. 261

TABLE DES CHAPITRES

Chap. XVIII. — La famille Bonde est victime de la réforme de l'orthogrophe. 275

— XIX. — Un examen à l'École de médecine. 286

— XX. — Déshéritée. 301

— XXI. — Le partage. 313

FIN DE LA TABLE

IMPRIMERIE DE L. TOINON ET Cⁱᵉ, A SAINT-GERMAIN.

www.ingramcontent.com/pod-product-compliance
Lightning Source LLC
Chambersburg PA
CBHW070755170426
43200CB00007B/794